浙江省哲学社会科学重点研究基地——政府管制与公共政策研究中心资助项目
“碳排放约束下的电力价格形成机制研究”（课题编号：12JDGZ01Z）成果

低碳约束下的中国电力价格改革研究

Ditan Yueshuxia De Zhongguo Dianli Jiage Gaige Yanjiu

王建林 著

中国社会科学出版社

图书在版编目（CIP）数据

低碳约束下的中国电力价格改革研究/王建林著．—北京：中国社会科学出版社，2015．5
（政府管制研究系列文库）
ISBN 978-7-5161-6212-5

Ⅰ．①低…　Ⅱ．①王…　Ⅲ．①电力工业—价格政策—研究—中国　Ⅳ．①F426．61　②F724．74

中国版本图书馆 CIP 数据核字（2015）第 117572 号

出 版 人　赵剑英
责任编辑　卢小生
特约编辑　林　木
责任校对　周晓东
责任印制　王　超

出　　版　中国社会科学出版社
社　　址　北京鼓楼西大街甲 158 号
邮　　编　100720
网　　址　http：//www．csspw．cn
发 行 部　010-84083685
门 市 部　010-84029450
经　　销　新华书店及其他书店

印刷装订　北京市大兴区新魏印刷厂
版　　次　2015 年 5 月第 1 版
印　　次　2015 年 5 月第 1 次印刷

开　　本　710×1000　1/16
印　　张　15．5
插　　页　2
字　　数　262 千字
定　　价　58．00 元

总 序

管制是英文Regulation的翻译，通常被译为“管制”、“规制”或者“监管”。在学术界，国内学者翻译国外论著和自己撰写论著时，同时使用“管制”或“规制”，两者不存在实质性的区别；而实际部门广泛使用的“监管”则可分为狭义监管与广义监管，其中，狭义监管概念和范围基本等同于“管制”，而广义监管通常被理解和分拆为“监督与管理”，等同于一般的行政管理。因此，凡是政府机关的所有行政监督与管理行为都被泛称为监管。笔者认为，被泛化的广义监管是对管制的误解。这是因为，管制不同于一般的行政管理。首先，从对象上看，行政管理发生在政府部门内部，其管理对象主要是政府部门的下级（下属）单位；而管制的对象则不是政府的下级（下属）单位，而是独立的市场主体（企业和个人）。其次，从主体与客体的相互关系看，行政管理是政府部门与政府部门的关系，主体和客体之间往往是上下级关系，并不是完全独立的；而管制实际上是政府与市场主体（企业和个人）的关系，其主体与客体之间是完全独立的。最后，从手段上看，行政管理可以依靠（主观的）行政命令来直接控制下级（下属）单位；而管制主要依靠（客观的）法律来规范和约束经济上、法律上独立的市场主体。

尽管不少国内外学者对管制有不同的定义，但不难发现管制至少具有这样几个构成要素：（1）管制的主体（管制者）是政府行政机关（简称政府），通过立法或其他形式对管制者授予管制权。（2）管制的客体（被管制者）是各种经济主体（主要是企业）。（3）管制的主要依据和手段是各种法规（或制度），明确规定限制被管制者的什么决策、如何限制以及被管制者违反法规将受到的制裁。根据这三个基本要素，管制可定义为：具有法律地位的、相对独立的管制者（机构），依照一定的法规对被管制者（主要是企业）所采取的一系列行政管理与监督行为。由于管制的主体是政府，所以管制也被称为政府管制。

管制经济学是一门新兴学科。虽然在20世纪70年代以前，经济发达国家的许多学者就发表了不少有关价格管制、投资管制、进入管制、食品与药品管制、反托拉斯管制等方面的论著，但这些论著各自在较小的领域就特定的对象进行研究，缺乏相互联系；而且，运用经济学原理研究政府管制的论著更是少见。到了20世纪70年代，一些学者开始重视从经济学角度研究政府管制问题，并试图将已有的研究成果加以系统化，从而初步产生了管制经济学。其中，美国经济学家施蒂格勒发表的《经济管制论》等经典论文对管制经济学的形成产生了特别重要的影响。20世纪80年代以来，美国、英国和日本等经济发达国家对一些垄断产业的政府管制体制进行了重大改革，并加强了对环境保护、产品质量与安全、卫生健康方面的管制。这些都为管制经济学的研究提供了丰富的实证资料，从而推动管制经济学的发展。

政府管制的研究内容比较广泛，但大致可以归纳为经济性管制、社会性管制和反垄断管制三大领域。其中，经济性管制领域主要包括那些存在自然垄断和信息严重不对称的产业，其典型产业包括有线路径、电力、铁路运输、城市自来水和污水处理、管道燃气、金融保险业等产业。社会性管制的内容非常丰富，通常可以把社会性管制分为卫生健康、安全和环境保护三个方面，因此又可以把社会性管制简称为HSE管制（Health，Safety and Environmental Regulation）。反垄断管制是一个具有相对独立的研究领域，其主要研究对象是竞争性领域中具有市场垄断势力企业的各种限制竞争行为，主要包括合谋、并购和滥用支配地位行为。

管制经济学是以经济学原理研究政府管制科学性的一门应用性、边缘性学科。从管制经济学产生和发展的过程看，它是因实践的需要而产生与发展的，其理论研究紧密结合现实经济实际，为政府制定与实施管制政策提供了理论依据和实证资料，其研究带有明显的政策导向性，显示出应用性学科的性质。同时，管制经济学涉及经济、政治、法律、行政管理等方面的内容，这又决定了管制经济学是一门边缘性学科。

经济学是管制经济学的基础性学科。这是因为，管制经济学不仅要研究政府管制本身的需求与供给，包括需求强度和供给能力，而且要分析政府管制的成本与收益，通过成本与收益的比较，以确定某一政府管制的必要性。同时，管制政策的制定与实施也要以经济学原理为依据，如经济性管制的核心内容是进入管制与价格管制，进入管制政策的制定与实施要以规模经济、范围经济、垄断与竞争等经济理论为重要依据，以在特定产业或领域形成规模经济与竞争活力相兼容的有效竞争格局；而价格管制政策的制定则以成本与收益、需求与供给等经济理论为主要依据。对每一项社会性管制活动都要运用经济学原理，进行成本与收益分析，论证管制活动的可行性和经济合理性。

行政管理学与管制经济学具有直接的联系。因为管制的基本手段是行政手段，管制者可以依法强制被管制者执行有关法规，对他们实行行政监督。但是，任何管制活动都必须按照法定的行政程序进行，以避免管制活动的随意性。这就决定了管制经济学需要运用行政管理学的基本理论与方法，以提高管制的科学性与管制效率。

政治学是与管制经济学密切相关的一门学科，从某种意义上讲，管制行为本身就是一种政治行为，任何一项管制政策的制定与实施都体现着各级政府的政治倾向，在相当程度上包含着政治因素。事实上，管制一直是发达国家政治学研究的一个重要内容，管制是与政治家寻求政治目的有关的政治过程。

法学与管制经济学也紧密相关。这是因为，管制者必须有一定的法律授权，取得法律地位，明确其权力和职责；同时，管制的基本依据是有关法律规定和行政程序，管制机构的行为应受到法律监督和司法控制。这就使管制经济学与法学存在必然联系。

管理学与管制经济学也有较大的联系。管制者与被管制者之间通常存在着较为严重的信息不对称性，管制者如何引导被管制者尽可能地采取有利于社会公众利益的行为，这是一个复杂的多重博弈过程，要求管制者必须掌握管理学知识，具有较强的管理能力。

管制经济学的这种边缘性学科性质，需要学者进行跨学科的协同研究。事实上，发达国家就是从多学科对政府管制进行多维度研究的，并强调跨学科研究。

中国对管制经济学的研究起步较晚，据笔者所掌握的资料，最早介绍到中国的管制经济著作是施蒂格勒著的《产业组织和政府管制》（潘振民译，上海三联书店 1989 年版），在这部文集中，其中有 4 篇是关于政府管制方面的论文。随后，出版了日本学者植草益著的《微观规制经济学》（朱绍文、胡欣欣等译，中国发展出版社 1992 年版），这是介绍到中国的第一本专门讨论管制经济的专著，在中国有很大的影响。从 20 世纪 90 年代以来，国内学者在借鉴国外管制经济学的基础上，并结合中国实际，出版了许多论著，为管制经济学在中国的形成与发展奠定了基础。但从总体上说，中国对管制经济学的研究还处于起步阶段，在许多方面需要结合中国实际进行深入研究。

在计划经济体制下，中国不存在现代管制经济学所讲的管制问题，不能把计划理解为管制，不能把计划经济体制理解为传统管制体制。因为市场是对计划的替代，而管制是对市场失灵的校正和补充。管制是由法律授权的管制主体依据一定的法规对被管制对象所实施的特殊行政管理与监督行为。管制不同于一般的行政管理，更不同于计划。否则就没有必要讨论管制经济学在中国的发展，就没有必要讨论通过改革如何建立高效率的管制体制问题。从国际经验看，就垄断性产业而言，美国等少数发达国家主要以民营企业为经营主体，与此相适应，这些国家较早在垄断性产业建立现代管制体制。而英国、日本和多数欧洲国家则对垄断性产业曾长期实行国有企业垄断经营的体制，只是在 20 世纪 80 年代才开始对垄断性产业实行以促进竞争和民营化为主要内容的重大改革，并在改革过程中，逐步建立了现代管制体制。

中国作为一个从计划经济体制向市场经济体制过渡的转型国家，政府管制是在建立与完善社会主义市场经济体制过程中不断加强的一项政府职能。传统经济理论认为，自然垄断产业、公用事业等基础产业是市场失灵的领域，市场竞争机制不能发挥作用，主张直接由国有企业实行垄断经营，以解决市场失灵问题。在实践中，长期以来，中国对这些基础产业实行政府直接经营的管理体制。但是，新的经济理论与实践证明，国有企业垄断经营必然导致低效率，并强调在这些产业发挥竞争机制的积极作用。因此，从 20 世纪 90 年代以来，中国像世界上许多国家一样，对这些产业逐步实行两大改革，一是引进并强化竞争机制，实现有效竞争；二是积极推行民营化，一定数量的民营企业成为这些产业的经营主体，在这些产业形成混合所有制的经营主体，以适应市场经济体制的需要。这样，政府就不能用过去管理垄断性国有企业的方式去管理具有一定竞争性的混合所有制企业或民营企业，而必须实行政府职能转变，建立新的政府管制体制，以便对这些产业实行有效管制。同时，在经济发展的基础上，中国日益强调对环境保护、卫生健康和工作场所安全等方面的管制。这些都使政府管制职能表现出不断强化的趋势。为此，党的十三大明确提出，政府的四大基本职能是：经济调节、市场监管、社会管理和公共服务，首次把市场监管（政府管制）作为一项重要的政府职能。

浙江财经大学是国内较早地系统研究政府管制经济学的高等学校，在政府管制领域承担了国家重大科技专项课题、国家社会科学基金和国家自然科学基金项目20多项、省部级研究项目50多项，在政府管制领域已出版了30多部学术著作，在《经济研究》等杂志上发表了一批高质量的学术论文，其中，一些成果获得了“孙冶方经济科学著作奖”、“薛暮桥价格研究奖”、“高等学校科学研究优秀成果奖（人文社会科学）”等。学校已形成了一个结构合理、综合素质较高、研究能力较强的研究团队。为适应政府管制经济学研究的需要，更好地为政府制定与实施管制政策服务，学校成立了跨学科的浙江财经学院政府管制研究院，其中包括政府管制与公共政策研究中心（浙江省社会科学重点研究基地）、管制理论与政策研究创新团队（浙江省重点创新团队）、公用事业管制政策研究所（学校与住房和城乡建设部合作研究机构）等研究平台。政府管制研究院的主要研究方向包括：政府管制基础理论研究、垄断性行业管制理论与政策研究、城市公用事业政府管制理论与政策研究、社会性管制理论与政策研究、反垄断管制理论与政策研究、金融风险监管理论与政策研究、政府管制绩效评价理论与政策研究等。为系统出版学校教师在政府管制领域的学术著作，在中国社会科学出版社的大力支持下，我们将持续出版《政府管制研究系列文库》，这也是学校对外开展学术交流的窗口和平台。欢迎专家学者和广大读者对文库中的学术著作批评指正。

王俊豪

2012 年元月于杭州

前 言

低碳经济是IT技术革命之后又一次经济革命浪潮。低碳经济的基本模式是实行碳排放配额交易，即低排放企业把节约下来的碳排放额度出售给高排放的企业形成利润，同时使高排放企业形成成本，从而刺激碳排放量的整体下降。面对低碳经济发展模式，电力行业必然面对节能减排的压力和挑战，从长远看，这种碳排放交易有助于电力企业降低减排成本，但短期内可能使电力企业的成本增加。对中国电力企业而言，低碳经济还需要关注煤炭成本问题，中国80%的电力是靠燃煤发电形成的，同时中国煤炭产量的一半也多用于发电，2002年国家废除电煤指导价后，国内煤炭价格出现波动，现行的电价体制下，煤炭价格的波动也影响电力的供应。

中国的电力价格属于政府管制定价，一般采取成本加成等原则制定，价格一经制定便会维持较长时期不变。在现行的电价管制格局下，无论是碳排放成本还是燃煤成本，它们与电力价格之间不存在有效联动机制，这些成本的波动无疑会影响电力的安全供应，如何设计科学、合理的电力价格形成机制，降低“碳价”波动的影响是电力行业发展的时代议题。理论上讲，纵向关联的市场之间，上游环节的成本必然会传递到下游环节，引起下游电力价格做相应调整，进而导致产业链上的福利再分配，但这种价格的传递绝对不是对称的和线性的。中国电价体制中以简单的、程式化的成本定价取代复杂的、非线性的市场定价，无法适应低碳经济的发展。

本书深入研究了低碳约束下的电力价格形成机制，基于国内碳排放权交易市场的相关情况，收集和整理了大量的相关数据和基础材料，运用产业组织学、数理经济学和计量经济学，对碳排放权交易中的电力定价等问题进行规范的理论分析和实证检验，解释了煤电企业之间的纵向交易关系，并提出了具有说服力的结论和可操作性的对策建议。

本书主要从以下几个方面进行详细论证和深入分析：一是低碳经济的国内外背景，论述了低碳经济与低碳发展的历史沿革，低碳经济的国际行动，中国的低碳之路等。二是电价管制的一般理论和电价形成机制，论述了电价价格管制的理论与方法，介绍了各国的电价管制的实践，以及中国的电价改革历程，重点论述了低碳约束对电力价格的影响，以及中国的应对策略。三是低碳约束下中国上网电价的基本原则、主要方式、现状及特点。指出中国的电力价格市场化进展缓慢，“竞价上网”亟须加速发展。四是低碳约束下中国输配电价的管制与设计，从组织模式、价格规制、成本控制、市场机制、公平接入等角度进行了深入探讨。五是低碳约束下中国销售电价的管制与设计。中国的销售电价是一个复杂的价格体系，各省、市、区有自己的销售电价，区域性差别较大。本部分详细论述了高峰负荷定价和阶梯电价两种典型电价，并介绍了相应的国际经验。六是对煤电价格双轨制、煤炭价格传递与煤电联动机制进行了理论探讨，考察了电力供应和煤炭价格之前的关系，分析了煤电联动的影响和困境。七是对新能源产业和新能源电价进行了系统全面分析，分别探讨了风电产业、生物质产业、光伏产业、水电产业、核电产业的发展趋势、价格制度、存在问题以及规制情况，着重分析了各个产业的电价形成机制，及其与低碳约束之间的关系。

在本书的写作过程中，课题组成员的分工如下：王建林编写了第四章、第五章、第六章、第七章、第八章、第九章、第十章和第十一章部分；任国英编写了第一章和第二章；王建林、侯艳华、任国英编写了第三章；李世新、王建林编写第十一章；刘建超编写第十二章、第十三章和第十四章。在编写过程中参阅了许多参考文献，书后已经列出，在此向相关作者深表感谢。由于作者能力和水平所限，书中错误和疏漏在所难免，敬请广大读者和专家不吝赐教，以便改进。

目 录

第二篇　低碳约束下的中国电力价格体制改革

第三篇　低碳约束下电力产业链与电力价格

第四篇 新能源电力价格研究

绪　论

一　研究背景和研究意义

2009年7月绿色和平组织发布的《中国发电集团气候影响排名》指出，中国排名前三的发电企业二氧化碳排放量总和已超英国，该组织呼吁中国发电企业尽快制定减排措施以应对气候变化。2012年十一届全国人大第五次会议上强调，要深入推进重点领域改革，开展碳排放和排污权交易试点。作为促进节能减排而实行的一种配额交易，碳排放交易的基本模式是低排放企业把节约下来的碳排放额度出售给高排放的企业形成利润，同时使高排放企业形成成本，从而刺激碳排放量的整体下降。低碳经济固然是加强全球环境保护的重要手段和未来的经济导向，但是不可否认，高排放的产业将在这一趋势中受到很大影响。

从长远看，碳排放交易有助于电力企业降低减排成本，但短期内可能使电力企业的成本增加，中国的电力价格属于政府管制定价，一般采取成本加成等原则制定，价格一经制定便会维持较长时期不变。在现行电价管制格局下，碳排放成本与电力价格之间不存在有效联动机制，"碳价"波动无疑会直接增加发电企业的运行成本，进而影响电力的安全供应，如何设计科学、合理的电力价格形成机制，降低"碳价"波动的影响，对于整体国民经济有着举足轻重的作用。本书从低碳经济与电力行业之间的关系入手，分析了低碳约束下电力价格制定存在的问题，探讨了碳排放交易对电价的传递效应，由此对中国当前的电力价格体制改革的效果进行绩效评定，并给出了未来电力供给和价格变化的趋势，进而提出深化电力价格体制改革的对策建议。本书的研究具有一定的理论意义和应用价值。

从理论上讲，纵向关联的市场之间，上游环节的"碳价"必然会传递到下游环节，引起下游电力价格做相应调整，进而导致产业链上的福利再分配，但这种价格的传递绝对不是对称的和线性的。中国电价体制中以简单的、程式化的成本定价取代复杂的、非线性的市场定价，因此无法适应碳排放交易。本书研究了碳排放交易给电力价格带来的影响，研究了

“碳价”与电力价格的纵向价格传递机制，并建立相关价格传递模型，迄今为止，国内这方面研究非常缺乏。

本书的实际价值表现在对“碳价”—电价传递方式进行全面的分析，设计了电力价格的定价机制和改革路径，为改善中国电力价格形成机制提供了决策对策参考。

二 国内外相关研究综述

对于大多数学者而言，电力价格体制改革研究并不是一个陌生的领域，但是，从碳排放交易与电力价格之间的关系入手来考察电力价格体制改革的现状、问题和未来态势，尚不多见。虽然国内外的电力价格体制不同，例如国内对电力价格的管制水平相对更高，以及国内节能减排的任务更重，压力也相对更大，这也意味着“碳价”对国内电力价格的影响相对更为深远。

国外学者对于碳排放交易与电力价格的关系研究主要集中在以下几领域：一是研究方法的不同，计量实证分析是常见的方法，例如，Zachmann 和 Hirschhausen（2008）研究了碳排放价格对欧洲电力交易市场电力现货价格的影响，他们发现“碳价”的上升会显著带来电力现货价格的上升，“碳价”的下降却只带来电力现货价格较小的下降。当然，也有一些其他研究方法对该问题进行研究。例如 Laurikka 和 Koljonen（2006）做了一个数量投资评估，发现碳排放交易对电力价格的影响依赖电价和燃料价格的波动性，且碳排放配额的不确定性严重影响企业的投资决策。Chen、Sijm、Hobbs 和 Lise（2008）模拟了西北欧碳排放交易对电力价格的短期影响，分析发现碳排放成本能够通过电力批发市场的转嫁，转嫁的比例与市场竞争程度、电力需求和供给弹性有关，部分发电企业通过碳排放交易获得了较高利润，因为它们的碳排放量较少，能够在电力价格上升中获益。

二是选取了不同的研究视角从理论和实证两方面对两者之间的关系进行了探讨。Neuhoff、Martinez 和 Sato（2006）提供了一个理论分析框架，分析国家分配碳排放配额对电力市场价格、操作和投资决策的经济激励和扭曲，并使用数值模拟评估了不同的分配碳排放配额方案对电力企业的影响。Sijm、Neuhoff 和 Chen（2006）估计发电企业的碳排放成本几乎全部传递给消费者，转嫁幅度高达 60%—100%，这导致电力价格的过快上升。Oberndorfer（2009）提出了碳价对电力价格的不对称性传递观点，他发现“碳价”与发电企业的股票表现存在密切关系，但是这种关系存在不对称性。整体而言，国外研究既重于理论创新，又兼有实证检验和数值模拟，研究对象较为宽泛。

国内学者关注碳排放交易对电力价格的影响较晚，主要集中于碳排放交易与电力行业之间的影响研究，从2008年之后相关研究逐渐增多，丰富了该领域的研究。国内对于碳排放交易与电力价格的研究主要有两个方面：

一是理论层面的研究，从产权、产业政策等角度探讨碳排放交易对于电力行业效益的影响，安丽和赵国杰（2008）以电力行业为例，通过一个模拟的电力市场分析了四种分配方法对不同类型电厂的影响，发现只要排污权的初始分配是免费的，整个电力部门就能从这套交易系统的引进获益。常凯、常浩和王维红（2011）通过构建电力企业的经济决策模型，说明政府实施碳排放管制策略会影响碳交易市场中碳排放量的稀缺程度，碳排放价格的波动性又受碳排放量稀缺程度的影响。

二是实证层面的研究，主要集中于低碳指标对电力行业的具体影响。谢传胜、董达鹏、贾晓希和陈英杰（2011）预测了2015年、2020年中国二氧化碳的允许排放量，测定出电力行业的二氧化碳排放控制目标，并将其分解到不同容量等级的发电机组中，研究结果表明，利用排放绩效机制能有效分配碳排放配额，控制二氧化碳排放量，是电力行业实施碳减排的一种有效机制。米国芳和赵涛（2012）以1981—2009年数据为样本，对经济增长、电力消费与碳排放量的长期均衡关系和短期动态变化进行分析，结果表明，三变量之间存在着长期稳定的协整关系。国内对碳排放对电力行业影响的研究大都偏宏观，集中在减排对电力产业的产量影响，尚未涉及电力体制和价格机制改革层面。

三 基本框架和主要内容

本书的第一部分为绪论，最后一部分为结论，其余部分分为三篇十四章。

第一篇共有三章，为低碳约束下的电力价格机制问题，其中解释了世界低碳经济的背景、中国的低碳困境以及碳排放贸易对电力价格的影响等。

第一章为本书研究的经济背景介绍和分析，主要阐述了低碳发展趋势与中国电力行业之间的关系。首先，介绍了低碳经济的兴起缘由、国际行动以及中国经济发展过程中所面临的低碳困境。其次，分析了低碳约束下的电力价格所面临的问题，包括中国现行电力价格体制下碳成本对电力价格的传导难以在短期内得到化解；低碳约束下电力生产与上游煤炭原料供给之间的关系无法妥善协调；新能源电价体制制约了新能源产业的发展，降低了新能源电的低碳效用等。

第二章为电力价格管制的理论与实践。首先，概述了电力价格体制的形成机制与原则，从电力具有公共事业性和垄断性属性出发，分析了电力价格制定的重要性、特殊性和复杂性。其次，介绍了美国、英国、智利等国家电价管制的实践经验，并指出中国电力价格制定不仅面临着效率性与垄断性之间的两难，而且还面临着低碳约束和高能耗发展方式之间的两难。最后指出，新形势下中国电力价格机制亟待深化改革，包括在上网电价、输配电价和销售电价等部分。

第三章为碳排放交易对电力价格的传递。在简要介绍了碳排放交易之后，首先，分析了中国长期以来电力价格与低碳经济之间的背离，随着发展观念的转变以及世界形势的变化，低碳将成为电力价格制定面临的最重要约束之一。其次，从理论角度分析了碳排放配额分配与碳价—电价的传递过程和后果，包括不同的碳排放配额分配方式对电力价格的影响，碳排放交易后的电力价格变化和发电商利润变化，二氧化碳的机会成本转嫁带来的电力价格改变等。

第二篇为低碳约束下的中国电力价格体制改革问题，共有四章。其中第四章为低碳和中国电价体制，作为本篇的总领性章节，而第五、第六、第七章则分别论述了中国不同电价的管制与设计。

第四章首先分析了中国电价体制的现状和特点，主要呈现出上网环节无电力市场、销售环节无用户响应和电力价格水平偏低等特征。然后，具体指出了碳排放交易对电力行业的影响途径，包括总量影响、碳排放分配配额影响、碳价波动影响等。最后，分析了为降低碳排放的影响，中国电力行业在低碳约束下的应对策略和规划纲要。

第五章为中国上网电价的管制与设计。本章首先分析了电力市场上网电价的基本原则，包括公平原则、效率原则、资本吸引原则、节约资源原则和便于操作原则等。接着概括了电力市场的定价方式，包括政府定价、协议定价和竞争形成电价方式等。最后，指出了低碳约束下中国上网电价的趋势和设计。

第六章为中国输配电价的管制与设计。本章主要阐述了低碳背景下中国输配电价现状，从成本控制、市场机制和公平接入等方面讨论了中国现行输配电价体制存在的问题，最后从解除碳约束角度指出了输配电体制下一步改革的方向，包括重构组织模式、强化成本约束和打破垄断格局等具体策略。

第七章为中国销售电价的管制与设计。销售电价是电力价格制定中相对复杂的体系，本章分别论述了高峰负荷定价和阶梯电价的应用，以及其他国家运用两种定价的经验，基于中国阶梯电价的背景和试点，指出当前阶梯电价的低碳背景及其存在的问题和不足，并给出了具体改革思路。

第三篇为低碳约束下电力产业链与电力价格之间的关系，共三章。本篇主要从电力生产的产业链视角入手，分析了在低碳背景下，上游煤炭产业与电力生产的关系，以及下游电力消费与电力生产的关系。

第八章为中国煤电纵向价格双轨制分析。在中国，火电是电力的主要组成部分，煤炭价格也就成为影响电力成本的最主要因素之一。本章从电力与煤炭的纵向关系入手，从成本角度建立电力价格形成的两阶段博弈模型，阐述了煤炭价格对电力价格的影响，实证检验了煤炭价格对电力价格的影响。

第九章为煤炭价格传递与煤电联动机制。本章从理论角度考察了煤炭价格对电力价格的传递模型，分析了电力价格无管制和有管制下的电力供应，进一步运用拔靴检验方法对理论假设进行验证，并指出了煤电联动机制的政策内涵。

第十章为电力价格、能耗密度与电力消耗。本章运用路径分析方法讨论了电力价格与下游电力消费量之间的关系，并基于能源区位优势理论讨论了电力价格与高能耗产业布局之间的关系。电力行业的下游产业可视为电力的消费者，电力消费的情况必然影响电力价格。当然，电力价格也会影响电力消费。两种力量的博弈决定了在低碳约束下电力价格的走势：如果电力消费量的变化大于电力价格的变化，低碳的约束力则增强，电力行业可能需要承担更多的低碳成本；反之则相反。

第四篇为新能源电力价格问题。低碳经济的兴起，必然伴随着对新能源电的追逐。尤其对于中国电力供应结构中以火电为主的事实，不仅新能源电价本身是个重要的研究话题，而且对传统能源电价也是一个不可忽视的冲击。本篇共有四章。

第十一章为本篇的总领性章节，介绍了中国的新能源产业与新能源电价，包括新能源产业的现状和成熟度、发展趋势，以及新能源电价制度与政策。

第十二章为太阳能光伏电价的形成机制与管制。本章从太阳能光伏电的属性出发，讨论了德国、荷兰等国家太阳能光伏电价的机制与管制，指出了中国太阳能光伏电价存在的问题，并提出了可改进的方向和路径。

第十三章为风能发电电价的形成机制与管制。首先界定了风能发电的原理和运行方式，然后分析了不同于一般发电厂的影响风能电价的因素，具体包括固定支出、资源条件、风电站建设费用和电厂运行维护费用等。接着，介绍和分析了国际风能发电电价机制的经验和对中国的启示。最后结合中国具体情况，指出了中国风能电价的问题和进一步优化的政策建议。

第十四章为生物质能发电电价的形成机制与管制。本章在阐述生物质能发电的基本原理和现状的基础上，从固定资产投资、原材料成本和年发电量等方面分析了生物质电价的影响因素，并结合国外生物质能发电电价的经验和中国生物质能发电的特征，提出了生物质能电价制定的可行性方案。

四　研究方法、技术路线和创新点

本书以电力价格与碳排放约束之间的关系为核心展开研究，关键技术线路参见下页图。

本书采用了理论分析和实证分析相结合、定性分析和定量分析相结合的研究方法。在理论研究部分采用了移动均衡模型、需求曲线、供给曲线等分析工具，涉及的理论主要有产业组织学、政策科学、需求理论、供给理论、价格双轨制理论等，定性分析低碳约束与电力价格之间的关系；在实证研究部分，使用了统计学、计量经济学等工具，运用路径分析、拔靴检验等验证相关变量之间的关系，一方面检验理论假说，另一方面提炼其政策含义；在对策研究部分中，使用规范研究方法，为电力价格体制改革提供建议，供管理部门决策参考。另外，还采用了对比分析方法，在了解和掌握国外电力价格体制改革的经验和教训的基础上，指出了其对中国的启示。

本书研究的创新点主要如下：

一是运用价格传递理论研究了碳排放交易给电力价格带来的影响，运用价格传递理论分析了碳排放交易对电力价格的传递过程和机理，深入研究了“碳价”与电力价格的纵向价格传递机制，并建立相关价格传递模型。

二是从成本角度建立电力价格形成的两阶段博弈模型，考察了市场势力、碳价所带来的影响。目前该领域的所有文献几乎都是经验性研究，缺乏正式的理论分析框架，我们借鉴了 Lloyd、McCorriston、Morgan 和 Rayner（2001）对食品价格传递的分析方法，构造了一个煤电价格关系模型。

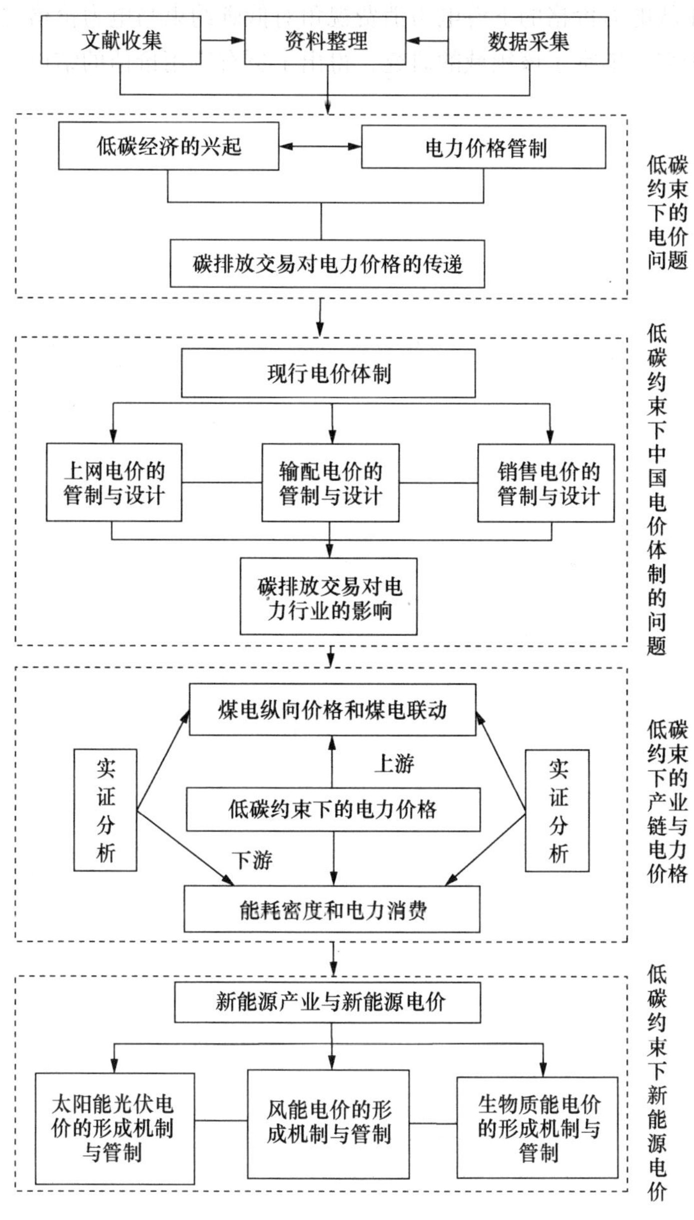

本书研究的关键技术路线

三是在估计方法上，使用拔靴（bootstrap）技术生成临界值，从而克服了传统的 Granger 因果关系检验依赖渐进分布的临界值的缺陷。

四是从产业链全方位角度分析了电力价格的影响因素，以往的研究主要关注低碳对电价的成本影响。但是，本书的研究不拘泥电力价格的上游视角，还从电力价格的下游电力消费视角对低碳约束与电力价格之间的关系进行研究，丰富了该领域的研究，得出了更有应用价值的结论。

第一篇

低碳约束下的电力价格机制问题

第一章　低碳发展趋势与中国电价问题

在英国兴起的、以化石燃料的使用作为标志的工业革命，极大地改变了人类文明的发展进程。卡尔·马克思在其与恩格斯合著的《共产党宣言中》对以工业革命为特征的资产阶级进行了这样的描写：虽然资产阶级的统治时间还不到一个世纪，但就创造生产力的能力而言，资产阶级的表现足以让文明诞生以来的任何时代都黯然失色。即便在今天，虽然风能、地热能、太阳能等无污染能源已经得到利用，特别是太阳能和风能，但不可否认的是，以煤、石油为代表的化石燃料仍然在人类生活的方方面面发挥着无法忽视的作用。任何事物都有两面性，工业文明给人类带来的巨大的财富的同时，也带来了环境的破坏。工业文明最典型的特征就是化石能源的燃烧以及随之产生的大量二氧化碳等温室气体。有专家收集数据并做过统计，显示出自从工业革命之后，由于煤、石油等的大量使用，人类生产活动所产生的二氧化碳等温室气体在全球温室气体的比例已经超过了90%，大气圈中目前的二氧化碳浓度已经对全球的气候循环造成了不良影响，比如全球变暖、两极冰川融化和海平面上升等，这也最终会对地球上的生态平衡造成不可逆的变化。诺贝尔奖获得者、化学家 Arrhenius 认为，由于化石能源的使用，大气圈中温室气体浓度的增加无法人工干预。大概到2050年时，温室气体，尤其是二氧化碳的累积将足以扰乱地球本身的二氧化碳的循环。大气中二氧化碳的增加，使得全球变暖，进而造成其他自然灾害。近年来，各种自然灾害，如飓风、海啸等变得越来越频繁，再加上人口的爆炸性增长和人类对资源无限度地开发、索取，让本就资源有限的地球变得更加不堪重负。这已经为人类所目睹，更进一步，这直接影响着人类的可持续发展。在这样的背景下，人类开始回想和反思，并且逐步认识到自身对全球变暖的“贡献”，进而寻找一种保证经济增长的同时也不破坏环境的发展方式，低碳理念在人们心中逐渐清晰，并且开始上升到国家战略层面。

第一节　低碳经济的兴起

一　低碳经济与低碳发展

低碳经济是在20世纪90年代左右才提出的，是一种倡导、一种观念、一种目标，也是一种具体的行动，它作为一个潮流、新兴的名词，目前在学术界尚没有一个统一、公认的定义。低碳经济理念认为：低碳经济是一个宏观的概念，它是一种具体的经济模式，同时也是一个经济发展过程，同时具有动态和静态两种属性。最为重要的是，低碳经济是人类对经济增长、保护环境同步实现的美好愿景，而且必须实现，因为化石能源是非可再生能源，地球目前的储量已经不足以支撑人类太久的使用，同时温室气体增加导致的全球变暖已经让人类尝到了苦果，从这个意义上讲，低碳经济也是人类将来发展的不二模式。具体来说，低碳经济是以低能耗、低排放、低污染和高效率为特征的经济发展模式。低碳可以从两个角度去考虑，一方面增加新能源的利用，减少化石能源的使用，这是绝对意义上的低碳；另一方面是提高化石能源的生产效率，即提高单位碳的生产能力，这是相对意义上的低碳。因此，进一步讲，低碳经济模式的策略也可以分为两方面：一方面是提高新能源的开发利用，实现新能源利用的产业化；另一方面是通过技术研发创新，让单位化石能源创造更多的产值。此外，低碳经济体现在社会的方方面面，不论是生产还是消费，不论是在第一、第二还是第三产业，低碳经济战略的实施，对生态系统中的碳循环的恢复也起到促进作用。

关于低碳经济的研究，国内外也有很多成果，但是，对低碳经济的理解却各有不同和侧重。目前主要有五种诠释：

第一，发展阶段论。低碳经济是社会发展的必然趋势，但是，对于不同国家，发展的快慢有所不同，在目前的生产技术水平下，经济的增长和发展依然在很大程度上取决于化石能源的使用，所以不同的国家在制定碳排放的标准时要结合自己的国情。

第二，发展模式论。该理论认为经济增长应该与化石能源的使用脱钩，而从调整产业、重组结构和促进技术创新的角度进行思考。

第三，产业经济形态论。这种理论的观点侧重于从产业角度看待低碳经济，把低碳经济看作低碳消费、低碳科技和低碳产业体系等的加总。

第四，能源资源使用方法论。即对于化石燃料的使用而言，要提高能源效率和改善能源结构。

第五，物质流循环论。该理论从经济生命周期的角度着眼，在物质流的输入、生产、加工到最后输出的整个过程，减少二氧化碳的排放，提高能源利用率。

综合说来，低碳经济是一个宏观的概念，涉及生产、消费、科技和金融等诸多方面，从任何一点入手，都有丰富的材料和内容来研究，进而形成自己的独特的观点和体系。但事实上，这五种观点是相互联系的，而不是孤立的。它们从不同方面和角度去研究低碳经济、探索低碳经济的发展路径，并把低碳经济的概念立体化，从而使得社会上扮演不同角色的人们可以找到自己的位置、落实自己的低碳行动，让低碳发展不再是一句口号。

低碳发展是指在保证社会良好运行、经济健康发展基础上，尽可能地减少温室气体的排放。低碳发展是一种经济形态，也是一个新的文明阶段，它实现了以高二氧化碳等温室气体排放为特征的工业经济文明到以清洁能源、可再生能源的广泛使用为特征的经济发展状态的跨越。但从根本上说，低碳只是一种手段、一种实现经济增长方式，发展才是最终的目的。在农业文明时代，由于几乎没有化石能源的使用，自然没有什么碳排放，但是，生产技术落后、生产力低下。低碳发展是一个过程，它有不同的发展阶段。粗略地说，低碳发展可以划分为三个阶段：第一阶段，低碳市场化阶段。即减少化石能源的使用，通过碳税、碳交易、对低碳行业提供基金扶持等手段来减少温室气体的排放；第二阶段，技术创新阶段。即通过低碳生产的技术创新来改变高排放、低效率的生产方式，同时广泛利用可再生能源和清洁能源，如太阳能、风能等，这样就可以保障经济增长和环境保护的同时进行；第三阶段，低碳生活阶段。即通过物质财富的积累来改变人们的生活、消费方式，使得低碳的理念处处体现在人们衣、食、住、行、文化等各个方面，人类和自然得到和谐共存。

二　低碳发展的历史沿袭

低碳经济的发展与环境保护的兴起有着密切的联系，美国教授丹尼斯·L. 米多斯（Dennis L. Meadows）在其 1972 年发表的《增长的极限》

一书中，揭露了人类传统的经济发展模式已经对全球气候造成不良影响，二氧化碳的过量排放首当其冲。因此，一拨拨的环境保护浪潮，特别是减少化石燃料使用的运动，开始在世界范围内出现。1992 年，《联合国气候变化框架公约》在联合国环境与发展大会中通过，该《公约》的主旨是通过国际社会的协作和努力，控制以二氧化碳为主的温室气体的排放，减轻气候变暖对人类生存和发展的不利影响，从此应对全球变暖，并采取相应的低碳措施的国家不再是孤军奋战。1997 年，《公约》第三次缔约方大会在日本京都召开，并通过《京都议定书》，该议定书确立的“共同而有区别的责任”的原则，有着重要的指导意义和实践意义，“共同”表示任何国家都不能置身事外，“有区别”则表示低碳也要结合本国的经济发展情况。《京都议定书》对包括美国、英国、德国、日本、中国等国家的二氧化碳排放标准做了规定：2008—2012 年的排放量比 1990 年降低 5.2%。2007 年 12 月的“巴厘岛路线图”对缔约方温室气体排放的水平做了细化，要求各国温室气体的排放要可核证、可量化。

《公约》缔约方大会每年召开一次，但每一次会议都充满波折，在减排的具体目标方面，与会各方始终存在分歧，典型的如 2009 年 12 月的哥本哈根会议以及 2011 年 12 月的德班会议。在德班会议中，中国代表团团长提出，一些西方国家在减排方面不履行承诺，反而对发展中国家进行施压。尽管存在分歧，但从各国单纯重视发展经济罔顾对环境的破坏到一起讨论共同控制温室气体的排放，这本身就是一个进步、一种人类环境保护意识增强的体现。实际上，《公约》缔约方大会也取得了许多成果，如在德班会议中，丹麦和德国分别注资 4000 万欧元和 1500 万欧元作为绿色气候基金启动的资助，让大家有理由相信未来在控制全球变暖等方面会取得更多的成果。

对处于不同发展阶段的国家而言，在降低碳排放时的侧重点也不同，其关键是区分发展阶段和减排义务。对于美国、欧盟和日本等发达国家而言，它们已经通过工业革命完成了资本积累并进入了现代化阶段，尽管美国在低碳技术创新、碳交易市场制度建立等方面投入甚多，但是美国的碳排放在世界各国中仍居前列，其根本原因在于奢侈性消费带来碳的高排放。因此，发达国家应该努力减少碳排放的绝对量、转变消费方式，同时支持发展中国家进行低碳创新等，如对其实施技术转让和支持等。对于大多数发展中国家而言，保持良好的经济增长态势、提高本国居民的生活质量仍然是国家发展的首要任务。况且，低碳技术的创新是一个长期过程，也有很多不确定因素存在其中，即便创新成功，从实验室、研究所到形成市场规模这个过程中也需要解决很多难以预计的困难。所以，对于发展中国家而言，受到科技水平的约束，化石能源依然会在能源使用中占很大比例。但是这并不意味着发展中国家在控制含碳等温室气体的排放问题上可以置身事外，其可以通过国际合作来引进低碳生产技术，从而提高本国工业中能源的生产效率，即在保证经济发展前提下，减少碳的排放。

第二节　低碳的国际行动

英国是世界上最早提出应对气候变化、发展低碳经济的国家之一，此外欧盟、美国和日本也都是低碳国际行动中的活跃者。

一　英国

英国是低碳经济实践的先行者，2003 年，英国首次在官方文件——能源白皮书《我们能源的未来：创建低碳经济》中提出低碳经济。英国是一个岛国，对资源的匮乏有清晰的认识，充分意识到能源的高效、可持续利用的重要性，因此低碳经济的实现是英国能源战略的第一目标。前首相布莱尔为建立一个行之有效的低碳发展模式作了很大的贡献，英国政府也为低碳减排在不同阶段制订了相应的目标：二氧化碳的排放量在 1990 年的基础上，到 2010 年减少 20%，到 2020 年减少 60%，最后到 2050 年实现二氧化碳的零排放，完成全国范围内低碳社会的建立。英国政府在发布《能源白皮书》之后，于 2006 年 10 月发布《气候变化的经济学：斯特恩报告》。该报告定量评估了温室气体排放对全球的经济影响，得出结论：全球气温升高 5—6℃，世界 GDP 将减少 5%—10%，而且欠发达国家、地区受到的影响更大；报告认为，全球变暖将改变全球的生态环境并压缩人类的生存空间，而改变这种趋势不是一两个或几个国家的事情，需要全球各个国家共同应对，如果每个国家都为经济增长罔顾排放温室气体对全球气候的影响，那么个人理性导致集体非理性的“公地悲剧”将会再次上演，而事实上这种短视行为将让各国付出更大的代价。同时，成本效益模型分析认为，应对全球变暖的行动采取得越早，所需付出成本就越小。2008 年 3 月，英国颁布并实施了《气候变化法案》，这使得英国成为世界上第一个为减少温室气体排放、适应气候变化而建立具有法律约束性长期框架的国家；2009 年 7 月 15 日，英国又相继发布了《英国低碳转换计划》、《英国可再生能源战略》，这标志着英国成为世界上第一个在政府预算框架内特别设立碳排放管理规划的国家。英国在低碳经济上的重视给自己带来了不菲的回报，一方面，英国的碳排放量显著下降，2013 年，全英国的碳排放比 1990 年减少了 26%；另一方面，低碳相关的产品和服务为国民提供数以万计的工作机会，2013 年 17 万人在环保相关产业就业，创造了英国 4% 的国内生产总值。

二　欧盟

欧盟在发展低碳经济、减少非可再生能源的利用方面也有许多法案。欧盟委员会于 2008 年 1 月提出《气候变化行动与可再生能源一揽子计划》，该《计划》的目的在于推动欧盟经济发展能源利用的转向，实现高能效和低排放，并以此《计划》为契机推动全球向“后工业革命”时代迈入。根据该《计划》，欧盟承诺，到 2020 年，将欧盟成员国能源消耗总量中可再生能源的比例提高到 20%，将非可再生能源比如煤、石油等的消耗量减少 20%，在交通能源消耗中，提高生物燃料所占的比例。此外，欧盟单方面做出承诺，将二氧化碳排放量以 1990 年为基准，减少 20%，同时视其他类似国家的减排情况将减排目标再增加 10%，到 2050 年，预计达到减排 60%—80%。

图 1－1 和图 1－2 分别为欧盟 27 个国家 2001—2011 年的碳排放总量和人均碳排放量。从图 1－1 中可以看出，进入 2000 年后，欧盟碳排放量总体呈下降趋势，从 2001 年的 3908.46 百万吨降到 2011 年的 3542.73 百万吨，年均下降率为 0.93%。2002—2008 年，欧盟碳排放量相对平稳，2009 年出现大幅下降，与 2008 年相比下降了 7.78%，2010 年略有上扬，并首次出现正增长，增长率为 3.01%，2011 年恢复了下降趋势，增长率为－3.40%。从图 1－2 中可以看到，由于欧盟的人口比较稳定，所以，在 2001—2011 年，欧盟人均碳排放量和碳排放总量呈现了相似趋势。整体来看，2001—2011 年，人均碳排放量年均下降率为 1.31%，其中，2002—2008 年呈缓慢下降趋势，2009 年出现大幅下跌，而又在 2010 年缓慢上升。总体来看，欧盟发展低碳经济比较成功，2009 年和 2010 年碳排放量的反常应该与 2008 年世界性金融危机相关。

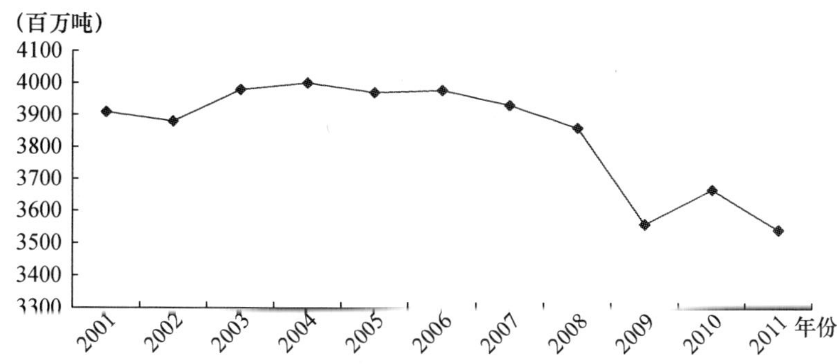

图1-1　2001—2011年欧盟碳排放总量

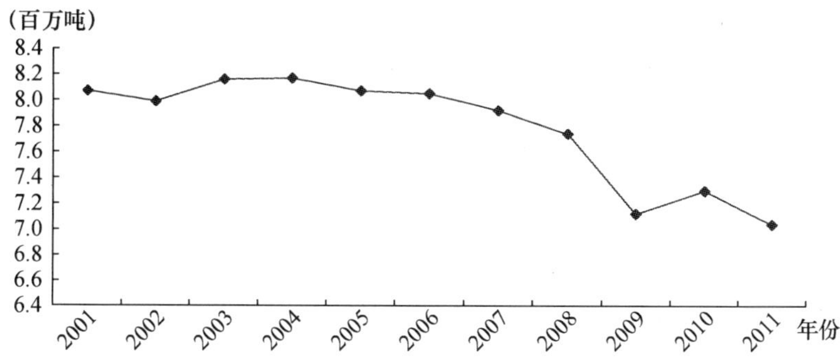

图1-2　2001—2011年欧盟人均碳排放量

2008年金融危机后，欧盟碳排放出现了小幅上升（2010年比2009年增加约3.1个百分点），但是之后出现了更大幅度的下降（2011年比2010年下降3.4个百分点）。欧盟碳排放长期以来逐年下降，表明了欧盟在低碳减排的决心和成就，其中气候政策、碳市场机制、低碳文化等是欧盟低碳经济成功转型的关键。如何制定并有效、严格执行气候政策，建立健全碳市场交易体系以及提升民众低碳理念也是中国低碳经济转型需要的借鉴之处。

三　美国

美国虽然已经退出了《京都议定书》，但作为世界上主要的温室气体排放国，美国在节能减排、增强低碳竞争力上的表现不落人后。奥巴马总统上任后推出的低碳政策主要有：第一，推动《复苏和再投资法案》并获得通过，实施以能源战略转变为核心的经济刺激计划；第二，积极推动

《清洁能源和安全法案》，众议院已经获得通过。《复苏和再投资法案》中提到的投资总额达到7871亿美元，其中约580亿投入环境与能源领域。通过投资环保和低碳产业来刺激经济复苏、拉动就业，这就是奥巴马提出的“绿色新政”。此外，美国也大力投资低碳技术研发，并进行区域性碳贸易。

图1－3为美国近年来碳排放量的增长率水平图。从图1－3中可以看出，美国碳排放总量的波动较大，2002—2011年年均下降0.66%，2002年下降1.28%，2003—2005年碳排放量有所增加，但是，增加幅度不大，年均增长率为0.98%。由于2008年世界性金融危机的始作俑者是美国，因此与其他国家相比，美国较早地出现了非正常低碳排放率，2008年比2007年降低3.05%，2009年比2008年降低7.19%，随后2010年出现反弹，这一年也是美国在2002—2011年间最高的碳排放增长率，达到4.72%，2011年情况有所好转，碳排放量重新开始下降，下降率为2.62%，相对其他年份也是一个高的下降率。美国在2001—2011年人均碳排放量的年均下降率为1.55%（见图1－4）。

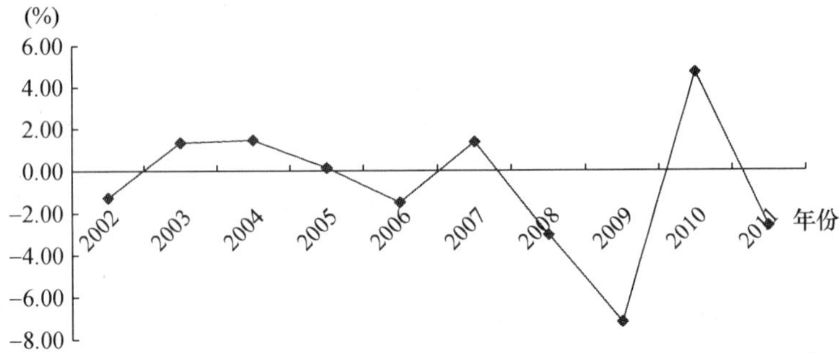

图1－3　美国2002—2011年碳排放量增长率

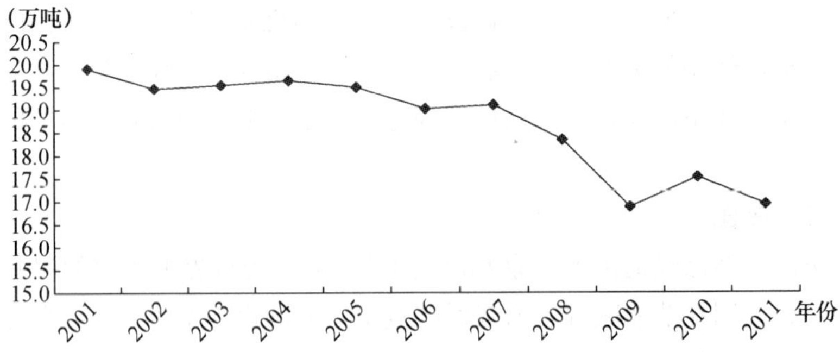

图1－4　美国2002—2011年人均碳排放量

从美国与欧盟的对比中看到，美国的总体低碳发展力度和效果不如欧盟。2008 年金融危机以前，美国对于低碳减排一直都是不温不火的态度，在其之后，国际以及美国国内对于低碳经济的约束和激励都促使了美国低碳发展战略的调整。无论如何，低碳行动是不可逆转的趋势，低碳经济也是其经济转型的主要方向，美国已经着手制定低碳技术和产业的发展规划，正逐步健全碳交易体系，并大力倡导绿色就业，随着美国低碳发展战略的进一步实施，必将促进美国低碳经济的转型和快速发展。

四　日本

日本也是一个岛国，并且国内多山，由于资源禀赋的限制，日本很早就开始注重能源的高效利用和新兴、可再生能源的开发。在法律法规层面，日本政府制定了一系列法律等来保证低碳发展。1979 年日本颁布实施《节约能源法》、1989 年日本通过《地球变暖政策推进法》，从 1991—2004 年，日本先后颁布通过了《关于促进利用再生资源的法律、合理用能及再生资源利用法》、《废弃物处理法》、《化学物质排出管理促进法》和《低碳社会形成推进基本法案》等。从法律上把低碳经济提高到“国家战略”的高度，这展现了日本低碳经济发展的决心，同时还制定了具体的实施方案。2008 年，福田首相在低碳革命宣言中提出了日本应对全球变暖的四大核心政策，即著名的《福田蓝图》，具体包括：一是技术创新；二是在日本构建低碳经济的基础框架；三是促进日本各地方的低碳社会建设；四是实现国民的低碳化。其中提到的日本温室气体减排长期目标是：2050 年日本的温室气体排放量要在 2005 年的基础上减少 60%—80%。2009 年，日本环境省公布了《绿色经济与社会变革》的政策草案，即通过实行减少温室气体排放等措施，使日本环境领域的市场规模从 2006 年的 70 万亿日元增加到 2020 年的 120 万亿日元，如此一来，相关的就业岗位也将大大增加。

五　中国

1978 年改革开放之后，中国经历了 30 多年的经济高速增长，也取得了瞩目成就，使得中国目前已经成为世界第二大经济体；然而，经济增长的代价也是很大的，中国的经济增长面临着越来越尖锐的环境破坏问题。2005 年，十六届五中全会召开，其主旨是加快建设资源节约型、环境友好型社会，加大环境保护力度，认真解决影响经济社会发展特别是严重危害人民健康的突出的环境问题，在全社会形成资源节约的增长方式和健康文明的消费模式。而低碳经济为中国的经济增长指明了新的方向，在全球资源日益枯竭的今天，低碳经济可以也有必要成为中国保持经济增长的发展模式。

相比于欧美等发达国家，中国的碳排放基本没有历史欠账，但从流量及增量看，中国的碳排放总量较多。2006 年，中国二氧化碳排放总量开始超过美国，目前已在世界各国的碳排放量中排在第一位。此外，中国的能源利用效率也比较低，约为 35%，远远低于其他国家；中国煤的产出率也仅占美国产出率的 28.6%、欧盟的 16.8% 和日本的 10.5%。数据表明，50 年来中国 GDP 大约增长了 10 倍，但矿产资源消耗却增长了 40 多倍。这种代价是很大的，高消耗、高增长的模式将会引发很多的环境问题。

中国的能源结构是煤多、石油少和天然气少。中国探明的能源储备中，煤占 94%，石油占 5.4%，天然气占 0.6%。1978 年改革开放之后的 30 年之内，煤的使用比例高达 70%，而石油的使用仅占 20%。就中国的经济结构来讲，第二产业依然在中国的经济增长中起着中流砥柱的作用，虽然政府倡导要大力提高第三产业在 GDP 中的比重，但是，现阶段中国现代化、城镇化进程的推动仍然要靠以水泥、建材和冶金等为代表的第二产业。而第二产业中多数行业的高能耗也意味着在未来很长一段时间里，中国的高碳排放状况不能得到有效改变。

西班牙学者 Unruh（2000）给出了碳锁定的定义，这也是当今世界的一个重要特征。工业革命以来，能源利用高度依赖化石能源的技术已成为主导，并盛行于世，同时，政治、经济和社会等其他因素又对这种技术施加影响，并与其结合形成了一个“技术—制度综合体”（Techno - Institutional Complex，TIC），该“综合体”的市场化、大规模应用使得经济增长的奇迹在欧美不断上演。碳锁定带来了路径依赖，转换能源利用技术意味着推倒重建，从而会带来巨大的成本，这进而阻碍着低碳技术的发展。中国以煤为主的能源结构也决定了不可避免地沿着西方发达国家经济增长的历史路径发展，承接现有的生产技术，形成路径依赖，并且在能源使用过程中使路径依赖得到强化，进而形成碳锁定。碳锁定使得中国进行技术转换时需要支付巨大成本，再考虑到第二产业产值在 GDP 中所占的比重，要进行技术的全面转变更是难上加难。

在经济增长对环境影响的定性分析中，环境库兹涅茨曲线理论认为，随着经济的增长，GDP 的提高，人均收入水平增加，环保水平先降低后增加，即曲线呈倒 U 形。目前，中国正处在倒 U 形曲线的上升阶段，这是由中国的发展阶段和国情决定的。尽管中国也在积极开发太阳能、风能等清洁能源，但限于中国“富煤、贫油、少气”的能源储备格局以及由于高碳工业的生产系统而不可避免地导致技术锁定等原因，在今后很长的一段时间里中国的碳排放量仍然会增加，而中国进行低碳发展任重而道远。

第三节　低碳约束下的电价问题

一　难以适应碳成本传导

中国电力改革中实行了“厂网分离、竞价上网”的模式，将发电企业从垂直一体化的电力企业中剥离，但是由于有效竞争的电力市场并未真正建立，上网环节的电价仍由国家价格主管部门确定。行政性定价产生的电价违背价值规律，且缺乏灵活的调整机制，在上游成本波动的情况下，有时电力价格不能收回成本，有时则给电力企业带来很高的利润。

安丽和赵国杰（2008）以电力行业为例，通过一个模拟的电力市场分析了四种分配方法对不同类型电厂的影响，发现只要排污权的初始分配是免费的，整个电力部门就能从这套交易系统的引进获益。常凯、常浩和王维红（2012）通过构建电力企业的经济决策模型说明，政府实施碳排放管制策略会影响碳交易市场中碳排放量的稀缺程度，碳排放价格的波动性又受碳排放量稀缺程度的影响。谢传胜、董达鹏、贾晓希和陈英杰（2012）预测了 2015 年、2020 年中国二氧化碳的允许排放量，测定出电力行业的二氧化碳排放控制目标，并将其分解到不同容量等级的发电机组中，研究结果表明，利用排放绩效机制能有效分配碳排放配额，控制二氧化碳排放量，是电力行业实施碳减排的一种有效机制。米国芳和赵涛（2012）以 1981—2009 年数据为样本，对经济增长、电力消费与碳排放量的长期均衡关系和短期动态变化进行分析，结果表明，三变量之间存在着长期稳定的协整关系。国内关于碳排放对电力行业影响的研究大都偏宏观，集中在减排对电力产业的产量影响，尚未涉及电力体制和价格机制改革层面。

国外学者运用不同的研究方法、不同的视角对碳排放交易及其对电力价格的影响做了全面、深入的探析与研究。Sijm、Neuhoff 和 Chen（2006）估计，发电企业的碳排放成本几乎全部传递给消费者，转嫁幅度高达 60%—100%，这导致电力价格的过快上升。Neuhoff、Martinez 和 Sato（2006）提供了一个理论分析框架，分析国家分配碳排放配额对电力市场价格、操作和投资决策的经济激励和扭曲，并使用数值模拟评估了不同的分配碳排放配额方案对电力企业的影响。Laurikka 和 Koljonen（2006）做了一个数量投资评估，发现碳排放交易对电力价格的影响依赖于电价和燃料价格的波动性，且碳排放配额的不确定性严重影响企业的投资决策。Zachmann 和 Von Hirschhausen（2008）研究了碳排放价格对欧洲电力交易市场电力现货价格的影响，他们发现“碳价”的上升会显著带来电力现货价格的上升，但是“碳价”的下降却只带来电力现货价格较小的下降。Chen、Sijm、Hobbs 和 Lise（2008）模拟了西北欧碳排放交易对电力价格的短期影响，分析发现，碳排放成本能够通过电力批发市场的转嫁，转嫁的比例与市场竞争程度、电力需求和供给弹性有关，部分发电企业通过碳排放交易获得了较高利润，因为它们的碳排放量较少，同时能够在电力价格上升中获益。

二 与上下游的关系不协调

在中国，煤炭和电力是两个密切相关的产业。火电发电量占中国总发电量 80% 左右（见图 1－5），其中绝大部分是燃煤火电。而煤炭的一半被电力所消费，在目前的发电技术下，燃煤成本占总成本比重为 70% 左右，但是这两个上下游产业之间的价格形成机制并不相同。在上游，煤炭行业的电力价格实现市场定价，2004 年后出现较大波动；在下游，电力价格受到严格管制。2004 年之前，煤炭价格长期在一个较低的水平上，为 200—300 元/吨，2004 年煤炭价格开始了一次较长时期的上涨。以秦皇岛港的大同优混煤为例，2004 年 1 月，秦皇岛港的大同优混煤平仓价为 290 元/吨左右，到金融危机前夕已超过了 1000 元/吨，金融危机爆发后煤炭价格处于总体下降、局部波动的态势，2014 年 1 月的价格已经下跌为 600 元/吨，大约相当于 2008 年 1 月的价格水平。

按照中国的《上网电价管理暂行办法》、《输配电价管理暂行办法》、《销售电价管理暂行办法》，电力定价的基本思路是成本加成法：“根据发电项目经济寿命周期，按照合理补偿成本、合理确定收益和依法计入税金的原则核定。发电成本为社会平均成本；合理收益以资本金内部收益率为指标，按长期国债利率加一定百分点核定。”

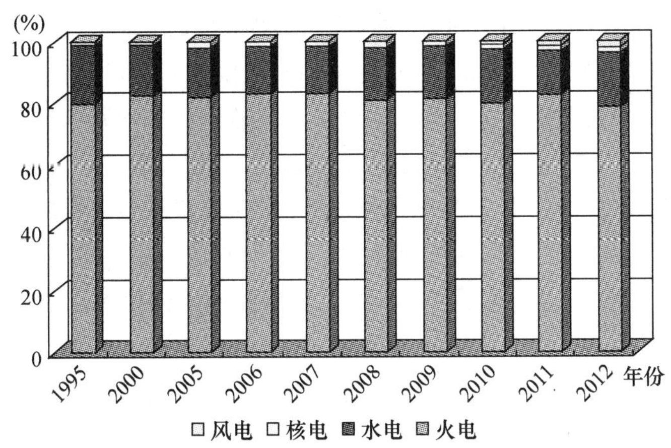

图 1－5　中国发电量构成

资料来源：《中国能源统计年鉴》（2011）和中电联公开发布的报告。

中国还专门针对煤电关系的制定了《煤电联动机制》，以应对煤炭价格波动，其中规定：

“当电煤价格波动幅度超过 5% 时，相应调整电价……上网电价调整标准 = 煤价变动量 × 转换系数。”

实际上，中国并没有严格执行煤电联动机制，现行的电力价格并非按照上述公式计算得出。在上游煤炭价格波动的情况下，价格主管部门发改委在历史价格基础上，不定期出台调价通知。当煤炭价格上涨后，一般会上调电力价格；当煤炭价格下跌后，一般会下调电力价格。但是，调整的幅度和时机没有公开、透明规章制度可循，从某种意义上说电价实际上处于相机抉择状态。一种流行的观点是，电力价格的上调会刺激煤炭价格上涨，导致发改委在上调电力价格方面比较消极。

三　制约新能源产业发展

新能源如风能、太阳能和生物质能等产业是典型的低碳或者无碳产业，而且储量巨大、不可耗竭。这些低碳能源是低碳经济的基本保证，扩大其在能源消耗中的比重是实现碳减排的重要途径。在全球经济低迷情况下，新能源产业极有可能引领人类发展史的第四次科技革命。但是中国的新能源电价体制却制约着新能源产业的发展，新能源电力价格不够合理，根本原因则是对新能源电力价格认识存在模糊。根据《可再生能源法》，可再生能源发电项目的上网电价，由国务院价格主管部门根据不同类型可再生能源发电的特点和不同地区的情况，按照有利于促进可再生能源开发利用和经济合理的原则确定，并根据可再生能源开发利用技术的发展适时调整。但是如何才算经济合理与不经济、不合理，如何判断有利于还是不利于，这些《可再生能源法》的规定只是给出泛泛概念，不能给制定新能源电价任何指导。由于认识的偏差，中国至今没有较完善的、适合中国新能源产业发展的定价机制，典型如风电行业定价中存在的“同质不同价”：在条件相同的风电项目中，采用了不同的定价机制，导致在价格上形成巨大差别。光伏产业中的招投标电价非常不规范，多次出现了以不合理的价格竞标新能源项目的现象，影响了行业的可持续发展。

第二章　电力价格管制的理论与实践

电力是关乎国计民生的大事，电价的制定也牵系着政府和国民的神经。作为一种商品，电价应该满足市场供求关系规律；同时电力在一定程度上属于公共产品，也使得电力的定价有了特殊的性质。公共事业的定价是一个多重困境：如果企业的目标是利润最大化，那么处于垄断地位的企业没有竞争压力、企业缺乏改善经营管理积极性，容易通过限制产量来提高价格，这将导致无效率的资源配置；但如果按实现资源配置效率的边际成本定价，即 $P = MC$，由于这类产品的固定成本很高，而边际成本相对较小，所以此时企业可能会亏损。当然还可以选择平均成本定价，可是无论是一般企业还是垄断性质的企业，其成本等关键数据都是难以获得的。由于企业和政府之间在成本方面的信息不对称，企业会虚报自己是高成本以抬高价格。因此考虑到这类产品在定价上的特殊性，各国政府在定价方面的管制态度都比较审慎。中国不同区域如东部和西部的人口和资源禀赋差异较大，导致用电水平和发电能力也相去甚远，再加上受计划经济到市场经济转型、社会和体制等多方面的影响，政府必须综合利用市场自身和价格管制在资源配置方面的优势，使得电价既能反映企业的成本和真实的供求关系，又能体现公共产品的特点。

第一节　电价的形成机制与原则

一　电价管制理论

美国诺贝尔经济学奖得主保罗·萨缪尔森认为，管制就是政府以行政命令的形式为规范、控制甚至改变企业的生产经营活动而制定颁布相关法律、法规，是影响企业价格决策、产量决策的一种刚性规定。政府管制理论学家王俊豪给出管制的定义是，“政府管制是具有法律地位的、相对独立的政府管制者（机构），依照一定的法规对被管制者（主要是企业）所采取的一系列行政管理与监督行为”。管制的根本目的是解决市场在某些方面的市场失灵，对于自然垄断行业，由于其具有规模经济性和范围经济性，客观决定了只有一家企业存在于市场中是合理的。然而，在垄断情况下，低效率是必然的，政府必须进行直接或间接的干预，制定有效的激励机制，引导和强制垄断企业在确保正当盈利前提下，改善经营状况，提高生产效率。具体而言，管制主要包括以下方面：价格管制、进入和退出市场管制、投资管制以及质量管制。其中，价格管制和进入管制又是经济性管制的核心内容。

电力作为准公共物品，在供给和需求方都体现出不同于一般商品的特性，早期电力被认为存在自然垄断性，各国政府对从生产、输配到销售的价值链采取垂直一体化的管制状态。随着技术的革新，以及对电力各环节的市场结构有了新的认识，世界各国对电力的定价政策也在随着时间的推移做这相应的改变。罗斯（K. Rose）研究和分析了三种管制方式，即基于生产与服务成本的传统管制方式，基于社会成本和外部性的计划管制方式以及基于市场机制的市场管制方式，他还对三种管制方式的优劣势作了比较，通过对美国电力市场运行情况的调查，论证了电力市场放松管制从而逐步走向自由化的趋势，为放松电力市场管制提供了理论依据，此后电力产业的改革也开始了私有化进程，市场的力量得以展现，价格机制开始发挥作用。

二　电价的构成

电力市场的设计运作是一个大的供应系统，由发、输、配、供、用等环节组成。根据价值链理论，其各环节的电价形成一个由上网电价、输配电价和销售电价构成的电价链，即电价是由上网电价、输配电价以及销售电价三部分构成。

电价链的三部分只是一个粗略划分，每一环节的电价又是许多不同成本的补偿。比如上网电价，细分来看，又可以分为容量电价和电量电价。这两部分电价与一般公用事业中产品定价类似，分别对固定成本和可变成本进行补偿。其中，容量电价是指用户对系统固定设备（如机器、电网等）的实际损耗的补偿，发电企业需要大规模的固定设备投入，而容量电价就是为了确保发电企业能够回收固定设备的投入成本而采取的收费，这就保障了投资者投资电力的积极性，有利于电源建设和电网统一调度。由于电网的铺设属于基础投资，周期长、回报率低，私营企业没有足够的资金去承担，一般都由政府牵头投资，所以容量电价的制定也由政府进行严格管制。电量电价对应于发电所需的可变投入，比如火电生产，就需要煤炭原料等成本加上发电企业的利润，这部分电价才有市场竞争的可能。容量电价和电量电价共同决定了不同发电机组产生的电价差别。

就容量电价来讲，火电、风电、水电和核电的基础设备建设成本存在差异，各自的发电方式所需要的发电设备不同，所以电价一般不具有可比性。但从国家宏观调控角度讲，要因地制宜发挥地区所拥有的资源优势，比如北方地区的火电企业较多，西部和东部沿海地区的水电企业居多。同时，由于电量电价反映的是发电企业发电所需的可变投入，不同的发电方式所需要的能源不同，其电量电价也会有所差异，如火电以煤炭为主，生产性质类似于加工工业，煤炭的加工过程中，不可避免会有很大比重的物耗和更多的人力劳动成本，因而物质消耗和人力资源成本以及其他损耗等必须在电价中得到反映；而水电依托的是自然资源，具有可再生性，这种情况下电价的制定又会是另一种计价方法。输配电价就是电力在输出和配送过程中成本的补偿，它可以用来调节输电网络建设，并解决电力资源富裕地区与贫乏地区的调配问题。销售电价就是指终端用户购买电时所付出的价格。因此，销售电价就等于上网电价、输配电价、输配电损耗和政府性基金的四者之和，它体现不同消费方式对供电成本的影响。通过调节消费结构和制定不同的销售电价，来引导消费者形成良好的用电观念。当然，还存在大型用电企业不经过输配电环节直接向发电企业购买电力的情况。

三　电价形成的特殊性

从技术上看，电力行业基础设施建设庞大，对资金和设备要求很高，它属于技术资金密集型；从经营上看，电力的生产、供给和销售三个环节之间几乎没有太多的时间间隔。电能是电力工业唯一的无形产品，与一般的商品不同，电能不能储存，用电方可以停止对电力的使用，但在需要时，发电企业必须随用随发，因此，电力行业属于供求随时平衡的连续型流程产业，同时电力需求也几乎没有弹性。这就造成电力的用户方处于相对弱势的一方，因为他们的需求对电力价格不会产生影响，从另一个角度也说明了电力工业是一种带公共事业性的垄断性产业。考虑到这个层面，政府对电价加以管制是有其必要性的。

早期有关电力的理论从市场结构出发，认为电力企业的垄断地位使之可以通过限制产量和提高价格攫取超额利润，而且垄断带来的低效率，从整个社会的角度看负面影响都多于正面影响。其实，从生产、输配和销售整个价值链来看，电力行业并不都是每个环节都具有垄断性。随着调查和研究的深入，经济学家们发现电力的自然垄断只存在于输、配两个环节，而在发、售环节是可以引入竞争的，只有输、配电环节涉及政府对电网铺设的规划，存在一定的政府垄断经营，这呈现出了“两侧竞争，中间垄断”的格局。因此，关于电价的特点不能一概而论。在竞争性发电环节，要让市场的作用充分体现，让电力价格能够真实反映发电的成本和相应的利润、税费；而在输、配电环节，垄断经营的特点在短时间内是改变不了的，政府应该推行一套行之有效的定价机制，同时进行严格监管，减少垄断对消费者福利造成的损害。需要指出的是，自然垄断性质的企业并不具有永久性，以信息技术为核心的技术革命的兴起将带来系统控制技术在电力行业中的大规模运用，电力的生产、销售将更加迅速、精确；而且电力、石油以及燃气产业之间在能源市场的竞争方面日趋激烈，也使得电力行业的可变成本提高，进而使电力行业的自然垄断性被降低、竞争性逐渐增强。同时，国外关于应对自然垄断的一些政策，如可竞争市场理论等也可以为中国所借鉴，来改善目前的这种格局。可以看出，电价的组成兼具竞争性和垄断性，因此电价的制定也需要深思熟虑；电价的形式也从来不是一成不变的，世界各国都在积极探索、实现技术创新，逐渐改革电价，让市场和管制的作用达成动态的平衡。

四　电价制定原则

电力价格的合理制定是一个十分重要的问题。电价过高不仅会增加市场成本，同时也会抑制国内对电力的消费需求，甚至伤害弱势群体进而降低总的社会福利水平；而电价过低则会损害电力企业发电的积极性，影响企业财务状况和电力事业的持续稳定发展，还会造成重复建设、产能过剩和资源浪费，进而妨碍产业结构的调整与升级。

日本学者植草益归纳了电价制定的四条原则：实现资源有效配置、避免收入再分配、企业财务稳定和确保企业内部效率。我们知道，电价由上网电价、输配电价和销售电价三部分组成，因此，电价的形成机制也由三部分各自的形成机制构成，同时不同环节有不同的垄断和竞争性，电价的制定也应该区别考虑，但植草益所提出的四条制定原则仍旧是电价制定需要考虑的前提和基础。

五 电价制定模式

一般而言，电价制定的模式主要有单一制电价和两部制电价两种。

单一制电价是中国电价的主要形式，即对容量成本和电量成本不加区分。其特点是结算方便、鼓励企业多发电，也可以鼓励用户节约用电、减少浪费。这种定价方式适用于那些用电量多而容量不高的用电场合，然而这种电价制度对大型企业用电不利。两部制电价已成为目前最广泛使用的电价模式，两部价格理论是由英国学者霍普金森（Hopkinson）提出的一种典型的非线性价格理论，它在带有垄断性质的行业中得到普遍使用，如俱乐部的会费、电信行业中的固定月租费和通话费等，两部价格是指消费者先交纳一定费用获得消费某商品或服务的权利，然后再以一定的价格购买该商品或服务。把两部价格模型运用到电价制定上，消费者交纳的使用权费相当于弥补发电企业的固定成本，而之后购买电力的单价则又可看作补偿发电企业生产电力的可变成本。用公式可以表示为：

$$P = C + p \times q$$

从公式中可以看出，对容量电价补偿的固定收费、电量电价的单位价格与用量的乘积，二者之和共同决定了消费者或企业支付的销售电价。在两部制电价中，容量电价由于其自然垄断性，由政府控制，而电量电价由于其竞争性，让市场根据供求关系自发制定。两部制电价有以下四方面的优势：

第一，明确电价不同环节成本的差异，进而明确不同环节电价制定的主体，可以有效激励发电企业的生产和供应，使企业有一个清晰的思路去设计电价。

第二，能较好地体现同网、同质、同价原则，使发电企业按适合自己的运营方式去生产电能，有利于电网的经济调度。

第三，能较好处理新老电厂的竞价上网问题。容量电价的差别可以反映不同电厂之间固定成本的差异，而电量电价反映变动成本，这样避免了单一制电量定价中出现的老的国有电厂低折旧成本、低电价所造成的新电厂在电价制定时的不利地位。

第四，有利于融资。当电价中包含一部分固定容量电价时，发电企业的运营风险就会减小一部分，有利于企业在市场上通过发行债券、股票等方式筹集资金，以促进公司的良好运营，这种良性循环也有利于市场竞争。

另外，实践中的电价制定还存有峰谷定价模式。峰谷定价是另一种形式的电力定价模式，由于发电企业在需求的高峰和低谷的发电成本不同，比如白天和夜间电力生产的边际成本不同，因此在高峰和低谷应该制定不同的定价体系。不同的消费群体将在不同的销售电价阶段调整自己的用电量。中国早在20世纪90年代就有峰谷定价，1994年京津唐地区开始大规模推广峰谷定价体系。不同的电价定价模式有各自的优点和适用范围，政府需要综合运用几种定价策略，做到统筹兼顾。

第二节 典型国家电价管制改革实践

发电和供电需要大量投资，这造成长期以来电力行业被认为是天然的垄断行业，电力价格沿袭着垄断管制定价的传统，20世纪70年代末到90年代早期，这一观念开始被打破，智利于1978年开始进行电价管制体制改革，规定了供电企业的定价方式，同时还进行了行业的垂直和平行拆分，成为世界上第一个进行全行业改革的国家。英国和美国的电力价格体制改革始于20世纪90年代，引领了世界新一轮电力体制改革浪潮，开始了从电价严格管制到电价管制放松的改革历程。

一 智利

智利是世界上较早推进电力管制改革的国家。智利中部和南部水资源丰富，水电是其电力的主要来源，水电的发电量在全国的发电量中比例达到70%。1978年起，为改变电力自然垄断造成的低效率局面，智利开始了电力行业改革，并于1982年通过《电力法》。该法建立了电力市场运作的规范体系，规定国内所有供电企业以竞价方式来投标获得发电量订单。而由政府管制的输、配电系统则一视同仁，向所有的供电企业开放，同时向供电企业收取使用费；而供电企业根据各自所在区域的用电量与国内其他地区的供电企业进行协商，以达到供电企业的总运行成本最低；电价体系基于边际供电成本，并按一部电价制度制定售电电价，即电价为边际供电成本、输配电费用再加上一些损耗补助；创立电力期货市场。智利的电价管制比较成功，除了水情和燃料价格的偶尔波动引起电价的波动之外，电价基本保持平稳而且接近于长期边际成本。由于有独立、有力的管制机构做后盾，私人投资在电力部门的发展中表现积极，不仅有效地维护了本国的电价稳定，自身也获得了丰厚的回报。

二　英国

英国于 1990 年开始电力市场的管制改革。1990 年建成的电力库（Pool）为英国的电力现货交易提供了可能，这种机制可以使电力的供给和需求通过市场交易实现平衡。电力库的运行原理是：把电力库内的发电机组根据其发电能力进行排序，并对发电企业可能发生的一些服务成本进行补偿，使得每发电机组内的每一台发电机均能物尽其用，既避免大容量发电机的空闲，又不至于使一些小容量发电机超负荷运转。这种管制方式使得 20 世纪最后 10 年内，英国的电价比 1990 年降了 30% 左右。1998 年通过的电力法把电的发、输环节拆分开来，并整合了配、售环节。考虑电力库系统在运行过程中各方报价流程的复杂性以及市场的不确定性，2001 年 3 月英国制定新的电力交易规则，把电力市场分为即期、短期和长期交易市场，来协调不同用户群体的需求。2002 年英国的电力批发价格在电力法颁布当年的基础上下降了 40% 左右，与市场中的绝大多数商品一样，电力也可以正常交易，而且企业等大用户由于其需求量大，所得到的批发价格也有所降低，得到了切实的实惠。

三　美国

早期美国的电力管理部门认为，一个区域内只有一家大型的电厂时，生产效率最高，因此美国的电力体制是电力生产与分销处于自然垄断的状态。1993 年开始，美国对电力系统进行了放松管制的体制改革，关键之处在于把传统的“发—输—配—用”垂直一体化的模式分开，将原来的地区垄断性电力公司进行分拆、重组，打破一家独大的垄断局面，在发电、配电领域施行自由化运营管理；建立独立的中心调度机构及电力交易市场，直接受联邦能源委员会管制，电力公司主要管理变电系统及电网维护。

美国的电力管制改革取得了一定的成效，可是之后在加州等地区出现的电力危机表明这一电力运营机制仍存有缺陷。在这种背景下，美国联邦能源管制委员会总结了现有电力市场发展和运行经验，并对加州电力危机进行了深入的探讨和思考，之后于 2002 年 7 月颁布标准电力市场设计（Standard Market Design，SMD）法案，把美国各州电力市场运营规则标准化，以指导美国电力市场的建设和发展，保证电力市场的有效竞争力和高效的生产效率，并维持市场条件下电力系统的稳定运行，同时创造更多投资机会。

四 对中国的启示

通过比较总结各国在电价管制方面的经验可以得到：

第一，各国由于本国的资源、国情不同，其在电价管制时所采取的模型也有所不同，但共同点是管制价格的制定以一定的经济学原理为基础。中国的电价制定更多的是考虑非经济因素，由于长期实行计划经济体制，而且电力又是基础性的物品，导致政府在制定电力价格时主要以行政命令为主，然而随着中国经济的快速增长以及市场经济的发展，没有经济学原理的管制价格就将会与市场规律背道而驰，阻碍中国市场化的深化改革。

第二，电价管制要加强法制化，并要保持管制的独立性。西方国家在电价的管制改革过程中制定了一系列法律来保证电价管制的有效执行，而中国的电价管制起步晚，还没有建立起完整的法律体系以保证和促进电价的改革。

第三，应利用价格听证会等措施提高电价管制透明度。

第三节 中国电价管制改革历程、问题和解决机制

一 中国电价管制改革历程

1949 年新中国成立至今，中国电力价格管制机制的变革基本上可以分为三个阶段：第一阶段是计划经济时期，持续时间从 1952 年中国基本完成社会主义改造，到 1978 年中国开始改革开放。这一阶段的特点是，电价完全由政府管制，由于电力生产、供应能力有限，人们的用电量也由配额限制，电力发展的滞后对企业生产、人民生活造成了很大的影响。第二阶段是 1979—1984 年，这五年中，火电的原料煤炭价格及其运费上扬，使得电力公司的利润大幅减少，为改善这种局面，政府把电价进行了一定程度的提升。第三阶段为 1985 年至今，各种电价制度并存运行，以适应不同的用电群体。

与世界其他国家类似，中国也面临着政府垄断电力供应所带来的低效率。为制定合理的电力价格、提高总的社会福利水平，中国相关部门也在进行电力市场化改革。1998 年 6 月，中国提出了“实行网厂分开，建立发电侧电力市场”的实施方案框架，这标志着政府积极推进建立发电侧

电力市场工作的正式启动和电力工业改革的继续深化。“框架”的提出也意味着中国试图打破电力从生产到销售整个价值链的自然垄断局面，争取形成一个统一、开放、有序的电力市场。同年，山东、上海、浙江三个省（市）开始了电力生产中的厂网分开、竞价上网的试运行。2002年，国有电力资产被分为三大部分：两大电网（国家电网公司和中国南方电网有限公司）、五大发电企业和四大辅业集团，实现了国有资产的主辅分离和厂网分开，国家计划在5年内实现发电市场的竞争，争取在15年内推进到供电市场的竞争，这也标志着中国的电力市场竞争格局正式形成并将日趋明朗。

二　中国电价管制改革问题和解决机制

中国的电价改革取得了很大的成效，在制度上逐渐与国际主流接轨。然而现行的电价管制方式仍然有不少问题，主要有：上网电价形成机制不合理，造成电价管理秩序混乱，致使部分发电企业出现亏损；输配电价无独立价值表现；销售电价结构不合理，违背价值规律，电力管制价格不能刺激电力经营企业提高生产率；电价各项测算指标不合理，缺少规范、准确的定价方法；电价体制改革滞后，不利于电力产业的发展等，因此中国的电价管制改革还有很长的路要走。由于电价由上网电价、输配电价和销售电价三部分组成，因此，中国的电价管制改革应该是探索三段式定价机制，逐步实现三段式电价，使每一环节都具有各自独立的价值体现。

在上网电价环节，中国的现状是上网电价参差不齐。虽然在某种意义上说，按经营期核定上网电价减少了新电厂与老电厂相比在上网价格上的弱势，但由于历史原因以及老电厂沉没成本的存在，很多时候仍然是“一厂一价”。如1985年前的老电厂平均水平约为每千瓦时0.2元，1985年后集资建设的新电厂平均水平为每千瓦时0.32元，其中1997年后批准的新电厂平均电价超过每千瓦时0.4元，这其实是一种老电厂对新电厂的价格歧视，压缩新电厂的生存空间，毕竟低的电价更有竞争力，阻碍公平竞价基础的建立。目前按还本付息原则确定单位电价水平存在很多弊端，如由于电价只取决于电量电价，这也意味电厂系统的价值在上网电价中被忽视，而新电厂的投资建设需要很多资金，如果固定成本得不到补偿，这会打击企业修建生产效率高的新电厂的积极性；上网电价不能有效体现供求关系，目前上网的峰谷电价差距偏低，峰谷时段发电厂的边际成本得不到补偿，如果高峰时段的电价不能弥补低谷时段电力设备闲置时仍然发生的维护、折旧等费用，显然会减少电厂的收益，也不利于调峰、蓄能等电厂的发展和电源结构的优化。因此中国的上网电价改革应该逐步实现老电厂的市场化，加强政府监管，对电力价格规定上下限，根据不同区域，设置合理的峰谷价格差距，吸引电厂的投资，考虑中国电力总体上供不应求，实时电价应该逐步引入，并建立电力期货、平衡市场。

输配电价主要由两大电网公司对提供发电企业与电网的接入、接入后电能的运输以及其他一些服务所收取的价格的加总。由于输配电环节的自然垄断性，输配电价一般由政府决定。中国输配电价在销售电价中的比例很低，不足25%，与世界上主要国家输配电价（排除输配线路上对损耗的补偿）在销售电价中的比例（巴西约37%，日本接近50%，丹麦、德国均超过60%）相比，中国输配电价与上网电价的比重分配很不合理。输配电价偏低也意味着电网企业盈利减少，而电网建设、后期维护等需要大量的资金来维持运作，电网企业的资金缺口限制了电的输配能力。而这一严峻事实在很大程度上与有电网企业资金缺乏导致的电网建设的滞后相关。可以看出，电网建设的水平已经成为中国电力发展的掣肘，因此输配电价的改革已经刻不容缓。由于输配电环节只能垄断经营，电价由政府决定，因此政府应该对电网公司进行资产核定，明确输配电的成本，建立一个合理的输配电价格体系，减少经济上的交叉补贴，出台电力普遍服务补偿机制和相关政策，并积极推行大用户不经过电网直接向电力公司购电，同时国家财政也应该加大对电网建设的投资力度。

销售电价是消费者购买电能时所支付的电力价格。中国现在情况是，不同领域内销售电价结构与制定的电价脱钩，销售电价环节的交叉补贴十分普遍，就地域而言，城市销售电价高于农村电价，即城市补贴农村；就行业而言，是工商业用户对居民和农业等用户的补贴；就电压等级而言，高电压等级的用户支付的销售电价高于低电压等级的用户支付的销售电价。其特点在于，不同区域、行业、用户群体对电量的需求不同，对电价的敏感性不同，进而产生销售电价的差别定价，上网电价和输配电价的因素在销售电价中得不到有效的反映。销售电价是电力价值链中的最后一环，由于上网电价和输配电价中的种种问题，销售电价与成本的关系更加难以追溯，自然也起不到引导用户合理高效用电的作用，而且中国的销售电价的调整机制不健全，难以真实地反映市场关系。中国销售电价改革应该从以下几个方面入手：第一，以市场为导向，放松政府对电价的管制。

在电力的销售阶段，市场的力量应占主导，政府要避免不必要、不合理的管制，让供需关系去决定销售电价；第二，对销售电价按居民用户、工业、农业用电重新分类，以适应产业多元化发展的需要；第三，优化电价结构，取消交叉补贴和不合理优惠。在没有政府因素的情况下让资本自由流动，使资金向高效率的企业汇集；第四，理顺工业、商业和居民用电的价差关系，鉴于存在低收入群体，可以制定一些优惠电价政策，以照顾特殊群体，同时适当降低工业电价和高电压等级的大工业电价。

综合起来，在政府对国有电力资产拆分基础上，在电力的不同环节建立相应的电力机制，在发电环节要充分发挥市场竞争的作用，而对于输配电环节，则要以一切围绕促进电网建设来进行改革，在销售电价环节，让销售电价能真正体现电力生产、运输的不同成本，并减少交叉补贴。在经济相对发达的东部地区可以试行大用户直接购电，避免无谓的电力损耗。最后达到电力价值链的两端市场决定价格，中间环节政府决定价格，从而使中国的电力行业稳步发展的局面。电价的改革从来都不能一蹴而就，各国都或多或少在各自的电价机制运营模式下遇到阻碍甚至是阵痛，典型的如美国加州电力危机，电价机制改革特征之一就是在困难中寻找方法、在挫折中寻找方向。本质上，电价改革仍然是政府在管制和市场化两者之间的权衡，每一次的电力价格机制改革都是一次管制和市场化的博弈，在不同的经济形势，不同的发展情况下，市场和政府的力量和影响此消彼长，同时博弈的结果还不能是零和、负和博弈，而且这场博弈还将会继续下去，博弈的结果自然也会是一个动态过程。电价改革的总体目标应是：进一步促进电力资源的优化配置，优胜劣汰，淘汰高耗能、低效率、低产出的电力企业，维护市场的公平交易、提高能源利用效率和促进电力工业的健康、可持续发展。

第三章　碳排放交易与电力价格

第一节　《京都议定书》与碳排放交易

1992年联合国环境与发展大会制订的《联合国气候变化框架公约》对气体排放进行了规定，包括二氧化碳、甲烷和其他造成“温室效应”等气体的排放，其浓度应稳定在“防止气候系统受到危险的人为干扰的水平上”，同时也对这一水平进行了具体描述，即“足以使生态系统能够自然地适应气候变化、确保粮食生产免受威胁并使经济发展能够可持续地进行的时间范围内实现”。① 这是世界上提出控制温室气体排放的第一个权威性、普遍性和全面性的国际公约，目前世界绝大多数国家都批准了这一公约。

1997年《联合国气候变化框架公约》第3次缔约方会议在日本京都召开，该次会议通过了《京都议定书》。《京都议定书》规定了2008—2012年世界上主要工业发达国家的温室气体排放量减排指标，由于《联合国气候变化框架公约》没有具体规定缔约方需承担的减排义务，缺乏法律上的约束力，这使得《京都议定书》的知名度超过《联合国气候变化框架公约》。《京都议定书》规定的三种碳减排履约机制如下：

第一种是联合履约机制（Joint Implementation，JI），涉及发达国家之间的合作。发达国家之间可以到对方的领土建设减排项目，由此实现的减排单位可以向发达国家出售，联合履约机制通过计算减排量单位（Emission Reduction Units，EURs）实现《京都议定书》规定的减排目标。

第二种是清洁发展机制（Clean Development Mechanism，CDM），涉

① 《联合国气候变化框架公约》(United Nations Framework Convention on Climate Change，简称《框架公约》，英文缩写UNFCCC)，1992年6月4日在巴西里约热内卢举行的联合国环境与发展大会（地球首脑会议）上通过。

及发达国家和发展中国家的合作。发达国家输出资金和技术到发展中国家，帮助发展中国开展清洁项目，换取这些项目产生的“经核实的减排额度”（Certified Emission Reductions，CERs），项目主要分布在造林、农业、能源、化工、废物处理等领域。发达国家的减排成本较高，平均每吨二氧化碳的减排成本在100美元以上，而发展中国家则低得多，最多几十美元。所以，清洁发展机制很受欢迎，发达国家乐意以“资金+技术”换取碳排放额度，而发展中国家则借此获得了提高能源效率的机会。

第三种是国际碳排放交易机制（Carbon Emission Permits Trade Mechanism）。该机制指的是一个超额排放的国家可以花费外汇从其他国家进口减排指标。世界银行对其定义为：“一方凭购买合同向另一方支付以温室气体排放减少或获得既定量的温室气体排放权的行为。”《京都议定书》第17条规定，有碳排放需求的国家可进行包括“减排量单位”、“经核实的减排额度”、“分配数量单位”（Assigned Amount Unit，AAUs）等减排单位核证的转让。电力企业是活跃在世界主要碳排放交易市场的主体，如欧盟的温室气体排放贸易机制，美国的区域温室气体减排行动和加利福尼亚州碳排放交易体系，新西兰和澳大利亚的碳市场等。

《京都议定书》打开了碳排放交易的大门，二氧化碳排放原来并非商品，也没有明显的使用价值，但是由于《京都议定书》固定了不同国家的碳排放额度，使得碳排放权成为国家间的稀缺资源，使其从公共品演变为商品，而在《京都议定书》框架内的世界范围内的碳排放交易也开始兴起。

但《京都议定书》在执行过程中重重困难。2000年，在海牙召开的第6次《联合国气候变化框架公约》缔约方大会期间，美国坚持修改它的减排指标，并于2001年宣布退出《京都议定书》。2011年，加拿大以“美国、中国、印度三国游离于约束性指标外”、“约束性指标不覆盖所有国家”为由，成为第二个签署但又退出《京都议定书》的国家。美、加等国的倒退行为使得《京都议定书》在一定程度已经失去了原有的重要意义，也致使国际减排进程出现了短暂的倒退。2012年12月31日，《京都议定书》到期，是否应该在原有基础上做出第二阶段的减排承诺，各国存在严重分歧，中国、巴西等发展中国家认为必须要有第二承诺期，日本、加拿大、俄罗斯等国家明确表示不会签署第二承诺期，仅有欧盟和一些小的发达国家做出了参与第二阶段减排的承诺。中国为挽救《京都议定书》，展示了最大诚意，即愿意有条件接受 2020 年后全球量化减排协议。

第二节 中国的低碳之路

中国作为发展中国家，《京都议定书》并未给其限定具体的减排指标。中国目前的根本任务仍然是经济增长，但无论从中国自身经济增长的持续性，抑或经济增长带来的环境代价，还是排放的温室气体对全球气候的影响，中国都要转变经济增长方式，推进循环社会、低碳社会的建设，努力实现经济增长与环境和谐的共存。中国的低碳之路主要应包括：

一 建立低碳经济相关法律体系

低碳经济理念的推广，既在于市场“看不见的手”潜移默化的推广，也离不开政府制定的相关法律法规的保障。通过在环境保护、低碳发展等方面制定政策，政府可以引导企业、消费者践行低碳发展，落实低碳行动。现阶段，《清洁生产促进法》已经开始施行；2009 年，《促进循环经济法》得以通过，并在促进企业节能减排、发展低碳经济发挥作用；作为中国能源领域中的基本法——《能源法》目前也在起草过程中，配套完善的低碳法律体系在逐渐完成，届时这也将对中国低碳经济的开展提供促进和保障。

二 改变发展观念，建立低碳型社会

在低碳生产、消费方面多加宣传，让低碳理念体现在生活的方方面面；倡导公众节能减排、低碳消费，引导公众选择低碳生活方式，比如：在交通出行上，多选择公共汽车、自行车灯交通工具；在家庭，多使用 LED 节能灯；去购物，自己准备纸袋，减少塑料袋的购买和使用。对于企业，鼓励其在生产的各个环节注重能源节约，原料绿色度，对企业使用新能源汽车提供补贴。此外，还要给予各种环保组织、低碳经济协会一定的资金支持。2010 年 8 月，中国在广东、云南等五省和天津、厦门、保定等 8 个城市开展“发展低碳产业、建设低碳城市和倡导低碳生活”的试点。从上述 5 省 8 市的试点开始找寻发展低碳产业、建设低碳城市的方式，将取得的成果逐步在全国推广，最终实现低碳型社会的建立。

三　提高能源利用效率，开发清洁能源

关于生产生活中二氧化碳排放量的具体计算，日本学者 Kaya 在 1990 年给出了一个计算公式：

$$CE_P = POP \times \frac{GDP}{POP} \times \frac{EC}{GDP} \times \frac{CE_S}{EC}$$

从上述公式可知，二氧化碳的排放与所计算地区的人口 POP、人均收入水平$\frac{GDP}{POP}$、单位 GDP 的能耗$\frac{EC}{GDP}$和单位能耗中二氧化碳的排放量$\frac{CE_S}{EC}$有关，自然控制二氧化碳的排放也应该从这四个因素考虑。

从中国自身国情出发，应该主要考虑降低单位能耗。现阶段，中国单位 GDP 能耗（以美元计）大约是日本的 11 倍、美国的 4 倍、德国和法国的 7 倍，与世界发达国家相比，中国的单位 GDP 能耗值还是很高的。据《气候变换解决方案——WWF2050 展望》，目前中国的能源利用效率约为 1/3，与主要工业国家 1990 年的水平相当。具体来讲，在能源效率方面，就煤的使用来说，从矿区开采到运输给火电厂发电，最后到用电，煤的热量超过 75% 没有得到利用，每个环节都有不同程度的热量流失，造成了大量能源损失；就单位能耗而言，中国工业中电力、石化、钢铁等主要 8 个行业中，产品的单位能耗比发达国家的标准超过 40%，机动车油耗水平为欧洲的 1.25 倍、日本的 1.2 倍，单位建筑面积取暖能耗与气候类似的发达国家和地区相比，超过其 1—2 倍。因此，将化石能源燃料作为主要能源供应，必须通过有效的管理运作提高能源的利用效率、降低单位 GDP 的碳排放，这也是低碳发展的必然选择。

低碳发展，其根本目标是可再生、清洁能源的开发，只有实现了大规模清洁能源的使用，经济增长才不会影响生态系统的正常循环，人类与大自然才能真正实现和谐相处。结合中国非化石能源的储备状况和技术条件，新能源利用应该太阳能为主，同时加大核能和风能的研发利用力度。作为可再生能源，太阳能的资源潜力最大，可以说它是取之不尽、用之不竭。中国的太原能的热利用已经实现产业化，不仅本国利用位于世界首位，而且出口欧盟等地。然而，中国的光伏发电却是大而不强，技术“瓶颈”也在制约中国光伏产业走向高端化。中国应该保持并优化在太阳能热利用方面的优势，同时把创新光伏发电技术作为重点去研究，提高中国光伏发电在世界的竞争力。相比其他新型可再生能源，风能的利用成本

最低，而且目前中国已经初步具备市场化运作的条件，西部地区及东部沿海风力资源较丰富，而西部由于经济落后，电网铺设范围小，东部却因为经济发达导致电力需求旺盛，因此在这些区域发展风电产业应该作为发展方向。核能发电较常规能源发电的最大优势在于能以很少的核原料提供巨大的能源，并且与风电、火电以及水电相比，核电站的建造周期短，可以在短时间内完工并投入运作。然而中国的核原料资源有限，应该加强与俄罗斯、哈萨克斯坦等核资源丰富的国家合作研发，提高核电站的安全水平，在合适的区域增加核电站建设，平衡中国不同区域发电能力的差异。

四　调整产业结构，提高高碳产业进入标准

不同的产业结构，碳的消耗和排放有很大不同。从 1990 年起不到 30 年的时间里，英国以 10% 的能耗，完成了经济规模翻倍的壮举，不能忽视的是英国在低碳技术、提高能源利用效率方面的努力，但更应该强调的是英国调整产业结构，大幅度提高服务业在 GDP 中所占比例的贡献。现在大多数发达国家，像日本、德国等，其服务业对 GDP 的贡献超过农业和工业的总和。当然，中国从 1978 年才开始现代化进程，没有经历过发达国家工业革命的积累，工业特别是尖端工业与美国、日本相比仍然十分薄弱，因此，第二产业的发展仍然需要重视，但是，碳排放的控制刻不容缓。所以，产业结构的调整应该是继续增强第三产业的比重，对于第二产业中能源消耗大，碳排放较多的领域要提高市场准入门槛。

五　注重碳汇减碳

通过各种途径、方式和技术来减少碳排放是低碳经济的一个发展方向，而加强碳的吸收，即碳汇则是另一个发展方向。“碳汇”，通俗地讲就是自然界中容纳碳的物质，在地球的生物圈内，森林、植被特别是热带雨林是巨大的碳汇，通过光合作用，二氧化碳被植被吸收，并释放氧气，这也是地球上能源来源的基础。有报告指出，地球上每年通过光合作用被雨林等吸收的二氧化碳有 10 亿—15 亿吨。同时植树造林也可以起到防风固沙的作用，这可以缓解中国北方每年春天黄沙肆虐的状况。

六　积极参与国际减排合作

要显著减少生态系统中的碳含量，需要世界各国在碳减排技术方面通力合作；然而无约束的合作会导致“囚徒困境”这也是每次世界气候大会最终难以达成协议的原因。不同国家在发展低碳经济的方法、路径上有共性也有个性，参加气候大会会议可以让中国吸取各国节能减排的经验，

博采众长。由于欧盟、美国在低碳发展方面研究较早，因此中国应该特别加强与欧盟、美国进行低碳生产的合作。此外，也要加强国家之间的企业、研究、管理、培训机构、协会之间的合作关系，为可持续发展探索合作模式，落实开展项目合作、技术互助等，提高中国在节能减排方面的技术水平，引领本国的技术升级，实现中国的低碳发展。

中国现在处于经济转型的攻坚期，工业化、城镇化建设在进一步提速。在全球化石能源日趋枯竭的今天，粗放式经济增长已经难以为继，中国的碳排放总量已经超过美国，作为一个负责任的大国，中国在碳排放的控制方面应该做出改变，走出一条具有中国特色的低碳发展之路，实现经济增长和减缓气候变化的“共赢”。低碳经济或者说低碳革命是信息技术、互联网蓬勃发展之后一次新的经济浪潮，在这样的背景下，中国发展低碳经济既是机遇也是挑战。就发展阶段来讲，中国发展低碳经济有些超前，然而这也是中国跨越式发展，实现后发先至的机会，要把握机遇，在这一轮经济浪潮中，争取占领历史最高点。

第三节　排放配额分配与碳价—电价的传递

Sijm、Hers 和 Lise（2008）认为，排放贸易对电力价格的影响主要取决于二氧化碳排放配额的价格和电力部门的碳排放强度。碳排放强度由电力生产企业在不同需求条件下的生产技术决定，这些因素也决定了所谓的“电力生产的碳成本”。除了电力生产的碳成本，碳排放交易对电力价格的影响还取决于这些成本转嫁至价格的程度，也就是所谓的价格通过率（Price Transmission Ratio，PTR）。Sijm、Hers 和 Lise（2008）认为，价格通过率主要取决于两个因素：一是二氧化碳排放配额的分配方式；二是电力市场的结构。

一　排放配额的机会成本

在碳排放交易系统中，二氧化碳排放配额是受限制的，这样它就会因稀缺而产生价值，即可以在市场上按某个价格进行交易。电力生产商如果拥有一定量的碳排放限额，它进行电力生产时可以使用这些配额来排放二氧化碳，也可以把配额出售给市场上其他需要额外配额的参与者。因此，对于一个电力生产商，配额可以看作是一种“机会成本”，即不出售给其他参与者的成本。因此，为了满足最优市场行为的经济理论和达到最优的排放交易效率，追求利润最大化的电力生产商进行决策时会考虑二氧化碳配额的机会成本，同时将这种成本转嫁至电力价格，即使配额是免费获得的。

能否实现二氧化碳排放交易的成本最小的环境目标，很大程度上取决于能否将碳配额的机会成本和电力生产的机会成本内在化到电力定价中。一方面，电力定价方法应能够激励电力生产商通过技术转换或是投资于低排放的生产技术，来减少二氧化碳排放量。包括：利用更高效的燃气发电厂、核能、可再生能源、碳捕获和存储等。另一方面，它应能够激励电力消费者减少他们对高排放发电的需求。从长远来看，电力定价应能提升能源效率，即进行节电，或选择排放二氧化碳少的电力生产技术。为了实现环境目标，就要实现二氧化碳排放配额机会成本与边际减排成本相等，将排放交易控制在最小成本内。但是，如果制定的电力价格不能支付碳排放限额的机会成本，即使能实现排放交易的最小成本，也是不可行的。对于一个固定的排放目标，采取其他的减排方式可能也伴随着要支付昂贵的费用，从而导致二氧化碳配额的价格增加，因此，交易计划的总成本也就会随之增加。

二　不同的分配方式对电力价格的影响

对于不同的电力部门，碳排放配额分配方式对碳成本转嫁将产生不同影响。Sijm、Hers 和 Lise（2008）考虑了两种排放配额的分配方式，即拍卖与自由分配。在一个拍卖系统中，初始分配配额的方式是将配额在拍卖会（或市场）上出售。理想的自由分配一般会根据溯往原则、参考历史的排放量制定一个固定的基准，再结合企业的生产状况（投入、产出）乘上排放因子，而新进入者将不会获得免费的配额，他们必须在市场上购买。哈里森等（2007）分析了自由分配系统的碳排放问题认为，如果排放配额的最初分配是独立的操作，也就是它是封闭环境下进行的投资决策，那么自由分配系统为减排创造了相同的初始条件，自由分配和拍卖两种分配系统下会产生相同的减排水平、减排选择、配额价格和排放交易效率，碳配额成本对电力价格的转嫁程度也是相同的。拍卖和自由分配之间唯一的区别是：初始排放配额的分配不同将引起的经济租金的转移程度不同。Neuhoff 和 Grubb（2006）认为，在拍卖的情况下，这些租金是归政府或公共部门所有的，在自由分配情况下，这些租金会被转移作为所发放的配额，被企业占有。

图 3－1 说明碳配额的机会成本对电力价格的转嫁，拍卖和自由分配这两种情况都可以用图 3－1 阐述。假定市场是完全竞争的，需求曲线为 D，供给曲线向上倾斜为 S，单位发电量排放的二氧化碳不变。当考虑到排放交易时，碳配额的机会成本也被计入可变的生产成本，这时生成一条新的供给曲线，这样电力价格从 P 上涨至 P'。由于此时电力价格的变化与边际成本的变化是相同的，所以价格通过率是 100%。此外，还可以看到：在进行排放交易之前，生产者剩余等于三角形 abc 的面积，即总收入（Q_0Obc）与总可变成本（Q_0Oac）的差额。在面临竞争时，这种生产者剩余可以用于支付电力生产的固定成本，也可为电力生产商带来利润。那么在拍卖的情况下，生产者剩余将会等于三角形 def 的面积。可以看出，def 的大小等于 abc，这意味着进行拍卖的情况下，是否进行排放交易并没有改变总的生产者剩余，碳排放的总成本等于四边形 $adfc$ 的面积，生产商通过制定更高的电力价格将成本全部转嫁给电力消费者，生产者剩余面临等额的减少。然而，在自由分配情况下，生产者可以免费得到配额，但是他们仍然将这部分配额的机会成本转嫁给消费者，这就导致生产者剩余的增加，大小等于四边形 $adfc$ 面积。由排放交易带来的生产者剩余的增加就是通常所说的“暴利”，它是由于溯往原则造成的。

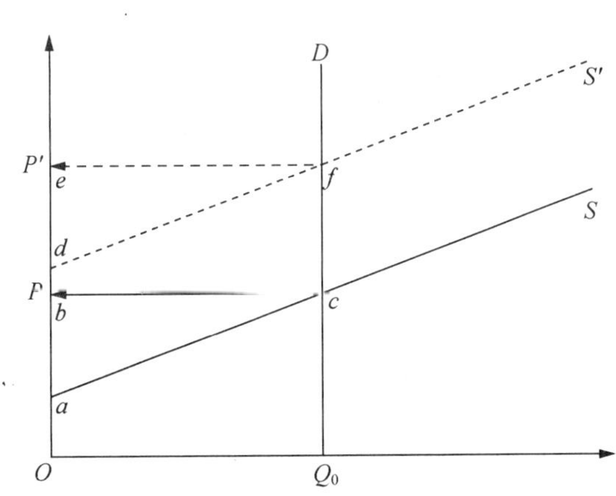

图 3－1 碳成本向电力价格的传递率

注：S 是不考虑碳成本时的供给曲线，S' 是考虑碳成本时的供给曲线。

三 碳价对电价的转嫁

有很多原因会造成上述假设无法实现，从而导致二氧化碳成本转嫁到消费者的程度不同，生产者剩余、消费者剩余也将面临不同的变化。Sijm、Hers 和 Lise（2008）描述了一种现实的，但也更复杂的情况（见图 3－2），即处于不同时期、不同生产技术的排放交易所造成的电力价格和生产者利润的改变。

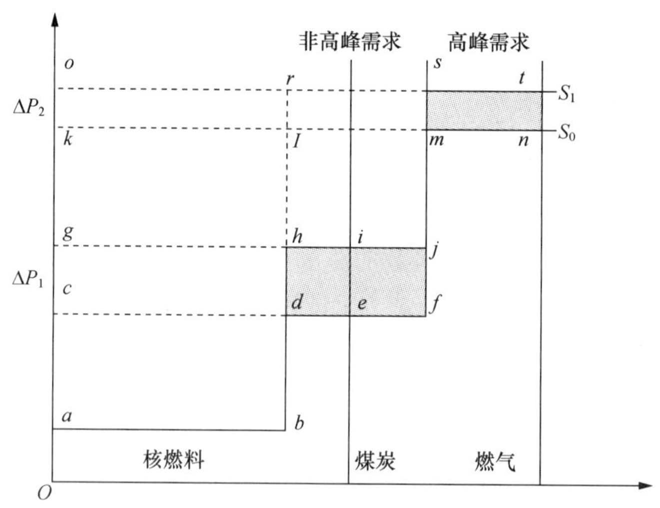

图 3－2 碳排放交易后的电力价格变化和发电商利润变化

注意：较细的线 S_0 代表进行排放交易之前的供给曲线，而较粗的线 S_1 代表进行排放交易引入碳成本的供给曲线。阴影区域代表生产的每一单位所面临的二氧化碳的机会成本（在自由分配时，这意味着经济租金的转嫁能提高生产商的利润）。

从图 3－2 可以看出，在非高峰时期，电力价格由边际生产技术决定，即由煤炭决定，而在高峰时期，电力价格由燃气决定。假设不改变电力需求，碳排放交易所引起的电力价格的改变，在非高峰期时为 ΔP_1，在高峰期时为 ΔP_2。因为生产每一单位产品时的排放量，用煤生产会高于用燃气生产，所以 $\Delta P_1 > \Delta P_2$。观察图 3－2 可以看出，不同时期、不同生产技术条件下，采取拍卖或碳配额的免费分配所带来的生产商利润的改变，以及排放交易所带来的生产商利润的改变。例如，在非高峰时期，进行排放交易之前，由于单位成本等于电力价格，所以此时的边际技术（燃煤）所带来的利润为 0。对于采取拍卖而言，进行排放交易的成本转嫁后，此时的利润仍然为 0。但是，如果配额被免费发放，则会使利润增加，大小为矩形 *dehi* 的面积。另外，当边际技术改变时，比如核燃料（这种情况下没有二氧化碳排放），在非高峰期时，无论采取拍卖还是自由分配，电力生产所获盈利会增加，大小为矩形 *cdgh* 的面积。这是因为在这两种情况下，在非高峰时期，成本是没有变化的，所以由排放交易所带来的利润都会增加。

在高峰时期，图 3－2 显示运用燃气技术时的价格。在进行排放交易时，如果采取拍卖方式，电力生产商的利润也是 0，而当采取自由分配时，利润会增加，大小为 *mnts* 的面积。而对于不进行二氧化碳排放的生产技术，如核或水电，无论采取拍卖还是自由分配，这两种情况都会导致生产商利润的增加，大小为 *klro* 的面积。另外，如果采取化石燃料生产技术，如煤炭，会比使用燃气产生更多的二氧化碳，在高峰时期，采取拍卖时，碳排放交易会导致生产者剩余的减少。这是因为此时增加的总成本（*dfjh*）大于增加的总收入（*lmsr*）。然而在高峰时期，当采取碳配额免费分配时，燃煤技术进行生产会使得利润增加 *lmsr* 面积的大小。

从图 3－2 和表 3－1 可以看出拍卖或是自由分配分配方式并不影响二氧化碳的机会成本转嫁至电力价格，因此，也不影响价格带来利润的改变。事实上，拍卖与自由分配这两种分配方式只影响碳排放配额所造成的经济租金分配的不同。当采取自由分配时，这种经济租金被转移到排放补贴中，从而提高了生产者剩余。

表 3－1　　排放交易面临不同时间和生产技术情况下电力生产商的利润变化

技术	时期	排放交易前利润	进行排放交易后的利润		利润的变化	
			拍卖	自由分配	拍卖	自由分配
核	非高峰期	abdc	abhg	abhg	cdhg	cdhg
	高峰期	ablk	abro	abro	klro	klro
煤	非高峰期	0	0	deih	0	deih
	高峰期	dfml	hrsj	dfsr	lmsr – dfjh	lmsr
燃气	非高峰期	0	0	0	0	0
	高峰期	0	0	mnts	0	mnts

注：此表中的符号见图 3－2。

图 3 - 3 说明不同时期、不同技术条件下，二氧化碳的机会成本转嫁至电力价格的另一种方式，图中也呈现了一条边际成本历时曲线。这个曲线描绘了一年内特定技术下的电力价格，以及面临特定技术时所需的时间。x 轴代表一年内的发电小时数，所对应的边际系统成本进行降序排列。y 轴代表在一定负载期内（即每年的小时数），为满足电力需求进行生产的边际成本。因为电力价格受边际单位变化所带来生产成本变化的影响，所以不同时期，这种转嫁带来的电力价格的增加是不同的，这取决于边际技术的不同。因此，在特定的时期内，碳排放交易所带来的电力价格的平均增长不仅取决于碳配额的加权平均价格，还取决于这个时期内边际排放单位的加权平均排放成本。

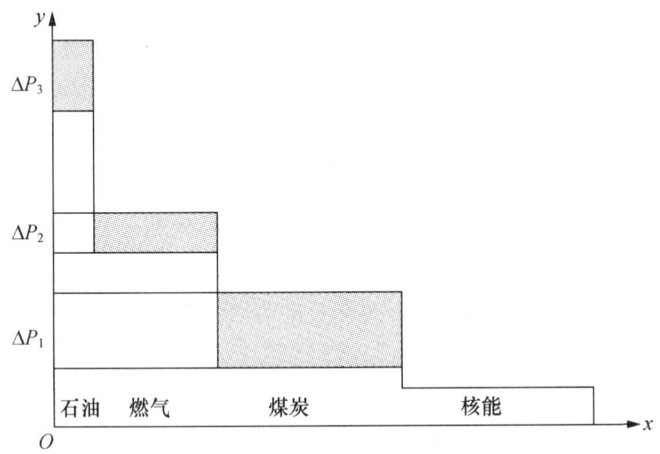

图 3 - 3　二氧化碳的机会成本转嫁带来的电力价格改变

最后，图 3 - 3 也可以用来说明通过二氧化碳机会成本的转嫁对生产商利润的影响。在每个小时或一定的时期内，在进行排放交易前，生产者剩余或利润等于这个时期每单位电力价格与成本之差与产出量的乘积。因此，假定电力需求不变，在进行拍卖的情况下，进行排放交易所引起的生产商利润的改变等于这个时期价格与成本的差额乘以产出量。此外，进行自由分配情况下，利润的改变等于每种技术对应的每单位的排放成本乘以总产量（也就是图 3 - 3 中的阴影区域）。

四　欧盟的案例

所以关注欧盟的案例，主要是欧盟有大规模的电力市场，也存在完善的碳排放交易体系——欧盟排放交易体系（ETS）。2005—2007 年是欧盟碳排放贸易机制第一个阶段，在这一时期实施欧盟碳排放贸易机制主要国家的电力价格普遍上涨，2005 年年初，法国、德国、意大利、波兰、西班牙、瑞典、捷克、荷兰和英国的远期电力价格出现上扬，直到 2006 年下半年这一轮上涨行情才结束，现货市场的情况也类似。但是，通过上述的经验观察，可知的仅仅是实施欧盟碳排放交易体制与电价上涨是同时发生的，不能确定碳排放交易体制与价格波动是否有影响。电力价格本来就是易波动的，关于是不是碳排放交易引发了电力价格上涨，或者碳排放交易在多大程度上引发了电力价格上涨，理论界一直存在争议。一方面，这一阶段电力部门可以免费获得排放配额，碳排放交易的成本影响相对不直接；另一方面，很多其他因素也可能导致电力价格的上涨，如 2005 年之后燃气价格出现了上涨，因此至少远期电力价格的上涨部分可归结为燃料成本的增加。如果考虑电力现货市场，则影响因素更多，如电厂检修会影响现货电力的供给，而极端天气会影响现货电力的需求，要找到碳排放交易对现货市场电力价格的影响更困难。

很多学者坚持，从长期来看，碳成本和电力价格之间的关系并不明确，因为在长期内电力价格受燃料成本、市场结构和生产能力的影响，2005—2007 年的电力价格上涨主要取决于燃料价格的上涨，而与碳排放交易引发的碳成本转嫁无关，或相关系数较小。Sijm、Hers 和 Lise（2008）认为，没有明确的证据证明碳成本可以转嫁至电力价格，如果定义零售市场电力价格不包括税和燃油成本，那么 2004—2006 年欧盟碳排放贸易体系中碳成本转嫁对零售电力价格的影响相对较低。即使是经验观察，在 2006 年后期电力价格与碳成本之间的关系也越发不明显，这表明碳成本之外的因素成为影响电力价格的主要因素。不过，这些学者也承认，在相对较短的时期内，尤其是在远期市场中，二氧化碳的价格与电力价格之间的关系还是比较明确的。这些时间点在 2005 年 3—7 月期间，二氧化碳的价格从 10 欧元/吨增长到 30 欧元/吨，还有 2006 年 4 月，二氧化碳的价格从 30 欧元/吨暴跌至 10—15 欧元/吨。

Bauer 和 Zink（2005）则坚定支持碳成本与电价间具有较强的传递关系，他们使用实证方法说明二氧化碳价格和电力价格之间的联系，首先通过画图来观察实际的和估计的电力价格的趋势，然后进行回归分析，得出电力和二氧化碳价格的关系，他们的回归模型为：

电力价格 = 常数 +（X_1 × 二氧化碳价格 + X_2 × 石油价格 + X_3 × 煤炭价

格 + X_4 × 天然气价格)

随后他们提出四个假设：(1) 电力价格的趋势只是由燃料价格的趋势决定，即所有燃料的转嫁成本为100%。(2) 电力价格的趋势是由燃料和二氧化碳的价格趋势共同决定，只有燃料的转嫁成本为100%，电力生产商会受二氧化碳价格的影响，他们需要在市场上购买额外的配额。(3) 电力价格的趋势是由燃料和二氧化碳的价格趋势共同决定，只有二氧化碳的的转嫁成本为100%。(4) 电力价格的趋势只由二氧化碳价格的趋势决定，二氧化碳的转嫁成本为100%。Bauer 和 Zink 发现，第四个假设所得出的结果是最符合的。基于这一发现，他们对简单线性方程的参数做出了估计：

电力价格 = a + b × 配额价格

他们发现，2005 年 1—6 月，参数 a 和 b 的值分别为 29.8 欧元/兆瓦时和 0.52 吨/兆瓦时，这意味着当配额价格为 20 欧元/吨兆瓦时，电力价格会增加 10.4 欧元/兆瓦时。

欧盟实施对二氧化碳的排放配额除了导致消费者面临很高的电力价格外，电力生产商还获得了部分额外的利润，这一点引起了很多质疑和担忧。因为这会给对一些高耗电行业的国际竞争力，以及对电力终端用户，如家庭用户或一般的电力生产商和消费者产生影响。碳排放成本的变化带来的电力生产商的额外利润，被学者们称为“横财利润”（windfall profits），为削减这部分“横财利润”，研究者提出了各种的解决方案，如改善碳排放贸易机制分配机制，特别是分配份额的拍卖机制，征税暴利，控制欧盟碳排放权的交易价格，控制电力价格等。一个普遍接受的观点是对利润征税，实践证明这是一个合理的、鼓励低碳排放的政策。

从上述分析来看，碳排放交易不可避免地对电价产生影响，一方面是以“机会成本”进入电力生产的成本函数中。所谓机会成本，是不出售给其他参与者的成本。那么，基于最优市场行为的经济理论和达到最优的排放交易效率，电力生产商进行决策时应考虑二氧化碳配额的机会成本，将这种成本转嫁至电力价格，即使配额是免费获得的。另一方面是其影响程度将依据二氧化碳排放配额的分配方式和电力市场结构的不同而不同。本部分讨论了拍卖和自由分配两种二氧化碳排放配额分配方式，以及不同时期、不同发电技术交易下，碳排放交易对电力价格的传导，以及消费者剩余和生产商利润的影响。结果表明，碳排放交易对电力价格的传导是复杂的，一是生产商可以将成本部分转嫁至电力价格，但是电力价格变化的程度要取决于很多因素（例如碳配额的加权平均价格、边际排放单位的加权平均排放成本等）；二是随着电力需求的变化，拍卖或是自由分配将以不同的程度影响二氧化碳的机会成本转嫁至电力价格，生产商利润在不同时期和不同技术交易下发生不同程度的改变。

第二篇

低碳约束下的中国电力价格体制改革

第四章　现行电价体制下低碳约束的影响与应对

电力行业是碳排放的重要行业，统计表明，电力行业二氧化碳排放量占全球总排放量的41%。中国是世界上最大的燃煤发电大国，前三大发电集团的二氧化碳排放量已超英国全国碳排放量总和。2012年3月，中国十一届人大五次会议指出，要深入推进重点领域改革，开展碳排放和排污权交易试点。在此背景下，中国电力行业实现低碳化发展成为必然。未来一段时期，中国燃煤发电厂还会继续增长，一是随着经济的进一步发展，必须要求装机容量相应增加；二是中国的能源禀赋在很长的时期内都不会变化，燃煤火电是中国的主要电力来源；三是中国人均装机水平仍然较低，未来装机空间较大。因此关注研究碳排放交易及其对中国电力行业的影响，将有助于国家出台相关鼓励和规制政策，从而保障电力行业的健康有序发展。

第一节　中国的现行电价体制与特点

与国外惯例一致，中国的电力价格也分为上网电价、输配电价和销售电价，2005年中国发改委公布的《电价改革实施办法》也使用了这些称谓，这些电价之间的关系如图4－1所示。具体而言，上网电价是发电商和输电商之间的交易价格，它是电量接入主干网那一点的计量价格。在竞价上网时，上网电价分为两个部分，一部分叫作容量电价，主要反映发电设备等固定成本，它由政府核定，不参与竞争。另一部分叫作电量电价，主要反映发电燃料等变动成本，此外电量电价还要收回一定利润。不参与上网时，电量电价是单一制的。输配电价是电网企业提供输配电服务所获得补偿，输配电价由政府核定。销售电价是电网企业向电力用户或者专门的供电企业提供的价格，包含上网电价、输配电价，外加一定的政府性基金。

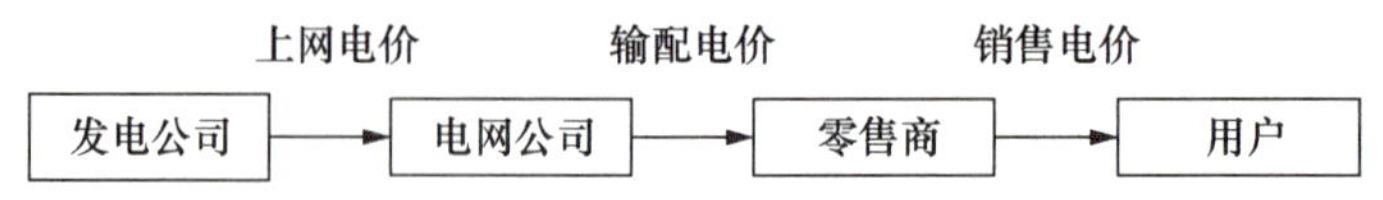

图 4－1　电价形成过程

资料来源：万礼锋、尹贻林：《中国新能源上网电价形成机制研究》，《价格理论与实践》2009 年第 12 期。

一　上网环节无电力市场

中国电力改革中实行了“厂网分离、竞价上网”的模式，将发电企业从垂直一体化的电力企业中剥离，但是有效竞争的电力市场事实上并没有真正的建立，上网环节的电价仍由国家价格主管部门确定。目前中国的上网电价是世界上最复杂的电价体系，可概括为“一厂一价、一机一价”，原因可以归结为投资的时期不同和投资的主体不同。

1985 年之前，由中央拨款建设的电厂称为老电厂，电价只按变动成本核算，电价中不包括固定成本。此后虽然也出台一些政策，允许老电厂计提折旧，但是老电厂电价依然偏低，目前老电厂电价水平高于变动成本，但低于考虑固定成本的电价，更低于其他种类的电价。1985 年之后，为了缓解供电紧张的局面，国务院鼓励地方和企业建设电厂，出台了一些优惠的电价政策，由此出现了大量由“拨改贷”和各投资主体兴建的电厂。这类电厂与电网签订的电价被称为还本付息电价或集资机组电价，因为它们是根据还本付息加合理利润原则制定的，其价格超过了老电厂电价。不过由于各个电厂的贷款年限、建设成本、燃料成本以及最低发电小时数不同，还本付息电价或集资电价本身也差别较大。1998 年以后，电力供应开始缓解，同时还本付息的政策使得电厂成本不受控制，电价水平也跟着“水涨船高”。新建电厂开始执行经营期电价，经营期电价的核算原则是：新投产发电企业的上网电价以同类型发电机组中技术先进的社会平均成本核定，经营期内资本金内部收益率略高于同期国内银行 5 年期以上贷款利率。[①] 非经营期电价要逐步向经营期电价靠拢，如还贷已经结束或折旧已经提完的，要重新核定发电成本，未归还的贷款改为按剩余的经营期核定上网电价，从而使“一机一价”问题逐

---

① 2011 年 4 月 23 日，《国家计委关于规范电价管理有关问题的通知》（计价格〔2001〕701 号）。

步得到解决。

二　销售环节无用户响应

2005年国家发改委出台了《输配电价管理暂行办法》和《销售电价管理暂行办法》，这些文件为输配电价和销售电价机制奠定了基础。但中国至今没有独立的输配价格，在中国，所谓的输配电价仅指政府制定的销售电价和上网电价的差额，电网企业以收取这种价差来保证利润和运营，全国范围内价差的平均水平为10分/千瓦时。输配电价的这种盈利方式影响了电力调度的公正性，也影响了电力市场交易的公平性，一个典型的问题是阻碍了大用户直购电的推行；此外，输配电价不反映输配电业务的成本，也无法引导电厂进行选址方面的优化；很多情况下，价差与输配电项目投资成本无关，这导致了投资者无法通过价差来进行电网投资预测，也阻碍了电网投融资渠道的拓展。中国的销售电价不是直接核算的销售成本，而是在历史形成的价格基础上进行微调，这导致中国的销售电价并不反映成本，与欧美国家相比，中国的销售电价偏低，即使与巴西、印度等国家相比，中国的销售电价也偏低。销售价格偏低，使得电力消费快速增长，这也是造成电力短缺的原因之一，同时销售电价过低使电网企业难以筹集足够的建设资金，销售电价僵化也导致了上网电价的调整缓慢，造成发电环节的亏损。

根据理论研究和国外实践，对自然垄断行业进行改革的一般做法是将具有竞争性质的环节引入竞争，将具有自然垄断性质的环节剥离出来，使其独立于市场交易。但是中国电力改革中将发电企业剥离后，电网企业却没有独立于交易，而是作为众多的发电企业的单一购买方。这种模式导致了电网公司在批发市场上形成买方垄断，实际上是形成一种缺乏用户响应的发电侧单边市场，该模式下政府对垄断性电网公司的管制不仅需要管制其输配电服务成本，还需要管制电网公司的购电与售电。由于发电侧电价并非真正竞价产生，因此无法与上游燃料成本联动，输配和销售电价调整也相对滞后和被动。2003年后动力煤价格连年大幅度上涨，电价无法疏导成本，造成持续多年的“电荒”，同时扭曲的电价难以准确地反映资源的稀缺性和市场的供求关系，不利于用户有效节约能源。传统纵向一体化下的政府管制所面临的所有问题在该种模式下也同样地存在着，这也将损害市场竞争的有效性。

三　电力价格水平偏低

近几年，随着国内物价水平的普遍提高，作为源头的基础性行业的价格水平也在逐步上涨，国内经济面临前所未有的通胀压力。然而，尽管国内油气价格屡屡攀升，电力价格的总体水平却较低，存在与相同水平的油气类能源价格比价不合理的现状。由于中国电力成本的传递关系尚未形成，煤电联动机制尚不规范，独立的输配电价尚未形成，电网环节成本不能得到合理补偿，使得终端销售电价与电力生产成本变化没有形成联动，电价水平无法合理反映电力生产成本、资源稀缺状况和环境保护支出，导致电价涨幅远低于国内其他能源品种价格涨幅，同比偏低 20%—60%。据统计，2011 年中国销售电价欠账约 5.29 分/千瓦时（其中煤电上网电价欠账 3.38 分/千瓦时，折合行业上网电价欠账 2.88 分/千瓦时，输配电价欠账 2.41 分/千瓦时）。[①] 除此之外，由于发电环节两部制没有得到有效实施，太阳能光伏发电价格居高不下，而水电价格偏低，激励补偿效应弱化，不利于绿色电力的均衡化发展。

一直以来，中国对居民使用电采取低价保护政策，普通用户电价与工业、商业用电价格存在很大的差距。近年来，中国能源供应缺乏、环境负担和压力加大，突出表现为煤炭、天然气等一次能源价格不断高扬，电力价格也有上涨压力，但由于国家对居民用电的保护以及各种交叉补贴，相对于其他行业用电而言，居民生活用电的价格水平并没有多大变化，电价调整和频率也不明显。因而在居民生活用电方面，实际上形成了一种不公平的现象，即用电量越多的用户，享受的补贴反而越多，用电量越少的用户，享受的补贴却越少，不仅没有公平分担资源成本，而且电能资源配置也存在浪费，不利于引导用户科学用电、节约资源和环境保护。

第二节　碳排放交易对电力行业的影响

中国的电力价格体制不是一朝一夕形成的，而电力市场的建立也不能一蹴而就。随着碳排放交易的到来，将不可避免带来电力企业生产成本的攀升，在这种大形势下，如何降低碳排放的影响，成为电力企业面临的重

① 中国电力企业联合会 2011 年 2 月 27 日公布数据。

要课题。具体而言，碳排放交易对电力行业的影响途径有三个：

一　总量控制的影响

碳排放交易的前提是存在碳排放的总量控制，没有总量控制就谈不上商品的稀缺性，在总量控制基础上，碳排放交易制度就表现为碳排放指标的交易制度。美国众议院法案对电力等排放源企业的减排时间表和排放限额做出了规定：应在2005年排放量的基础上，到2012年减少3%，2020年减少20%，2030年减少42%，2050年减少83%。2009年中国政府已承诺2020年单位国内生产总值二氧化碳排放比2005年下降40%—45%，2011年国务院印发《“十二五”控制温室气体排放工作方案》指出，到2015年，全国单位国内生产总值二氧化碳排放比2010年下降17%。只有碳排放权交易价格高于平均企业的减排投入成本，交易制度才能发挥其作用，促使企业为减少成本而加大减排投入，并最终实现社会排放总量的削减。欧盟在2005年开始实行碳排放配额交易时，由于初始分配总量过大，使得市场上剩余的碳排放权过多，碳排放权价格甚至接近于零。在这样的情况下，企业是没有减排动力的，交易市场也就失去了价值（于杨曜、潘高翔，2009）。在总量控制中，对电力企业分配多少排放限额将直接影响着发电成本，图4－2描述了完全竞争的市场结构下，总量控制对于电力价格的影响，S_0是不考虑碳成本时的供给曲线，S_1是考虑碳成本时的供给曲线，总量控制将影响电力价格上升的幅度（图4－2中的电力价格从P_0上升至P_1），如果对电力企业的总量控制比较宽松，那么对电力企业的成本影响较小，否则必须考虑发电企业的成本消化能力（董岩，2011）。对于中国的电价制度而言，由于碳价难以顺利向下游传递，行业的碳排放总量控制不宜过大。

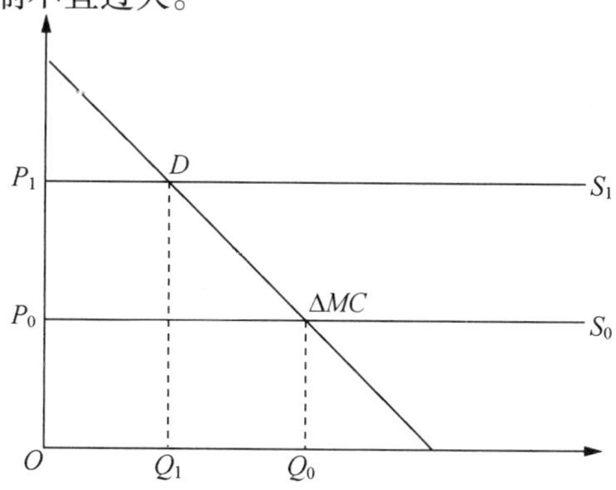

图4－2　碳成本向电力价格的传递率（完全竞争的市场结构）

二 排放配额分配的影响

碳排放交易前还需要分配好初始的碳排放权额度，分配初始碳排放权额度可以看作是碳排放交易的一级市场。一般分为免费分配和拍卖分配两种方式，免费分配会根据历史上该企业的排放情况确定，为了激励企业参与碳排放交易，在碳排放交易市场的运作初期常常采用这种方式。另一种方式是通过拍卖的方式分配碳排放权额度，政府还可以借此筹集资金。例如，2012 年 12 月 3 日美国加州首次拍卖碳配额，财政困难的加州筹得近 3 亿美元，但是拍卖所得的资金属于政府收费，而不是税收，将只能用于清洁能源项目和节能项目。拍卖获得额度的方法会加重企业负担，一般情况下会采用拍卖分配和免费分配相结合（董岩，2011）。对中国的电力企业而言，免费分配配额对企业的影响最小，有意进一步减排的企业还会因此而获益，电力企业会比较乐见这种方式。但这种分配配额的缺陷也是显而易见的，因为排放越多的电力企业获得的配额多，这对于排放小的企业或新成立的企业不公平。图 4 –3 显示了排放配额分配方式的影响，如果电力价格是灵活的，那么即使碳排放配额是免费分配的，电力企业也会将其作为机会成本考虑，从而将价格由 P_1 提升至 P_2，利润将由此增加 P_1P_2ab。而如果电力价格被管制在 P_1 水平，那么企业的利润则不会增加，但是新进入发电企业由于无法享受免费配额而蒙受损失。中国在碳排放交易制度推行初期，给各发电企业无偿分配相应的碳排放权，考虑到无偿分配模式在公平性、减排激励、分配成本上的先天劣势，未来分配模式上需要向有偿拍卖的方式转变，这一过程可渐进式进行。在采取无偿模式初步建立起碳排放交易市场后，再逐年降低发电企业的无偿分配比例，增加有

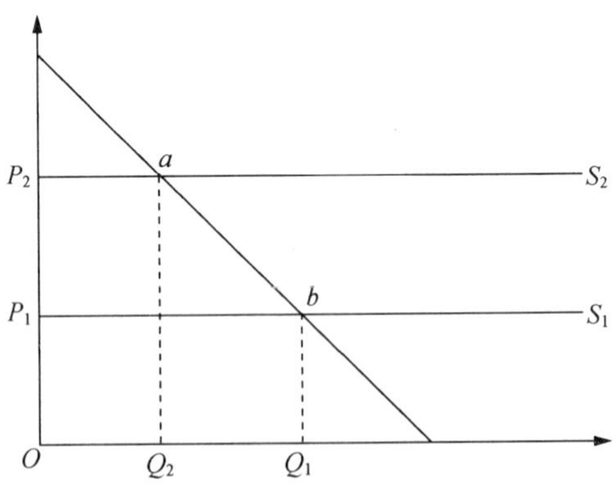

图 4 –3 排放配额分配方式的影响

偿购买比例，最后形成以拍卖为主的公平、高效的市场化碳排放权分配制度（于杨曜、潘高翔，2009）。

三　碳价波动的影响

碳排放交易市场作为新兴的交易市场，发展较为迅速，目前有取代原油成为全球最大的交易品种的趋势。碳排放交易市场中的碳排放配额具有典型的金融产品特征，现代重要的工业部门一般都会参与这一交易，这决定它的覆盖面更广、流动性更大。碳排放交易市场的主体存在追逐利润最大化的动机，逐利行为必然带来投机和碳价格的波动，2008 年后碳排放交易价格的波动幅度较大；6—7 月，CDM 产生的“核证的温室气体减排量”（CER）价格已经达到每吨二氧化碳几十欧元，而 2012 年 12 月下跌到 0.7—0.8 欧元一吨。随着低碳经济的兴起和人类对低碳环境的重视，碳排放成本将在电力行业生产成本构成中占据越来越大的比重，那么碳价格的变化必然会给电力企业成本控制带来更大的风险。

对此，美国的做法类似于中国股市中的“涨跌停”规则，参议院的气候法案《美国清洁能源就业和美国电力法案》专门提到需减少碳市场操纵的可能性。“保证价格可预测性”条款中提到，可能会建立一个碳价格预测系统，在该系统下，碳价的波动将与考虑通货膨胀的固定变率相挂钩，其波动范围为 12—25 美元，考虑通货膨胀后的固定增长率大约为 3%。

四　市场结构的影响

关于碳排放对电力行业的影响，大量研究关注了碳价与电价的传递率，即所谓的价格通过率（Price Transmission Ratio，PTR）。价格通过率 PTR 是电力价格的变化与碳排放边际成本变化的比，其公式为：

$$PTR = dP/dMC$$

理论上，在线性需求和完全竞争的情况，PTR 会接近 100%，因为完全竞争市场中，生产者被假定追求利润最大化，边际成本等于边际收入，也等于市场价格 P，碳成本会完全转嫁至价格（见图 4－2）。而随着市场中企业数目的变少和市场结构趋于集中，PTR 会下降，如果达到完全垄断的情况，则 PTR 为 0.5，即碳成本的转嫁引起了电力价格上涨为 50%，PTR 下降的原因是电力生产商能够通过改变产出来影响市场价格（见图 4－4）。

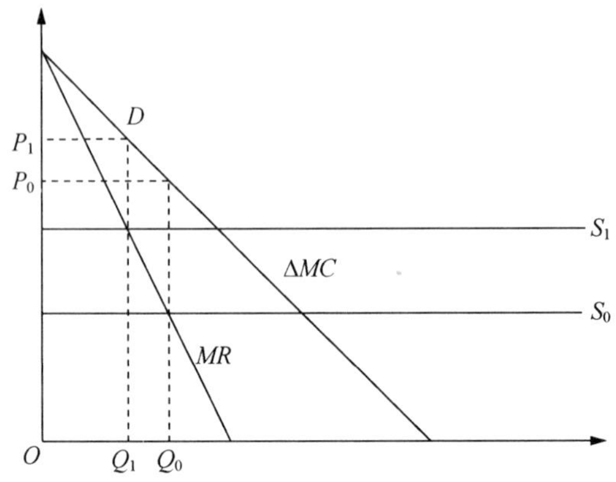

图 4-4　完全垄断条件下碳排放成本—电力价格通过率

第三节　电力企业的应对策略和规划

随着碳排放交易的临近，中国的电力发展将增加新的约束——含碳量额约束，电力企业应结合电力需求侧管理制定全新的战略，不同于以往资源成本约束的电力生产和电力结构发展规律，综合考虑，电力企业的应对策略和规划至少应包括：

一　积极应对碳排放交易

碳排放交易市场或许在以往曾出现过低迷时期，例如出现过碳价大幅下跌的现象，但是，从长远来看，其对电力企业的生产和经营必将产生长远和重要的影响。因此，碳价的波动预测、碳价市场机制、碳价的影响、碳资产管理、碳投资等都将以不同形式纳入电力企业的发展战略中。这不仅涉及在企业内部建立新的部门，还包括各个部门之间的协调整合，提升面对新形势的应对和管理能力。电力企业应该对自身的碳排放现状、减排潜在可能和减排成本进行科学核算，研究出可能的减排途径，对于不同的途径的减排成本收益进行详细的评估，找出企业实施减排的重点领域和方向，做到胸中有数。碳排放核算方法的准确性和科学性很重要，尤其对中国相关重点行业和企业而言，随着互联网新一代信息技术的发展，创建重点企业和行业的能耗在线监测系统不仅可行，也很重要。建立和完善交易平台，加紧设计并建立碳排放交易登记注册系统，根据要求，电力、钢铁、水泥和平板玻璃、化工、有色金属和航空六行业被强制要求提供碳排放数据。从电力企业自身来看，也应当为强制减排做好准备、摸清家底，并了解自身的碳排放情况。

二　提高发电效率

对电力企业，尤其是大型发电企业而言，减排的最有效途径是提高能源利用效率，采用高效低碳的煤电技术。目前较具有商业前景的高效煤电技术包括超临界发电、超超临界发电与整体煤气化联合发电等。所谓超临界发电和超超临界发电指用于发电的锅炉内蒸汽压力大于水临界压力，超临界和超超临界机组的热效率显著高于常规燃煤机组，在节能和环境改善方面具有不错的效果，其单位发电量的二氧化碳排放量比常规燃煤发电机组减少1/4。超临界机组已经成为发达国家的主流机组，日本装机容量在450兆瓦以上的机组全部为超临界机组，德国、丹麦都是超临界技术的领先国家。整体煤气化联合发电也是非常清洁的发电技术，它首先将煤气化、净化，变为清洁的气体燃料，然后驱动燃气轮机和蒸汽轮机，污染物排放量仅为常规发电机组的1/10，如果与碳分离与碳存储技术结合，即可实现零碳排放。

为适应各类低碳政策的颁布，规避碳排放交易或者碳排放交易市场上碳价波动所带来的经济风险，中国发电企业在新建电站项目时，至少应优先考虑采用这些高效的新型发电机组。中国发展超临界机组始于2002年，经过十多年的发展，基本实现了超临界机组的国产化，且生产成本大大低于国外，目前中国也具备配套建设整体煤气化联合发电机组的能力。大规模采用低碳电源可对常规的燃煤电源形成有效补充，降低整个电源资产整体的碳排放水平。

未来相当长时期内，廉价的煤炭仍将是中国发电的主要燃料，而高效煤电技术的减排潜力可能会趋向极限，有技术实力的大型发电企业可适当发展碳捕获与封存技术，这样可从另一个角度提高发电效率。该技术是指将二氧化碳从排放气体中分离出来，输送到安全的地点封存，例如可在地下储层中长期储存。目前碳捕获和存储技术成本较高，为40—60美元/吨，但是，在碳排放市场中，引入碳捕获与封存技术类似于引入“碳排放看涨期权”，碳价太高时，就可以启动碳捕捉和封存系统，并通过出售碳配额获得收益，否则就可以降低碳捕获与封存系统利用率，降低电厂的成本。目前中国已在碳捕获与封存的相关技术领域取得了一定的进展和突破，该类技术在电力行业具有非常广泛的应用前景。

三 拓展新能源电源

新能源发电主要是指太阳能光伏发电、风能发电、水电等，相对于传统的化石能源，新能源发电无疑更环保、更低碳。中国的太阳能资源丰富，青藏高原、黄土高原、冀北高原、内蒙古高原等都是太阳能资源丰富地区，理论储量可以达到每年 17000 亿吨标准煤，具有大规模开发利用太阳能的资源潜力。根据相关数据①，中国陆地风能资源总储量达到 42 亿千瓦，其中技术可开发量 3 亿千瓦，而近海可开发风能资源则达到 7.5 亿千瓦。根据最新的水能资源普查结果，中国江河水能经济可开发量为 4.02 亿千瓦，同时年发电量达到 1.75 万亿千瓦时，水能理论蕴藏量居世界第一位。

中国已经掌握了开发这些能源的技术，在光伏发电领域，形成了相对完整的产业链，包括原材料生产、光伏系统等关键环节，尤其是长期以来技术一直掌握着发达国家手中的多晶硅原材料生产；在风电领域，中国的风电设备的国产化率已达到了 90%，包括风机叶片、电机、变频器、齿轮箱、轴承等关键零部件在国内都有生产厂商；在水电领域，中国在相关技术领域有了长足发展，包括大型水电开发技术，而且相关生态保护的法律措施也配套到位，这意味着水电领域的开发速度将大大加快。

实现从传统化石能源向可再生能源的转换是一个长期过程，《可再生能源发展“十二五”规划》提出的目标是，2015 年，中国全部可再生能源的年利用量将达到 4.78 亿吨标准煤，在能源消费中的比重达到 9.5% 以上。不过新能源电力也是昂贵的电力，不同低碳技术的运用将改变各电源品种的发展优先级，技术成本和减排效益的不同，都将对新能源电的选择和开发形成不同程度的制约和激励，也会影响发电企业的减排目标函数。因此，发电企业需要通盘考虑各类技术的成熟度、开发规模与实施阶段等约束条件。

① 第三次全国风能资源普查数据。

第五章　中国上网电价的管制与设计

第一节　电力市场上网电价的基本原则

在低碳背景下，上网电价的制定必须考虑对环境的影响，中国电力行业的能源消耗主要是煤，二氧化碳气体排放量约占全国的一半。未来相当长时间里，根据中国当前的能源结构和电力需求以及技术条件，火电将仍然是电力结构的主要组成部分。根据预测，2020 年，电力行业总装机容量可能达到 17 亿—18 亿千瓦，其中火电装机容量占总装机的比重约达到 2/3。未来燃煤发电机组的技术改进空间的已经不大，电力行业企图依靠技术进步来降低二氧化碳排放日益困难，必须依靠电力价格来抑制电力需求，进而内部化环境成本。上网电价的制定，不仅要考虑到环境问题，还要知道电价水平涉及国计民生的方方面面，对收入再分配，各行各业的协调发展，甚至社会稳定问题都起着至关重要的作用，因此，电价不能过高；但是，如果电力价格水平过低，则电力企业的资金链和利润率都要受到影响，影响电力工业发展，制约国民经济的发展。此外，要综合考虑用户用电需求容量的大小和电力消费成本的不同，以及电力公司成本的区别，制定一个面向用户多种可供选择的电价。一般而言，上网电价制定应遵循以下原则：

一　公平原则

公平负担原则，就是按照一定标准对电力成本进行成本分摊，核定电价应该公平、客观。由于公共资金和财力有限，不可能完全承担对低电价的补贴和电力建设与发展的投资任务，所以应该保证电网企业有足够的自有资金和还贷能力，否则不仅会发生供给不足，而且会影响企业的发展，因此保持电网企业财务稳定是当今上网电价规制的重要目标，在此基础上，则应考虑尽量实现资源的有效配置。此外，还要考虑社会各方面的承受能力，减轻用户不合理的电费负担，定价应使社会公众的基本需求必须得到保证，针对不同群体的特性发挥不同的作用，采取不同的定价策略，保证低收入者的最低消费水平，而超额的消费则应该根据消费者剩余要求其支付更高的价格。

二 效率原则

现实中由于电力企业的垄断地位以及电价规制被赋予了某些行政色彩，造成了企业缺乏竞争压力，缺乏技术革新和提高劳动生产率的积极性，所以确保企业的效率也成为制定上网电价的重要原则。边际成本定价可以反映供电边际成本，能反映资源的价值，给予用户正确用电信号。在电力经济学中，新增一个单位的用户或者新增一个单位千瓦用电所导致的成本增加及边际用电成本，如果按照效率原则制定上网电价，需要考虑长期的边际容量成本和边际电量成本，再结合财务的目标进行电价核算。

三 资本吸引原则

电力建设中，电站和输电线路的投资资金要求最高，对于一般的投资者而言，往往不能够承担，为了保证投资回报以及吸引新的投资，上网电价应能够使得电力企业的营业收入足以支付成本开支加上合理利润。之所以是合理利润，是考虑到电力工业的特殊属性，不应该也不可能取得高额利润，但是对于投资者而言，电力工业的市场风险相对较小，在投资方向上，将其作为一种长期的稳健性投资，则对投资者有吸引力。

四 节约资源原则

电能的获得要通过对自然资源如煤、油的消耗来实现，而这些资源大部分是不可再生的，为避免资源浪费，可持续发展原则是电力工业定价在考虑市场经济规律的同时也必须考虑的。上网电价的制定应在保证经济社会发展需求的前提下，进行资源优化配置和促进其可持续发展。

五 便于操作原则

上网电价的制定应具有可操作性的原则，要保证电价的合理性和稳定性，以防电价大幅度波动。电价的计费体系要繁简适宜，计量方法科学简洁，便利于电力系统中的各个环节应用。

第二节 电力市场上网定价的主要方式

根据上网电价的制定主体，可以把上网定价方式分为政府主导定价、协议定价和市场定价三种类型。

一　政府主导定价

政府定价是指政府根据发电成本以行政命令的方式进行电力定价。目前仍有很多国家在电力价格制定上采用政府定价的方式，理由是电力行业是关系国民经济全局的自然垄断行业。实际上电力行业是自然垄断的观点受到越来越多的质疑，政府定价的唯一理由是有利于宏观调控和物价稳定。政府定价分为直接定价和间接定价两种，直接方式是指政府部门直接参与上网电价的核定工作，指在核定每个电厂成本、费用、税金基础上，加上一定回报制定电价。这一方法优点是确保了投资者的利润空间，有利于迅速引入提高发电投资者，但缺点也显而易见，即不利于控制发电成本，目前中国已经很少采用个别成本定价法。间接方式是指政府部门通过制定电价测算办法或对电价构成中的某些指标进行控制来调整电价，如标杆电价、标准成本定价等。此外，按照容量成本和电量成本是否分开，电力价格还可分为一部制定价和两部制定价。一部制定价指将容量成本和电量成本加在一起核定上网电价的制度。优点是结算方便、能鼓励企业多发电等，但是如果以个别成本定价为核定电价，则不利于形成竞价上网机制，中国大部分上网电价都是一部制电价。两部制电价制度是英国约翰·霍普金森（John Hopkinson）博士于1892年首先根据电力企业的成本特点提出的，又称为霍普金森电价制，已被世界各国普遍采用，作为竞价机制的一种，两部制上网电价在中国也有试点。

两部制电价分为容量电价和电量电价两部分，容量电费用于覆盖发电商的固定成本，由建设电厂的各种费用，包括资产、资本费用以及经营运行费用等组成。容量电价则以电力行业的变压器容量和最大需求量作为电价衡量根据，然后由供电部门和用电部门共同协商后签订价格合同。电量电价覆盖可变成本，是根据电力消费量计算的价格，实际是电力企业发电过程中的电能成本。一般仅电量电价参与竞争，容量电价不参与竞价，这样有利于降低竞争的激烈程度，使得在较短的时间内开展上网竞价。容量电费一般按月固定收取，与实际耗电数量无关，这样当用户不需要电力时，仍需要向发电商支付容量电费，这样发电商能够保证得到比较固定的收入，以补偿成本支出与取得正常的利润。可见，在成本收回和收益获取两方面，两部制电价更具有合理性，在补偿电力企业成本支出的同时，又防止其获得超额的垄断利润，投资者和消费者双方面的利益都能得到保护，进而电力工业也能得到快速、健康和可持续的发展。

二　协议定价

协议定价也称为合同定价，是电力的买方和卖方通过签署购销合同来确定上网电价的一种方式，能够在一定程度上反映电力供求关系，尊重市场规律。中国的电厂与电网之间基本没有协议电价，但是，大用户直购电类似协议定价，首先由电厂和终端购电大用户买卖双方之间通过协商议价的方式决定购电量和价格，然后向电网企业支付输配服务费用，通过电网企业来履行合同，把商议的电量从发电企业传输到终端购电用户，吉林、山西、浙江、江苏、广东、重庆等地都在试行大用户直购电。协议具有期限性，在协议约定的期限之内电力价格是固定好的，双方应按照协议的约定价格进行交易，而不应违约，协议双方在商定价格时应对目前和未来的各种情况进行预测，以保证价格公平合理。但是有些市场风险是不可预知的，如经济周期、燃料价格波动等，导致现货市场的电力价格与协议电力价格出现较大差距。

为了预防和抵御市场风险，往往在协议中包含调整电价的条款，一般采取“单向合同”和“双向合同”。就单向合同而言，是指当现货市场的电价高出协议中商定的电价时，由购电方向发电企业按照约定比例进行偿付差价；而双向合同方面，是店里购买方和发电企业都存有偿付差价的权利和义务，即当现货市场电价高于协议确定电价，电力购买方向发电企业按约定百分比偿付差价，当现货市场的电价低于协议确定电价时，由发电企业向电力购买方按约定百分比偿付差价。显然与政府定价相比，协议定价能通过动态机制调整和保护发电企业和购电大用户之间的经济利益关系，具有一定程度的公平性和灵活性，有利于电力市场的稳定。

三　市场定价

电力的市场定价是指在买卖双方通过公平竞争原则形成电力价格，通过市场竞争机制实现同质同价。公平竞争原则是将电能作为商品，各个发电商实行适度的竞价机制，一般是先由发电商报价，再根据由低到高的原则排序调度，实行竞价上网。竞价的结果应符合价值规律，最终确定的电价应能涵盖电力成本和相对合理的利润。同时以引导发电商降低造价，提高技术水平，降低燃料使用量，加强管理，降低成本，提高效益。与其他可竞争的商品一样，由竞争形成的价格能够较快地反映电力供求信息，能够迅速地使市场出清，而不会带来短缺和过剩。

影响市场电力价格的因素有以下几种：一是买卖双方的数量，买卖双方的数量越多越利于形成竞争性的电力市场，在竞争压力下，发电企业将不得不提高管理效率，控制成本，扩大收益，并可能降低上网电价以打击竞争对手。二是竞价电量的比例，竞价电量比例越小，竞争程度越小，电价水平波动越小，对总体上网电价水平影响也就越小。三是市场分割程度，输电阻塞是分割市场的有效手段，通过形成电力阻塞区，把整个电力市场分割为多个子市场，根据发电公司的输电能力，改变发电公司在电力市场中的竞争地位。具体而言，当某发电企业的输电能力在某些地区受到限制，输电网络阻塞，致使电力输配困难，无法送达时，就会降低该发电企业的上网电价，降低该发电公司的利润；而当某些地区电力供应不足，对于用电负荷大的地区就会形成受电阻塞区，发电公司往往会因为竞争对手少而涨电价，从而获得高额或者垄断利润。那么，对输配电网络阻塞的情况进行合理预测，将会对发电公司的报价策略产生重要的影响。四是网损，网损是指电能在传输过程中发生的损耗，网损越大，价格越高。

第三节　中国上网电价的改革方向

一　中国上网电价现状和问题

（一）上网电价存在双轨制

中国现有上网电价存在“双轨制”，大部分仍然是政府定价，这种电价由于历史原因情况比较复杂，又包括多种形式：一种是与电网统一核算，这并不是真正意义上的上网电价，主要是实行该类电价的电力企业大多为“老电厂”。所谓老电厂是指早期由中央投资建设的电厂，虽然其中有的电厂相对独立，但是考虑固定投资成本皆为初期中央拨款，因此在核定电价时，将其去除，上网电价只包含了生产成本，因此价格相对较低。

另一种是所谓的“新电厂”上网电价。新电厂是指“拨改贷”以及各类投资者投入资金建设的电厂。这类电厂的电价虽然是以合同的方式签订的，但是其电价的核定标准比较固定统一，取决于还本付息和合理利润之和，以及电厂的固定投资成本、资金成本利息、原材料成本、发电量，等等，但是，由于这些电厂之间的规模、资本金、发电量等参数各有不同，因此，他们的上网电价也有很大程度的不同。1998 年后的新建电厂开始执行经营期电价①，不再单独核算各厂的电力价格，尽管引入竞争的因素（以技术先进电厂核定成本），但是这种定价方式依然是政府定价。

（二）竞价上网步伐缓慢

竞价上网模式一般可分为"单一制电价"和"两部制电价"，前者又可以分为"有限电量"和"差价合约"两种竞价模式，单一制电价是竞价上网中较为常见的竞价模式。鉴于各个区域电力市场的不同特点，它们事实上分别在不同的区域中实施。从《上网电价管理暂行办法》看，中国主要实行的是两部制电价的竞价模式，两部制电价竞价模式的优点是能够同时保护发电方和消费方的利益，有利于电厂提高运行效率、进行技术创新和降低成本，保障电厂投资者的投资回报，激励投资者的投资行为，保证电力行业的长期可持续发展。

就中国目前情况来看，已经试点竞价上网的地区有山东、浙江、上海、辽宁、吉林、黑龙江，虽然相对于中国 31 个省市自治区而言，竞价机组的比例较低，市场定价的电量也仅占市场需求的 10%—20%，竞争电量的比例也较低。

（三）基于成本的管制定价

一般而言，中国的上网电价属于成本加成定价，主要根据发电商发电资产的投资额和发电资产的经济寿命，测算一个上网电价，该电价水平能够补偿成本，并能保证一定收益和税金。上网电价的成本部分测算基本上是以发电企业上报成本为主要依据。这种成本是在一定范围内垄断的一家或少数几家企业的个别成本而非社会成本，并且发电企业的实际成本并不公开，形成政府与发电企业之间信息的不对称，这就导致了企业所发生的费用可以通过成本加成形式转移到价格中去。因此，企业提高成本意味着可以获取更多的利润额。在此意义上，现行管制电价不仅缺乏对企业降低成本的激励和约束机制，而且具有对成本节约的逆向激励效应。如占有发电行业一半发电量的五大发电集团，在其国有体制的背景下，不但机构庞杂，人员众多，近年来一直盲目投资和扩大规模，重复投资严重。

总体而言，中国上网电价主要存在三方面问题：

一是电价双轨制已然不适应电力市场的发展需要。长期以来在不同电

① 经营期电价的计算方法参见第三章。

厂实施的不同电价方案，并不利于电力市场的有效竞争形成，不仅部分电厂效率低下，而且宝贵的发电能源也存在大量浪费。电价双轨制的出现是基于当时电力市场“渐进式”改革的需要，但是，随着电力市场和整体国民经济的发展，以及世界电力市场的变化，电价双轨制已经到了该退出市场舞台的时期，如何在并轨的过程中尽量减少“老电厂”的社会保障风险和进行有效的国有资产保护是改革进程中的重中之重。

二是上网电价改革步伐较慢，存在试点无法扩大的“瓶颈”。中国虽然很早就提出要进行上网电价改革，但是，很多政策和措施依然停留在试点阶段。并且试点的方法、模式又在不同的区域和不同时期内生出很多变化，这些变化一方面难以在短时期内得以化解，另一方面也难以将试点的方案扩大范围进行推广。

三是上网电价的管制缺乏有效的激励约束。中国现行还本付息、成本加成的电价形成在一定时期产生了积极作用，但是，随着市场经济的发展和技术的进步，该种方法逐渐暴露出不适应当前经济发展的问题，其中不能对电价制定方和电力生产方两者都产生有效激励是成本加成定价的致命缺陷。一方面，成本加成定价不能对电力企业形成缩小成本的激励，反而在对高电价的欲望下，电力企业会把其行为集中企业运营的其他方面，而不是成本控制和缩小；另一方面，物价管理部门在进行制定或调整电力价格时，把注意力都集中在发电成本上，而对于其他也很重要的影响因素，包括发电质量、环境保护等予以了一定程度的忽视。

二　中国上网电价的改革方向和模式

虽然中国的上网电价改革进展缓慢，也很早就提出了“竞价上网”的概念，但是“网厂分开、竞价上网”仍旧是中国电力市场的主要改革方向。

所谓“网厂分开、竞价上网”是针对经营发电厂的电网而言，将发电厂与电网分开，建立独立、规范、具有法人地位的发电企业，将其推入电力市场，去除与电网之间的捆绑，市场也只对发电侧开放。这样，电网经营企业将不再承担发电的业务，而是承担负责管理组织各个发电公司之间的市场竞争的单一任务，同时，由政府对电网经营企业和发电企业进行监督。网厂分离后，电网经营企业的职责将成为电力市场上的唯一购买者，不需要考虑原来下属的发电企业的经营，因此更能维护好电力市场的供需平衡，保证其他电力企业的利益，为电力用户提供更好的服务。这种管理方式不同于国外的发、输、配完全分开的模式，虽然电网经营企业仍然处于垄断地位，但是相对以往而言，距离竞争性的电力市场又前进了一步，也是中国当前电力市场所必要的发展阶段。

同时，电力市场中不同竞价机组之间实施竞价电价机制。竞价是市场机制有效的本质所在，也是电力市场充满活力的根本。基于中国的基本情况，两部制电价是竞价上网的主要模式，即将上网电价划分为基本电价和电度电价，加快推进电力企业竞价上网的执行标准，扩大试点范围，提高竞争电量的比例，尤其是将仍然存在的老电厂和电网经营发电企业尽快纳入电力市场中来；同时对电力市场中的发电企业实行竞价上网，但是不同性质的电厂可以根据具体情况在制定不同的基本电价的基础上，实施相同的电度电价，增加电力市场的有效竞争。

第六章 中国输配电价的管制与设计

《财富新世纪》2013 年 3 月 18 日报道."酝酿中的拆分方案是将国网公司按区域划分为五家独立的区域网公司，加上南方电网，中国将出现六家区域电网公司"。这一消息使国家电网旗下四家上市公司全线暴跌，电力体制改革沉寂了接近十年之后，又成为媒体和社会各界关注的热点。国家电网公司是 2002 年中国电力体制改革的产物，其前身为国家电力公司。1998 年电力行业推行政企分开，撤销电力部，监督管理职能交由国家经贸委，发电、输电、配电、供电等资产由国家电力公司运营。2002 年 4 月，国家电力公司被拆分为国家电网、南方电网 2 大电网公司和 5 大发电集团。目前国家电网公司的规模已居世界第一，在美国《财富》杂志发布 2012 年世界 500 强中列第 7 位。3 月 20 日国家电网有关负责人称，与发改委相关部门沟通后，得知机构改革中没有拆分国家电网的改革内容。随后，国家电网旗下的上市公司纷纷发布公告称未获悉拆分。而对于上述消息，发改委不予置评。

中国电网是否应该被拆分？中国输电网更适合用大电网还是区域电网？电网输配电环节的组织模式有哪些？存在问题是什么？下一步改革方向是什么？这些将是本章关注的重点。

第一节 输配电环节的组织模式

电网分为输电电网和配电电网。输电电网为电力系统的主网络，它将电能以较高的电压等级从发电企业输送到负荷中心的配电电网，具有电压等级高、输送距离长等特点。配电网主要指电压等级较低的电网，一般供电范围在几十公里以内，适合于在某地区本地供电。配电网从输电网中获得电能，将电压降至适合农业、工业、服务业和居民用电的电压等级。但是在实践中，具体哪个电压等级属于输电，哪个电压等级属于配电，则是各国根据本国电力系统具体情况人为划分。

输配电存在较为明显的规模经济性和成本次可加性，因此输配电环节都被视为电力产业链中的自然垄断环节。规模经济主要体现在：随着电网覆盖的范围越大，能够连接的装机容量和电力用户越多，网络外部性就越好，可更好获得错峰、调峰、事故备用、事故支援、水火电调剂和水电跨流域调度等效益，从而电网的利用率得到提高，每一用户所承担的固定成本降低，取得规模经济效益。此外，电网投资巨大，投资回收期长，固定成本具有沉淀性，也支持了输配电环节的自然垄断性。输电环节和配电环节本身没有范围经济性，但是两者作为一个整体应具有范围经济性，国内有学者研究了中国输配电的技术依赖性，测算了输配分离产生的纵向经济损失，结果显示：如果在 2005 年之后实行输配分离改革，按照 110kV—35kV 和 220kV—110kV 界面分离的两种情景下，将分别造成 1200 亿—4900 亿元和 2200 亿—6200 亿元的损失。

从国际经验来看，由于各国社会经济条件和电力行业发展情况不同，各国电力改革的路径不尽相同，从而形成不同的输配电组织模式。没有两个国家电力组织模式是完全一样的，因此也难以说哪种模式是最好的。不过，仍然可以总结出一些共性的东西，我们分纵向组织模式、横向组织模式和业务组织模式分开论述。

一　纵向组织模式

从纵向关系看，目前比较典型的输配电环节的组织模式有三种：完全垂直一体化、完全纵向分离和部分分离。完全垂直一体化是指一个公司对一个地区的发电、输配电和售电业务完全垄断，实行一体化经营。2002 年电力体制改革之前的中国，20 世纪 90 年代之前的英国都是这种模式。目前仍有很多国家实行垂直一体化模式，例如法国担心核电存在安全性问题（法国 80% 为核电），允许法国电力公司在全国范围内实行电力供应垂直一体化，仅仅在财务上要求法国电力公司将发、输、配电账目分开；日本国内电力市场由 10 大垂直垄断的电力公司组成，按区域划分实行一体化垄断经营管理。实行完全垂直一体化的国家并不完全排除竞争，这些国家都要求垂直一体化电力企业在发电侧和售电侧开放市场，对发电商、独立售电商和大用户开放电网，允许零售用户选择供电商。完全纵向分离指的是发、输、配、售完全分开，形成发电与输配分离、输电与配电分离、配电与售电分离的市场结构，发电侧上网、输配电和售电侧的不同竞争主体之间的相互竞争。这一模式典型的是英国和美国，中国目前的电力体制改革也按照这一模式进行。总体来讲，完全纵向分离最有利于引入竞争，最有利于提升发电侧和电网的运行效率，降低发电供电成本，发电商、输配电商和售电商都能规避部分原材料价格波动的风险并保证基本用电需求稳定。部分分离的模式指的是发、输、配、售的某一环节或多个环节分离，有的是输电业务与发电、配电和售电业务相分离，发配售一体化经营，目前挪威和瑞典采用这种模式。有的是发电与输电业务与其他业务分离，由具有独立产权的电力企业分别经营，而配电与售电实行一体化经营，阿根廷和印度采取这种模式。

二　横向组织模式

中国目前对“一张网”和“多张网”争议较大，其实是从横向上看电网环节的组织模式。在国外这两种组织模式都存在，实行统一电网结构的典型国家是俄罗斯。俄罗斯统一电力系统股份公司是世界第四大电网系统公司，负责整个国家电网的运行和发展，该公司直接拥有俄罗斯国家电网，包括220kV及以上电压等级的高压网络和8座发电厂。俄统一电力系统由大区联合电网组成：西北电网、中部电网、北高加索电网、中伏尔加电网、乌拉尔电网、西伯利亚电网、远东电网。同时采取分级调度，分为中央调度局、联合电网调度所和地区电网调度所三级。

美国主要有各州自由搭建区域电力市场，并没有建立全国统一的电网结构和电力系统。北美电力系统包括美国东部、西部和得克萨斯以及加拿大魁北克四个独立经营又相互并列运行的电力系统。美国东部、西部和得克萨斯三大系统之间只有非同步联系，东部电力系统和西部电力系统分别与加拿大的几个地区电力系统并网运行，西部的加利福尼亚电网和南部得克萨斯电网与墨西哥电网连接。实行区域电网还有欧洲、日本等国。欧洲参加联网的十几个国家的电网都实行独立管理运行。日本国土面积虽然只有20多万平方公里，但仍然分九大公司的电网独立管理运行。

三　业务组织模式

输配电业务包括电网调度、电网建设和运营维护，前者由负责电力系统运行、阻塞管理和辅助服务的调度机构承担，后者由电网资产拥有者承担。主要输电业务组织模式有两种：一体化模式和分立模式。一体化模式是指电网所有者、调度机构为一体化公司，电网公司是对电网进行管理、调度、运行和计划的行使者，比如英国国家电网公司（NGC）、北欧四国的电网公司等。在实行这一模式的大部分国家，输电网都由国家电网公司拥有。由于一体化模式下电网公司在电力系统中处于强势垄断地位，各国法律要求电网公司向接入者无歧视地开放电网。

分立式模式是指调度机构分开设立，与电网所有者相分离，一般作为非营利的独立机构，在这一模式下电网企业尽管具有垄断之名，却无垄断之实。电网调度分立能够实现电网的公平开放，而且调度和交易机构一体化也便于系统运行与市场运行的协调。分立式模式的不足是调度机构在电网规划和检修安排等方面存在协调上的困难，因为调度机构是非营利性的，也缺乏经济手段对该机构予以激励。采用分立式模式的国家有美国、澳大利亚和阿根廷。

第二节　输配电环节的价格管制

因为输配环节属于自然垄断环节，必须受国家严格管制，管制的输配电价制定应符合以下原则：首先，保证电网企业收回成本和获得合理回报。电网企业要实现可持续运营，输配电价水平必须能够保证电网企业收回合理成本，同时取得合理回报，这也是企业的基本权利。只有这样才能更好为电力消费者服务，提供更充足可靠的电力供应。其次，在电力消费者间分摊成本。价格结构既要追求效率，能反映不同用户、不同服务的成本，同时尽量做到公平，使得低收入者也能获得基本的电力供给。最后，操作简单。价格管制要求执行成本低。价格计算简单、透明，易于接受和理解，避免引起争端和纠纷。

在上述原则下，输配电价的管制模式大致有两类：一类是基于成本的管制，又称回报率管制，或成本加成定价；另一类则是基于绩效的管制。

一　基于成本管制

传统的输配电价格管制是服务成本管制。政府监管机构通过制定企业的投资回报率来控制价格构成中的利润大小，从而实现对输配电价格水平的间接控制，以使得受管制的企业能够补偿其运营成本并能给其总资本带来公平合理回报，管制的重点在于确定准许资产和准许收益率。投资回报率的价格管制模型为：

$TR = P \times Q = C + I \times r$

TR 是企业的收入，取决于产品价格 P 和数量 Q，C 为企业的生产成本，r 为政府规定的投资收益率，I 为投资收益率基数，即企业的资本投资总额。在输配电价格管制中，投资收益率是由管制者确定的，被管制企业可得到合理的回报率，以使企业在收回运营成本时获得合理的资本收益，在社会福利和企业利益之间寻求均衡。

理论上讲，确定投资收益率水平时既要考虑资本的现实成本，又要考虑资本的机会成本，以便不断吸引投资，同时还要考虑项目的相对风险水平。要对投资者的风险进行补偿，这就需要管制者对企业的运营成本信息和专业运营知识相当了解。而企业和管制者之间存在着信息不对称，企业总是比管制者更有运营成本和需求方面的信息优势，往往可能采取策略性行为通过提高 C 和 I 来增加收益。而管制者通常很难得到真正的相关信息，即使获得相关信息，也需要付出更大的成本。

在实践中，价格或投资收益率的制定和修改通常要举行价格听证会，允许受管制的厂商、用户与其他利益相关者表达自己的关切和诉求，这在电力市场化的国家很普遍。受管制的厂商一般会宣称之前的价格过低，通过提供详细的财务资料证明提高价格的合理性，只有提高价格才能提供更满意的服务和维持运转。用户则认为提高价格或提高收益率的要求不合理，提高价格会带来生活成本的上升，价格不应上升到厂商期望的水平。经过讨价还价和反复论证，管制者会在估算成本、需求状况后制定各方认可的价格或收益率水平。价格或收益率一经制定会维持一段时间，直到下一次诉讼，在此期间如果电网公司能够提高经营效率，降低成本，那么由此获得的超额收益归公司所有；相反，如果成本下降则实际收益率就会下降，这种滞后性客观上为基于成本管制的输配电价带来一定的激励性管制的效果。

总体而言，基于成本的管制其缺点是明显的。管制者目标是希望通过成本的管制，制定出最佳的输配电价，使得电网企业获得合理报酬，以达到社会福利最大化；电网企业的目标则是企业自身利益的最大化，不会按照管制者所希望的那样选择具有最高效率的生产要素组合。在基于成本的收益率管制下，受管制的企业总能收回成本和保证一定收益，企业缺乏提高效率和降低成本的动力，企业的成本上升会带来价格的同步上升，经济学家很早就对投资收益率管制提出批评。Averch 和 Johnson 的研究指出，在收益率管制下，企业行为会背离成本最小化，而出现通过增加资本投入，提高资本/劳动比率以增加收益的倾向，从而导致过度投资，即 A—J 效应。

二　价格上限管制

为激励电网公司提高运营效率，一些国家采用激励性管制。激励性管制模式主要包括价格上限管制、标尺竞争、滑动收益管制等模式。价格上限管制是指管制机构对电网公司的输配电价格确定一个价格上限，不直接管制价格，也不管制产量和利润，在允许的最高限价下面由企业自主定价，并保留基于此所获得的利润。价格上限管制存在一定周期，通常为 3—5 年。在这期间，管制机构会对这个最高限价进行审查并在必要时做一些修改，一般根据通胀系数、技术进步等因素及外部条件的变化来定期调整该价格限额，计算公式为：允许的最高价格 =（1 + 通胀系数 - 效率因子）×基期价格，通胀系数有时使用零售物价指数 RPI，有时使用消费物价指数 CPI。有时需要对一个电网公司拥有的多条输电线路进行价格管制，为了操作简单，管制机构会设定一个综合最高限价，只要电网企业的加权平均定价没有超过这个综合最高限价就满足要求，允许成本不同的输电线路价格与最高限价存在适度差异。

与基于成本管制的价格政策相比，价格上限管制存在以下优点：

第一，可以降低监管成本，价格上限管制对信息要求不高，无须对电网企业经营进行烦琐的审核，从而减少了监管通胀成本，而电网企业也可以有更多的精力放在自己的主要业务上。传统的电力管制模式下，管制机构必须投入大量的人力和物力调查企业的成本信息，价格上限管制只需通过对价格和收入的控制，就可以使电网公司积极运用自有知识提高资源配置效率。

第二，可以提高企业效率，电网公司无须担心利润被管制机构“没收”，这些利润可能是公司提高效率、降低成本获得的，因此有利于鼓励电网公司降低成本，提高效益。从某种意义上讲，价格上限管制弱化了电网公司收益与其自身成本之间的直接联系，获得的效益能被公司保留，同时电网公司可对生产要素组合进行优化，不至于出现投资回报率管制情况下投资过度的情况。

第三，可以提高配置效率，价格上限管制能够很好衔接市场与企业的联系，能够在一定程度上发挥价格机制的作用。基于成本的管制会制定一个固定价格，这就大大限制了价格的调节机制。例如出现供求矛盾时，往往会出现过剩和不足，当然会影响资源的配置效率。

价格上限管制符合简单、透明的管制原则，仅仅通过设立一个价格上限的形式，就可以阻止电网公司利用其垄断地位抬高价格，获取超额垄断利润。但是，在价格上限管制下，企业提高产品质量的激励不足。较高的产品质量意味着较高的成本，这会压缩企业的利润空间。电网企业可能不保证供电的不间断性，回复投诉不及时等，因此为了配合价格上限管制，通常还需要进行必要的质量管制。例如在英国，如果被管制企业不符合质量标准，将要求向受影响的消费者进行补偿。

三　标尺竞争管制

输配电业务具有自然垄断特征，这意味着在一个特定区域内只存在一个企业的成本最低，因此难以直接引入竞争。如果其他区域也存在类似企业，管制者可以参考这个企业的绩效进行监管，这就是标尺竞争的思想。标尺竞争理论由 Shleifer 在 1985 年提出，标尺竞争管制方法将受管制企业的行为与相似条件的企业行为进行对比，使得两个不具有竞争条件的企业进行竞争，这样即使区域内没有其他直接的竞争对手，管制者仍然能够引入竞争机制。实践表明：如果管制适当，标尺竞争能够有效降低信息不对称，并对受管制企业进行有力的约束。

采用标尺竞争管制首先要选择衡量企业绩效的标尺（例如行业平均成本），只有当被管制企业将自己的成本降低到标尺以下，企业才能获得利润。标尺竞争管制可以用以下模型表述：

$$P_{i,t} = \alpha_i C_{i,t} + (1 - \alpha_i) \sum_{j=1}^{n} (f_j C_{j,t})$$

企业 i 为受管制企业，共有 n 个同类型企业可供管制机构参照，P_i 为管制机构给企业 i 的指定价格。α_i 为被管制企业的成本 C_i 在其管制价格中所占的权重，它由管制机构设定，f_j 为参照企业 j 的成本所占的权重，均由管制机构设定，当 α_i 为 0 时，被管制企业的自身成本条件将不予考虑，管制价格将完全取决于参照企业的成本。如果参照企业的成本不变，那么被管制企业成本只有低于 $P_{i,t}$ 时才能盈利，而如果参照企业成本降低，被管制企业也被迫降低成本，因此这是一种激励性非常强的管制手段。

由于标尺竞争参考其他企业的成本指定管制价格，可能会激励企业进行合谋，如被管制企业和参照企业会共同维持一个较高的成本，这无疑会削弱标尺竞争的效果。Shleifer（1985）和 Tangeras（2002）的文献分析了如何应对这种合谋行为。采用标尺竞争机制虽然较复杂，但是该机制应用广泛。目前美国的电力产业、日本的铁路产业以及英国的水产业等都已经引入了标尺竞争，从输配电环节的特征属性来看，该机制也适用于输配电环节业务。

四 滑动收益管制

滑动收益管制是一种较为特殊的管制方式，该机制采用“收益共享、风险共担”的原则。管制机构首先为企业设定一个管制价格，一般根据企业的成本状况，同时还为企业设定一个利润区间。如果给企业的管制价格设定过高，导致企业的利润超过了利润区间的极大值，那么超过的部分必须与消费者共享；反之，如果给企业设定的管制价格太低，导致企业利润低于最小值或出现亏损，损失部分则必须由消费者分担。滑动收益管制兼具基于成本的管制和价格上限管制的特点，通常与价格上限管制或收益率管制配合使用。

第三节 中国输配电价管制现状和问题

一 输配分离步伐缓慢

中国的输配环节的组织模式事实是输配一体化，可以形象地称为“一张网”。中国的输配电价公司由国家电网公司和南方电网公司组成，名义上形成了寡头竞争的格局，但是南方电网公司负责的范围较小，只包含了广东省、广西壮族自治区、云南省、贵州省和海南省五省（区），所以国家电网公司事实上承担了中国的主要输配电业务。但是这并不是输配电价的真正问题所在，国家电网公司和南方电网公司之间是输配环节组织模式的横向分离，就电价而言，当前更为关键的是纵向分离，即国家电网公司和南方电网公司实行的都是输配垂直一体化。这种输配垂直一体化使得电力价格链条上的两个重要环节紧密捆绑在一起，致使电力价格不能真实地反映电力市场的需求，无益于电力市场的健康发展。

输配分离的目的就是为了将输电价格和配电价格分开，增加电力市场各个电价环节的竞争程度，发挥价格杠杆对电力生产和需求的调节作用。虽然中国 2002 年就明确提出输配分离模式，但是由于输配分离不仅涉及电网企业资产调整、电力体制改革以及电价真正意义的变动，而且涉及方方面面的利益关系，具有"牵一发而动全身"的重大影响，因此输配电环节的改革步伐一直比较缓慢。

二　成本管制激励扭曲

中国的输配电价采用的是基于成本的管制。所谓输配电价的成本管制，是在成本加收益管理方式下，政府价格主管部门对电网经营企业输、配电业务总体收入进行监管，并以核定的准许收入为基础制定各类输、配电价以及"准许收入等于有效资产乘以加权平均资金成本"。[①] 这种成本控制目的在于调整销售电价和上网电价时，以成本核定作为调节输配电价的标准，可依据企业的成本与资产状况予以浮动，给电网企业留下差价空间。但是，在实际运行中，中国输配电价的成本管制并没有有效激励电网企业控制成本，而是反向激励了电网企业在成本控制上的不作为，缺乏降低成本和进行创新。

这种对输配电价的成本管制在一定程度上失去了本应有的意义。由于中国当前只有很少部分长距离输电项目规定了输电价格，大部分地区的电力输送中没有明确的、单独的输配电电价，因而实际上出现了成本越高、资产越高，电网企业收取的价差也越高的现象。也就是说，由于基于成本的管制不存在价格、交易量的风险，这一行为将会诱发企业资产扩张冲动，而资产的扩张又会推高成本，进而推高管制价格，电网企业将存在较明显的 A—J 效应。此外，近几年国家电网公司大举海外并购，先后收购了菲律宾、巴西、葡萄牙、澳大利亚和新加坡的电力公司，又从地方国资委受让了电气设备公司平高集团的股权，并控股许继集团等，是一种事实上的成本管制诱发的资产扩张行为。

三　公平接入问题凸显

公平接入要求发电企业的发电量可以公平上网，电力用户可以连接并以同等待遇使用电网。但在中国现行输配电体制下，电网企业在电力交易市场上进行的交易具有垄断性，因此，公平接入问题凸显。

在电力交易中，电网企业由于其垄断地位，往往占有优势。其一，中国电力交易表现为电网企业独家从发电企业购电，独家向用户售电，发电企业和用户都没有选择权。其二，电网企业可以通过发电计划和利用小时

① 《输配电价管理暂行办法》，2005 年 4 月，国家发改委。

数安排，直接影响发电企业的生产行为，同时利用拉闸限电和收取容量费的方式，直接影响消费者的权益。其三，电网企业可以进行垄断性交易的根本原因是其拥有电力调度权，当前中国电力调度包括指挥、规划、配置、准入、交易、信息和技术七项职能，电网企业通过下属电力调度机构行使相应职权，在电力行业和市场中具有举足轻重的影响力。此外，中国电网企业还代行政府职能，国家的一些法规政策依靠电网的调度来实施。而且，电网在行使调度职能时，还可以通过调度的专业性特点来规避政府监管和社会监督。因此，当买方和卖方的市场力量不对称时，发电企业在接入电网方面能否公平存在问题。

四 市场机制不健全

在中国现行输配电体制下，政府对电网和电价的控制力度很大。电力市场的两个最重要的主体：电力生产者和电力消费者都被制度性“分割”开来，无法直接交易。市场化程度低直接导致的是上网电价不能反映发电成本，也不能反映用户的需求信息，也就不能及时为发电企业提供正确的生产和投资信号。这也将进一步导致火电企业亏损严重，降低发电和投资的积极性，进而为电力短缺埋下隐患。同时，上网电价无法向销售电价传递，在一定程度上也助长了高能耗企业的扩张，从而阻碍了中国产业结构调整的步伐，固化了粗放式发展方式。并且，大量高能耗的产品用于出口，这实际上在补贴国外用户。上述问题的症结在于中国电网公司拥有调度、交易和输电的多重职能，兼具“运动员”和“裁判员”的角色，企业职能与公共职能的本质出现偏差，导致诸多矛盾的产生。

输配电网是电力市场的纽带，是电力工业与电力市场健康稳定发展的基础。输配电价作为电力价格链中的重要一环，其市场化程度举足轻重。然而，中国当前的输配电价不仅自身的市场机制不完善，而且其依存的整个电力价格体制也须深化改革。双重的市场机制不健全加重了输配电价改革的难度。

第四节 中国输配电环节改革对策

一 重构组织模式分离输配电价

输配分离是目前电力体制改革的潮流，也是厂网分离后的效果实现载体，如果没有输配分离，那么厂网分离的意义也就被淡化。即使表面维持输配一体化的国家，也在通过各种方式进行实质上的分离。如法国的输配环节在产权上同属一个控股公司，但是在法律上输配电业务由不同的法律主体负责管理，它们在资产、人员、财务方面已经实现了法律上的分离。日本的输配电业务同属一家公司，但是在财务上输配电业务是分开核算的。

从纵向方面来看，中国输配电环节的组织模式选择上应顺应输配分离的潮流，即将输电环节和配电环节分开，电网企业负责输电环节，由多个独立的法人实体负责售电环节。如果实行完全产权意义上的分离的阻力较大，可采取循序渐进方式，第一步采取阻力较小的法律分离的模式，时机成熟时再过渡到产权分离模式。

从横向方面来看，重构组织模式就是回答“一张网”好，还是“几张网”好。对于这一问题，世界各国没有明确一致的模式和答案。但是基于以下几个原因，笔者倾向于认为“几张网”好于“一张网”。首先，引入标尺竞争的需要。引入标尺竞争的一个前提是存在多家相似的企业，显然，“一张网”模式无法找到相似企业，因此从引入竞争，提高效率的角度来讲，维持一个规模庞大的电网并不恰当。其次，降低管制俘获的可能性，管制经济学家乔治·斯蒂格勒曾提出过“管制俘获理论”，指的是行业利益集团可能说服政府使用强制权去为他们谋利，即管制机构可能被它所服务的经济行业所俘获。斯蒂格勒曾验证了美国很多行业存在“管制俘获”。毫无疑问，电网企业规模越大，管制俘获的可能性就越大，一位电力行业的专家曾说“国网公司的声音太大了，阻力也很大。所以输配分离改革在2006年没有取得实质性进展”。最后，中国国土辽阔，各区域经济社会发展差异性很大，各区域电网是长期发展中自然形成的，比统一的大电网更适应区域特点。另外，作为指导电力体制改革的纲领性文件，《关于印发电力体制改革方案的通知》早已强调了建设区域电网的重要性，其中规定区域电网公司具有独立法人地位，享有法人财产权和自主经营权，但是改革的路线并没有按此实施。

因此，我们建议对于输电环节可成立区域电网股份公司，参股单位包括区域电网公司、各省市电力公司、各省市建设投资公司以及五大发电集团。电网股份公司应制定公司章程，在公司法的框架下运行，各个参股单位按照股份大小，向电网股份公司委派董事和监事。对于配电环节，应专门成立配电资产经营公司，由其作为从电网公司剥离出来的配电公司的出资人，配电资产经营公司应独立于各省级电网，这些配电公司应能够与县级独立的配电公司平等竞争。

二 强化成本管制

中国输配电价实施的是成本加收益管制模式，在这种模式下，电网企业的经营效益与电网企业的成本密切相关。即有效资产越大，一些折旧费、运营费成本就越大，这本身激励着电网企业加大对电网的投资。然而，电网企业盲目扩大投资和资产存量，可能导致电网生产能力的过剩。为强化成本管制约束，可从以下几个方面着手输配电价改革：

一是引入专业、中立的技术机构对输配电网投资项目进行评估，不再依赖电网公司有利益关系的电力设计和咨询单位，在电力咨询行业还应引入竞争，条件成熟时刻引入国外的咨询机构。在成本管制模式下，电网项目投资的审核需要一定的技术背景，且应立场公允。但是目前各级电力设计单位与电网公司本身存在较多的利益关系，导致项目的审核流于形式，同时由于技术层面的专业性，相关政府部门也缺乏相应的监管监督能力。因此，引入第三方中介机构对输配电网投资项目进行技术评估，保证成本控制的激励作用，进而使得对输配电价的成本管制发挥应有的作用。

二是实施差异化输配电价管制模式。可根据电网发展所处的不同阶段，采用不同的输配电价管制模式。电网建设成熟阶段，要逐步采取成本管制的退出机制。即电网安全稳定水平明显提高，电网建设滞后的“瓶颈”现象不再存在时，则不宜再使用成本加成收益率管制，可采用基于业绩的价格上限法或收入上限法制定输配电价。

三 打破输配电价的垄断格局

2002 年的《电力体制改革方案》指出，发展区域电网是中国电力市场改革方向，但是种种迹象表明，国家电网一直在走垄断集权之路。2005 年国家电网正式着手启动对特高压电网的建设，特高压电网建成后将形成紧密相连的交流大电网，它打破了现有的区域电网格局，使得国家电网拆分变得更加困难。2011 年 5 月到年底，国家电网在原五大区域电网公司的基础上，分别加设了西北分部、华中分部、华东分部、东北分部、华北分部，随后这些分部注册成为独立法人，接收了区域电网公司的资产，至此区域电网公司不复存在，可以说国家电网一直在维持自己的垄断地位。为此，在组织模式重构后，可从以下方面着手最终打破输配电价的垄断格局：

首先，调度机构从电网独立出来，设计一个由政府主导的专业、中立的调度机构。剥夺电网企业的电力调度权，有利于提高电力规划和管理水平，也有助于推动电力市场的建设和健康运行。

其次，开放电力用户与发电商的双边交易，电价或由双方商定或统一竞价形成，可先分批放开大工业用户直购电，然后逐步扩大到一般供电企业。

最后，中小用户暂维持现行统购统销的办法，合理对居民、农业等中小用户维持电价相对稳定的前提下，通过实行阶梯电价等制度，反映市场供求变化状况。

第七章　中国销售电价的管制与设计

中国的销售电价是一个复杂的价格体系，各省有自己的销售电价，区域性差别较大。但一个共同的特征是上网电价高的地区销售电价也高，上网电价低的地方销售电价也低，如广东、浙江、江苏等地区的上网电价和销售电价都较高。各省的销售电价尽管不同，但都根据用户不同制定差别电价，销售电价目录上的分类是：居民生活用电、非居民照明用电、商业用电、非工业和普通工业用电、大工业用电、农业生产用电、贫困县农业排灌用电等。电价目录对居民生活用电和农业生产用电有所照顾，上调销售电价时这两部分一般不做调整；在非工业和普通工业用电中，对中小化肥生产商也给予优惠待遇；以前电力供应宽松时，高能耗的大工业实行用电优惠，但目前国家能源政策发生变化，高能耗行业的电价优惠已经全部取消。本章将详细论述两种典型的销售电价：高峰负荷定价和阶梯电价。

第一节　高峰负荷定价与拉姆齐定价

一　高峰负荷定价在销售电价中的应用

电力的消费波动性非常明显，中午对电力的需求大于午夜对电力的需求，因此对销售的电力实行高峰负荷定价适合于应对这种波动。典型的电力供应企业一般由多种电厂组成，这样可以进行组合以便以最低成本满足需求。高峰负荷定价是指价格在使用时间上的变化。高峰负荷定价的一种形式是根据边际成本在一天中不同时段的变化比例制定的价格。

电力系统短期边际成本曲线与图 7－1 显示的上升曲线相似。由 *AB* 线段给定的成本代表基准负荷核电厂的运行成本，*BC* 代表火力发电厂随时间和效率变化而改变的成本；*CD* 代表高峰电厂（如内燃涡轮机发电厂）的成本。由于需求在时间上的不断变化，短期边际成本的价格将要求一种连续变化的价格。

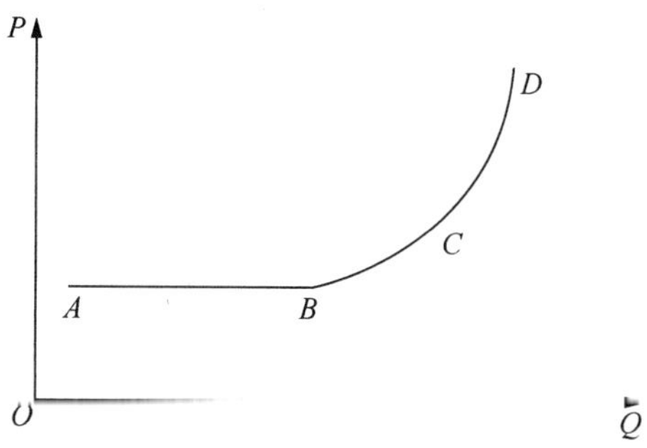

图 7 - 1　电力系统的短期边际成本曲线

在讨论高峰负荷定价前，先给出长期边际成本曲线的定义。电力生产的长期边际成本是指工厂规模可变条件下（如发电商可以调整发电机组数量、厂房数量），厂商每增加一单位电力生产所引起的长期总成本的增加，即从长期来看，增加一个单位电力生产量所增加的最低短期总成本。长期边际成本可看成是长期总成本曲线的斜率，那么，电力生产的长期边际成本曲线则是每一电力生产量上的最优工厂规模与相对应的短期边际成本的连线。

假定需求曲线有非高峰负荷需求曲线、高峰负荷需求曲线和低峰负荷需求曲线三种，为了简化分析，假定这些需求是相互独立的，如高峰期的价格不影响低峰期的需求量。也假设运行成本如燃料成本是固定在 b 水平上，直到生产能力达到 K 时为止。在产出 K 点，产出不再增加是可能的，正如垂线 *SRMC* 曲线所表示。因此我们称有 *SRMC* 曲线的电厂叫“刚性”电厂，此类电厂的 *SRMC* 曲线等于 b、产出小于 K，然后在电厂的生产能力上变为垂线。从图 7 - 2 中可以一设想一条近似平滑增加的 *SRMC* 曲线。

假定 $b+\beta$ 水平上的虚线代表长期边际成本 *LRMC*，这是可以调整工厂规模情况下的边际成本曲线，β 代表增加 1 单位生产能力的额外增加成本。为了最优地利用电厂现存生产能力，经济学的效益方法是制定的价格等于短期边际成本 *SRMC*，长期边际成本曲线 *LRMC* 可确定电厂现存的生产能力是否是最优的作用。因此，在图 7 - 2 中的低峰期价格应该是 b 和高峰期价格应该是 $b+\beta$。高峰期价格是既等于短期边际成本，也等于长期边际成本，表明生产能力得到最优应用，此时发电商提供的产量为 K，当然低峰其价格 b 同样既等于短期边际成本，也等于长期边际成本。

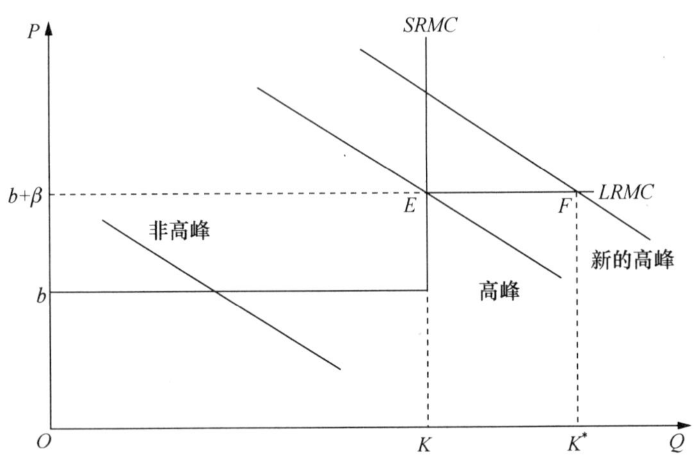

图 7－2 高峰负荷定价

如果在价格为 $b+\beta$ 时需求超过了 K，也就是说，出现了新的高峰，那么将会出现短缺 K^*-K，即需要增加的产量等于需求曲线之的 K^*-K。如果使生产能力扩大到 K^*，高峰期价格应该超过 $b+\beta$，只有这样它才向社会提供更大的生产规模，增加生产规模的供给成本为长方形 $EFKK^*$。

中国大部分电力用户没有实行高峰期定价，下面分析其福利影响。现在假设在全部时间里执行不变的单一电价，即价格为 P^*，它一般被设定于低峰定价和高峰电价之间，目的是在回收成本的同时又不能攫取超额利润，如图 7－3 所示。在这种价格水平下，为了满足高峰期电力的需求，K_0 的生产能力是必需的。因为最优生产能力是 K，在 K 点价格等于长期边际成本，单一价格政策导致过大的生产能力。维持超额生产能力的成本为 $EFKK_0$，电力需求者的自愿支付价格为 $EGKK_0$，净损失则是阴影三角形 EFG。它等于长方形 $EFKK_0$ 与梯形 $EGKK_0$ 之差，可见，高峰期的需求者不愿全部承担由他们引起的实际成本。此外，由于单一电价高于低峰期电价，产量缩小到 Q_0，部分低峰期的需求者的需求得不到满足，由此带来的福利损失为三角形 HIJ。

二 拉姆齐定价在销售电价中的应用

拉姆齐定价不同于高峰负荷定价。高峰负荷定价是集中于特殊性的电力需求，根据边际成本的变换设计最优定价的方法，而拉姆齐定价则是基于对电力的一般性需求，设定次最优电价的定价法则。

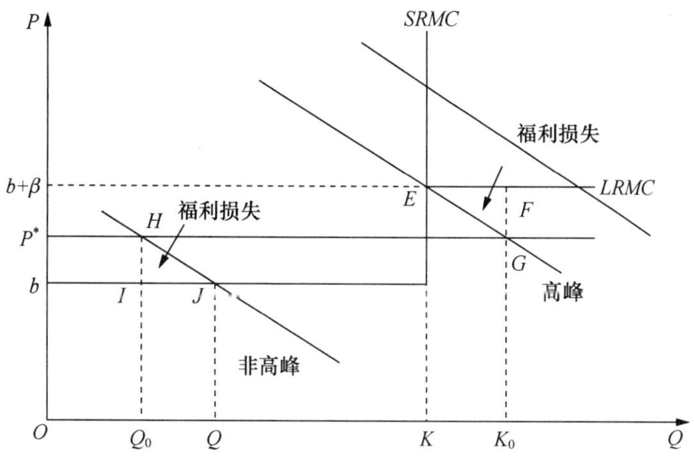

图7-3　非高峰定价的福利损失

拉姆齐定价一般适用于被管制和非营利的企业或行业，电力作为公用事业，对其电力价格进行拉姆齐定价是合理的。拉姆齐法则的核心思想是把定价者作为社会计划者，考虑的不仅仅是生产者的利益也包括消费者的利益，这就意味着电力价格制定时一方面要以最可能低的价格提供一个电力供给最小量，另一方面要以最接近边际成本的价格使得企业得到总成本的补偿。

为此，我们可以借鉴 Diakité Semenov 和 Thomas 提出的电力定价模型，来分析如何利用拉姆齐定价原则对中国销售电价予以设计。假设存在一个局部均衡的电力供应市场，在供给侧，电力被垄断公司供应，成本函数为 $C(q)$，边际成本为 $c(q)$；在需求侧，市场由一批异质的消费者组成，消费者的异质性由单一参数 $\theta \in [\bar{\theta}, \bar{\theta}]$ 所捕捉，它与消费者的家庭收入有关。模型的一个隐含假定是电的需求随着收入增加而增加，即不同的收入家庭对电力有不同的需求弹性。每一个家庭的个体需求函数可以描述为：

$$q = q(p, \theta) \tag{7-1}$$

此处，q 和 p 分别表示家庭的电力消耗量和边际价格，首先假设需求曲线不会交叉，也就是说，$q(p, \theta)$ 对于任何价格 p 都是单调的。此外，还假设社会计划者有关于人口收入分布、生产技术和消费者需求函数的信息。

类型为 θ 的消费者购买 q 单位电力的效用为 $U(q, \theta)$，这也是消费者

为 q 单位电力的最大支付意愿。$v(q, \theta)$ 表示类型为 θ 的消费者为第 q 个电力产品的支付意愿，$v(q, \theta)$ 为边际效用函数或逆需求函数，$v(q, \theta) = \partial U(q, \theta)/\partial q$。

定义全部收费为：

$$P = T + p(q, \theta) \times q(p, \theta) \tag{7-2}$$

这里 T 是收费的固定部分，$p(q, \theta)$ 是与消费 q 单位电力相关的边际价格。

需求框架方法最关键的组成部分是一般化的需求函数 $Q(P, p, q)$，其定义为这样的一群消费者的数量：他们愿意为 q 单位电力支付全部费用 $P(q)$，也愿意为第 q 个电力产品支付价格 p。

$$Q = Q(P, p, q) = card[\theta \mid U(q, \theta) \geqslant P \quad and \quad v(q, \theta) \geqslant p] \tag{7-3}$$

另一个关于一般化需求函数的解释是，它是这样的一群消费者的数量：他们愿意支付 $P(q)$，同时在价格 p 下乐意购买多于 q 单位的电力数量。

社会计划者扮演着重要的作用，他们在社会目标的约束下最大化社会总福利，后者包含消费者剩余和生产者剩余。主要的策略演变为寻找总费用函数 $P(q)$，或者等价的边际价格函数 $p(q) = P'(q)$，这些函数能够最大化社会总福利。家庭选择消费量 q 并支付全部费用 $P(q)$。

Diakité Semenov 和 Thomas 在一个简单框架下考虑收费设计的收入效应，社会计划者强加了一个限制：必须以尽可能边际价格供应一个最低数量的电力。为了考虑这个限制，引入最小数量 q_{min}，消费量低于这一数值仅需要付一个固定费 P_{min}，边际价格为0。因为给定边际价格为0，T 是消费者乐意支付的固定费用，消费者购买最低数量的电量所获得剩余为：

$$\int_{\infty}^{P_{min}} [T - P_{min}] dQ(T, 0, q_{min}) \tag{7-4}$$

使用分部积分法得到：

$$\int_{P_{min}}^{\infty} Q(T, 0, q_{min}) dT \tag{7-5}$$

对其他消费者而言，消费者从第 q 个单位消费量所获得剩余为：

$$\tilde{Q}[P(q), p(q), q] = \int^{p}(q))_{\infty} [s - p(q)] dQ[P(q), s, q] \tag{7-6}$$

再一次用分部积分法，得到：

$$\tilde{Q}[P(q), p(q), q] = \int_{\infty}^{p(q)} Q(P(q), s, q) ds \tag{7-7}$$

假设 q_{max} 最大允许消费量，如果购买数量为 $q \in [q_{min}, q_{max}]$，那么消费者剩余为：

$$\int_{q_{min}}^{q_{max}} \widetilde{Q}(P(q), p(q), q)dq \tag{7-8}$$

全部的消费者剩余因此为：

$$CS = \int_{P_{min}}^{\infty} Q[T, 0, q_{min}]dT + \int_{q_{min}}^{q_{max}} \widetilde{Q}[P(q), p(q), q]dq \tag{7-9}$$

厂商从低收入消费者 $Q(P_{min}, 0, q_{min})$ 得到的仅仅是固定费用 P_{min}，第 q 单位的边际利润为 $[p(q) - c(q)]$，这里 $q \in [q_{min}, q_{max}]$，来自消费者群体 $Q[P(q), p(q), q]$，他们愿意支付全部费用 $P(q)$ 和边际价格 $p(q)$，生产者剩余那么为：

$$PS = Q(P_{min}, 0, q_{min})[P_{min} - C(q_{min})] + \int_{q_{min}}^{q_{max}} Q[P(q), p(q), q][p(q) - c(q)]dq \tag{7-10}$$

第一项的利润来自低收入消费者，他们能够销售到“社会价格”，第二项来自剩余消费者连续统，定义 $\lambda > 0$ 为公共资金的机会成本，那么主要的目标就是解决下面的问题：

$$\max_{p(q), q_{min}, P_{min}} \int_{P_{min}}^{\infty} Q(0, T, q_{min})dT + \int_{q_{min}}^{q_{max}} \widetilde{Q}[P(q), p(q), q]dq + (1 + \lambda)[Q(P_{min}, 0, q_{min})[P_{min} - c(q_{min})] + \int_{q_{min}}^{q_{max}} \widetilde{Q}[P(q), p(q), q][p(q) - c(q)]dq] \tag{7-11}$$

设 $\alpha = \lambda/(1 + \lambda)$ 表示拉姆齐系数，(7－11)的最优条件分成两个部分：

第一，在区间 $[0, q_{min}]$ 上，消费者仅需要付固定费 P_{min}，对关于 q_{min}，P_{min} 求最优化，q_{min}、p_{min} 和 P_{min} 被如下弹性条件和横截条件所决定：

$$\frac{p_{min} - c(q_{min})}{p_{min}} = \frac{\alpha}{p_{min}} \frac{Q(P_{min}, 0, q_{min})}{\frac{\partial}{\partial p} Q(P_{min}, 0, q_{min})} = \frac{\alpha}{\varepsilon_p^Q} \tag{7-12}$$

$$\frac{P_{min} - C(q_{min})}{P_{min}} = -\frac{\alpha}{P_{min}} \frac{Q(P_{min}, 0, q_{min})}{\frac{\partial}{\partial p} Q(P_{min}, 0, q_{min})} = \frac{\alpha}{\varepsilon_T^Q} \tag{7-13}$$

$$Q(T_{min}, \bar{P}, q_{min}) = Q[P(p_{min}, q_{min}), p_{min}, q_{min}] \tag{7-14}$$

这里 $\bar{P} = P_{min}/q_{min}$，是从固定费用 P_{min} 中推导出的等价的单一价格。横截条件方程（7－14）表明 $\bar{p} = p_{min}$，反映了这样的事实：愿意支付最小数量的家庭也愿意为超过 q_{min} 额外支付边际价格 p_{min}，方程（7－12）是垄断加成定价，也就是针对一般需求函数的拉姆齐定价法则，它的含义是：边际毛利率与一般化需求函数中价格弹性的乘积应该等于拉姆齐数。方程（7－13）也表达了类似的含义：全部毛利率与全部价格弹性的乘积等于拉姆齐数。

第二，为了简化分析，假设消费多于 q_{min} 的消费者收益足够大，他们非常乐意支付固定费 P_{min}，那么对于更大的购买量，需求行为仅仅被边际量所决定，这样在区间［q_{min}，q_{max}］上关于 $p(q)$ 逐点优化将导致标准的垄断定价，即对于普通需求函数的拉姆齐定价法则：

$$\frac{p(q)-c(q)}{p(q)}=-\frac{\alpha}{\varepsilon_p^q(q)} \tag{7-15}$$

这里，$\varepsilon_p^q(q)$ 是家庭层次的需求—价格弹性。

因此，拉姆齐定价原则也是阶梯电价形成的初始原理。根据我们上面的模型分析，在拉姆齐定价原则下，对于我国销售电价的制定至少可以得出以下结论：拉姆齐定价原则下的销售电价将会实现两方面目标，保证低收入者的电力消费能力以及补偿电力企业的总成本。对于电力需求价格弹性低、收入低的家庭实行固定电量固定电费，超出最小数量的部分电量将要支付边际价格。总结而言，阶梯电价的结构如下：知道门限水平 q_{min}，存在一个水平的费率满足低收入者的需求，也就是具有最低 θ 值的消费者群体，对于高于 q_{min} 水平的需求，存在一个决定标准的垄断定价解。

第二节　阶梯电价的内涵与国际经验

实施阶梯电价的本意在于通过不同水平的价格设定促进节能减排，通过价格杠杆的力量激发大家节能减排的积极性和自主性，最终保护环境和促进可持续发展。以重庆市电力公司的数据为例，从 2012 年 7 月 1 日到 2013 年 6 月 30 日，阶梯电价执行的一年时间内，居民用电大约节省了 8 亿千瓦时，用火电的标准来折算化，大约节省了标煤 25 万吨，减少碳排放量约 65 万吨。

一　阶梯电价的内涵

对受管制的公用事业的价格结构问题，早期较为著名的研究有 Meyer

（1975）提供的一个不确定下的垄断定价和容量选择的正规框架。Roberts（1979）分析了多产品的非线性定价问题，其中居民仅仅在一些标量参数上存在差异。Berg 和 Roth（1976）对生命线收费、燃料邮票和直接的现金补贴等方式做了详细的理论分析和比较，认为判断这些收费方式的成本和收益需要结合居民的微观数据。Dimopoulos（1981）分析了电力销售中的各种价格结构——平均成本定价、两部制定价、递减阶梯电价、生命线收费等，基于效率和公平推导出了最优定价法则，发现生命线收费没有太多的改进福利，递减的阶梯电价能够得到更高的福利水平。这些文献的一个共同特点是，假设消费者在收入和品位上存在差异化，或者说消费者在收入和品位上存在一个分布，公用事业公司根据这个分布来制定一个价格菜单最大化目标函数，在不同的文献中这个目标函数不同，反映了研究者关注侧重点的差异。中国是一个收入结构不平衡的价格，城乡差距非常明显，阶梯电价的制定应当考虑到这些差距。

阶梯电价最基本的原则是保障低收入者的基本生活用电，同时使的供电成本得以回收。为此，阶梯电价的制定依据是不同收入群体的电力需求差异。低收入群体的电力需求弹性较高，对之实行相对低价；高收入群体的电力需求弹性较低，对之实行相对高价，这样就会既保障电力公司的正常运营，又达到公平的目的，使消费者总效用最大。美国能源部和环境保护总署明确指出了电价设计的多重目标，曾经发布的《提高能效的全国行动计划》提到，无论何种价格，其设计必须综合考虑以下目标：保证公用事业公司稳定的收入来源；保证各类用户分担电力系统成本的公平性；保证电力价格的稳定性；满足居民用户的基本用电需求，可用生命线价格来衡量；设计的电价让用电用户容易理解；充分考虑实施该电价设计的实用性、可行性和成本等。

二　国外阶梯电价的经验

国外实施阶梯电价的契机是 20 世纪 70 年代的石油危机，能源问题在西方世界凸显，阶梯电价被各国用作应对能源价格高涨、促进节约的普遍做法。当然国外采用阶梯电价的初衷，除了限制用电，节约能源、降低能源价格高涨的影响外，还希望在满足居民的基本用电需求外，通过价格杠杆这个经济调节工具来激励人们省电和提高用电效率。

美国是从 20 世纪 70 年代中期开始实施的阶梯电价。阶梯电价起初用到居民用电上，对居民首先设置一个限额，当居民的用电量超过该限额后，其用电价格则会提高。表7－1为美国不同地区实施居民用电阶梯电价的基本情况。从表7－1中可以看到美国居民阶梯电价的基本用电量门槛在600—800千瓦时/亩之间，有的地区和公司还设置了第二档用电量范围，以期更好地区分居民电力消费弹性。

表7－1　　美国居民家庭每月用电阶梯电价情况　　单位：千瓦时/户

	第一档用电量上限	第二档用电量上限
朗蒙特市	750	1500
华盛顿州 Avista 公司	600	1300
弗吉尼亚	800	—

表7－2为日本东京电力公司辖区内实施居民用电阶梯电价的情况。由于日本各个电力公司实施的居民用电阶梯电价并无大的差异，因此表7－2中的数据可以代表日本居民用电的大致情况。从表7－2中可以看到，日本对居民用电的保护用电量为120千瓦时/户居民家庭每月，这个数据从日本1974年实施居民用电阶梯电价开始一直都没有变化，但是随着能源和环境的变化，第二档和第三档有了相应调整，当前的第三档电价为24.13日元/千瓦时，价格比较高，且高于第二档的电价约35个百分点。值得一提的是，日本自从实施居民用电阶梯电价以来，居民用电的增长速度显著下降。

表7－2　日本居民家庭每月用电阶梯电价情况（东京电力公司辖区）

	第一档	第二档	第三档
用电量上限（千瓦时/户）	120	300	300以上
电价（日元/千瓦）	17.87	22.86	24.13

表7－3为韩国的阶梯电价情况。从表7－3中可以看到，韩国的居民用电阶梯电价比较严格，也比较复杂，层次也更为鲜明。从用电量来看，每100度为一个跨度，共分为6档。第一档具有满足居民基本生活需求的特性，价格比较低，为55韩元/千瓦时，约0.3人民币，但是第二档的价格则约是第一档价格的3倍，为了避免如此高的差价，韩国居民大多非常

表 7－3　　韩国居民用电阶梯电价情况

	用电量（千瓦时/每户居民家庭每月）	价格（韩元/千瓦时）
第一档	1—100	55
第二档	101—200	114
第三档	201—300	168
第四档	301—400	248
第五档	401—500	366
第六档	500 以上	644

节省用电，以防一不小心跨入第二档的高电价行列。第二档至第五档之间的价格相对第一档和第二档之间的变化而言，变化并不是很剧烈，每一档的增长比例都约为 47%，但是最高档即用电量超过 500 度后，用电者将承受约 4 元人民币的高电价，约是第五档电价的两倍。

从国外经验来看，阶梯电价确实同时具有保护居民基本用电需求和促使居民节省电力消费的作用。尤其是从韩国阶梯电价的制定中可以看到，将基本生活需求用电和高质量生活用电之间的电价拉大距离，能够有效地促进居民节省用电。总体而言，在制定阶梯电价的过程有以下经验值得借鉴：一是根据当地居民的生活水平和经济发展水平制定适宜的基本用电量和电价，例如美国的用电量高于日本、韩国很多；二是细致划分不同消费者的用电量跨度，能够提高用电效率；三是随着经济社会发展的变化和人民收入水平的变化，应该对阶梯电价实施动态调整；四是不同档次的用电量和价格划分有待进一步斟酌，如果第一档用电和第二档用电之间差异很大，虽然可以提高居民省电的积极性，但是可能也会对居民的生活舒适度造成负面影响，例如由于第二档的高昂电价，韩国居民在寒冷的冬天也不轻易使用电暖设备，这样过于"苛刻"的阶梯电价也可能对电力消费者存有更大程度的不良后果。

第三节　中国阶梯电价的问题与对策

一　中国阶梯电价的背景

中国阶梯电价的出台背景包含以下几个方面：

（一）理顺煤电价格体系的需要

中国煤炭、电力在价格链上存在倒挂的现象，2003 年之后煤炭价格出现了长达数年的持续上涨，但是电价上涨不得不考虑社会目标，因为电力在现代社会是一种生活必需品，过快的上涨可能剥夺穷人基本的生存权，社会目标的一个基本原则是保证低收入者的电力消费量，以维持一个基本的生活水平。由于电力价格上调的幅度较小，造成了电力企业的成本压力上升，电力企业大面积亏损，这其中不仅包括发电企业，也包括电网企业，2009 年为缓解火电企业燃煤成本压力，上网电价单边上调，导致电网企业价差空间压缩，这一年国家电网主业亏损 23.4 亿元。煤电联动等价格机制改革一直是中国电力价格体制改革的重要内容，阶梯电价的推行有利于理顺煤电价格关系，可为设计整体的能源价格机制铺平道路。阶梯电价的一个基本原则是保证能够回收成本，这样就能够减轻发电商和输配电商成本压力，那么，消除电力产业链上能源成本环节的价格“瓶颈”也就成为可能。

（二）解决交叉补贴的需要

长期以来，中国的电价目录中工商用电价格高于居民用电价格，即存在工商业用户补贴居民用户的现象，近十年来，工商用户电价存在上涨趋势，居民电价基本稳定，这意味着居民用电的部分成本被其他行业承担，事实上加强了居民用电的交叉补贴，交叉补贴虽然减轻了居民的用电负担，但也造成了用电量越多的用户，享受的补贴越多；用电量越少的用户，享受的补贴越少，既没有体现公平负担的原则，也没有合理反映电力资源价值。此外，让工商企业补贴居民也影响工商企业的发展和竞争能力。

中国很早就意识到电价中存在的交叉补贴现象，并进行了相应的改革，例如调整居民生活用电与其他类别用电价格之间，以及大工业用电价格中基本电价与电度电价之间的比价关系；对于新增一定电压等级以上的电度电价予以相应价格调整等。[①] 但是，由于没有合适的解决办法，交叉补贴一致维持至今，实行阶梯电价可在高用电量档上提高用电价格，由高收入居民补贴低收入居民，从而可逐步减轻交叉补贴现象。

（三）促进节能减排的需要

长期以来，中国一直对居民用户实行“福利型”低电价政策，使得

① 《关于 1997 年电价调整方案有关问题的通知》。

居民生活电价严重偏离成本，导致居民用户参与节约用电的积极性不高，容易造成电力能源消费过度和使用效率低等问题。随着整体收入的提高和贫富差距的扩大，居民用户用电需求存在明显的差异，部分收入较低的居民维持较低比例的电力消费，在单一制电价下得到的补贴最少，但电力支出仍构成生活成本的重要部分，收入较高的群体，电力消费支出在消费支出的比重越来越低，电力的消耗得不到约束，反而得到补贴最多。显然，单一制电价政策不再适应建设"资源节约型"和"环境友好型"社会的时代要求，以电力需求价格弹性为基准，调整居民生活用电价格，灵活使用价格杠杆，不仅可以有效配置电能资源，而且可以促使居民节能减排。

二　中国阶梯电价的不足

中国自从2012年7月开始实施居民阶梯电价，虽然实施的时期不长，但是也能从实施情况对阶梯电价的分配效果和效率效果予以分析。

首先，阶梯电价制定方法没有体现电价设计所应该体现的公平负担原则，因而并不符合阶梯电价的初衷。从各地实行的阶梯方案中，上海、北京、深圳等发达地区的不提价用电量门槛最高，设置的第一档电量最高可至240—260千瓦时；陕西、甘肃等地区的第一档用电量较低，为160—180千瓦时。阶梯分档是根据各地居民的用电情况制定的，以确保一定比例的居民用电价格不受影响，但就全国来看，东部省份比西部省份的第一档电量高，而与西部省份相比，东北属于较富裕地区，这意味着较富裕的居民将享受更多的补贴。

其次，当前阶梯电价的设计对于解除交叉补贴的效用并不显著。阶梯电价改革的主要目的是解决工业用电对居民用电的交叉补贴，即在取消交叉补贴后，电价能够使得电力公司收回成本。在中国目前的阶梯电价结构中，第一档电量能够覆盖80%—90%，甚至更高，这主要考虑照顾更多的居民。但第一档电量越大，不涨价的电量比例就越高，这样改革就难以解决交叉补贴。此外，由于较贫困居民和较富裕的居民划在同一档次，较贫困居民的用电少，享受的补贴少，较富裕居民用电多，享受的补贴也多，等于富人搭穷人的便车，同样牺牲了用电公平。从前文对日本、韩国等国家的阶梯电价设计的经验借鉴中也可以看到，第一档用电量一般都是居民生活的最低用电量，而超出第一档的用电量则可看成更高生活质量用电。尽管考虑国情和居民生活水平和习惯的不同，中国的阶梯电价设计不能完全照搬外国，但仍需要一个合理的比例关系。

三　建立阶梯电价的动态调整机制

对居民生活用电实行阶梯递增电价的原则主要有两个：一是可以保障低收入用户增加用电量，提高或至少不降低其生活质量；二是促进中高收入者增强节能意识，采用节能电器以实现节能减排。这两个原则的遵守与收入水平的核定密切相关。而当居民收入水平和生活质量评价标准变化时，阶梯电价也应随之变动。

阶梯电价和电量的制定与收入水平、经济发展水平以及人文环境息息相关，因此不同档次之间的电量跨度和电价区分至关重要。当前中国大多数地区低档电价是维持原来电价不变，这种价格上的刚性使得部分节约用电的家庭没有得到有效的激励。随着技术进步、生活水平和收入的不断提高，居民的用电需求会不断加大，因而突破第一档电量进入第二档甚至是第三档是一种必然趋势，这就要求第二档、第三档电量能够根据居民用电需求的变化适当进行调整，而国外经验也表明这种调整具有必然性。如日本第二档的电量分别在 1986 年、1996 年进行了调整，由最初的 160 千瓦时调整到目前的 300 千瓦时左右。

一般而言，第一档电价针对的群体是低收入者，这部分群体应享受一定的电价补贴，因此电价应适当降低，刺激他们对电力的合理需求，保障其生活质量。第二档电价应与“成本加成法”测算的合理电价保持一致，尽量减少补贴。第三档电价应取消补贴，电价水平不应影响第三档用户的生活质量。此外，各个阶梯的电量应在科学调查广泛听证的基础上设置合理，应该在综合考虑经济发展水平、居民可支配收入、当地文化生活习惯等基础上，进行科学合理的测算。如果阶梯电量和电价偏离居民用户生活最低水平，阶梯电价则实际上变成所谓的全面涨价；同样，如果设计的阶梯电价不能把高收入群体和低收入群体对电的消费区分开来，那么阶梯电价改革的初衷也不能得到实现。建立阶梯电价的动态调整机制可从以下几个方面着手：

首先，需要根据收入水平的变化和经济社会发展阶段的不同设计阶梯电价的动态调整机制。同时设计当前促进节约用电的方案，以及未来可以实施奖励性的改革方案，对于用电量在一定数量范围内的家庭给予电价优惠，从而解决当前“阶梯电价就是变相涨价”的问题。

其次，不同档次的电价可以根据需要而进行不同幅度的调整，而没有必要保持统一的步调，如在实施过程中可以不调整第一档次的电价但调高第二档次电价等。

最后，用电档次可以根据需要进一步细分，由于阶梯电价需要考虑地方经济发展水平、居民承受能力、电力公司的运营成本等多种因素，因而在划分阶梯电价电量档次时，可以进一步细化，从而协调好各方的利益。美国加利福尼亚州的阶梯电价分为五个档次，未来中国也可以根据需要借鉴这些国家的经验。

第三篇

低碳约束下电力产业链与电力价格

第八章　中国煤电纵向价格双轨制分析

第一节　特征性事实与模型假设

中国是世界上煤炭资源最丰富的国家，这决定了中国的电源结构以燃煤的火电为主。目前燃煤火电占全国发电量的80%以上，消耗煤炭占煤炭产出的50%以上，煤炭成本占发电成本的70%以上，这些事实说明了中国的煤炭产业和电力产业是唇齿相依的上下游产业，而且未来随着中国现代化程度提高，发电用煤占全部煤炭的比例还会越来越高，两个产业的关系会更加密切。但是由于中国采取了渐进式改革道路，两个产业的市场化改革不同步，煤炭行业改革步伐快于电力行业，导致出现煤电“纵向价格双轨制”现象。本章将从电力与煤炭的纵向关系入手，从成本角度建立电力价格形成的两阶段博弈模型，从理论角度阐述电力价格的形成。

一　煤电纵向价格双轨制

中国在计划经济时代对煤炭实现统一的指令性定价，1983年起对部分部属统配矿实行超产煤炭加价办法，打破煤炭价格长期不变的局面，1986年起指令性煤炭价格由国家颁布的统一的出厂价格和在此基础上统一的加价幅度两部分组成，1987年增加了指导性价格形式，即对超核定能力、超计划生产的煤炭实行加价、议价政策。1992年煤炭价格开始由计划调节向市场调节过渡，这一年新投产矿井生产的煤炭由市场调节价格，1993年放开东北、华东地区和湖南省国有重点煤矿煤炭出厂价格，以及精煤和电力、冶金行业所用动力煤价格，1994年全部开放煤炭价格。

煤炭价格放开后，下游电力价格并没有同步放开。为了保障发电用煤供应，1996年后国家重新对电煤价格实行指导价，直到2002年电煤指导价才被废除。2003年后受多种因素影响，煤炭价格开始进入长期上涨通道，煤炭市场价格的风向标——秦皇岛港口煤价清晰反映了中国煤炭价格变化（见图 8－1）。2004 年 1 月秦皇岛港的大同优混煤平仓价为 290 元/吨左右，到 2008 年 7 月最高点时超过了 1000 元/吨，比 4 年前上涨了 245%，金融危机后煤炭价格下跌。为了抑制煤炭价格上涨带来不利影响，发改委一面推动煤电价格联动，一面以各种方式对煤炭价格再次进行“指导”，如 2004 年年底国家发改委要求发电用煤合同价格以 2004 年 9 月底实际结算为基础浮动 8%；2008 年 7 月国家发改委对主要港口和集散地动力煤实行最高限价；2010 年年底国家发改委要求 2011 年发电用煤合同价格维持 2010 年价格不变；2011 年年底国家发改委要求发电用煤合同价格同比上涨在 5% 以内，频繁的价格干预说明发电用煤的市场化改革并不彻底。

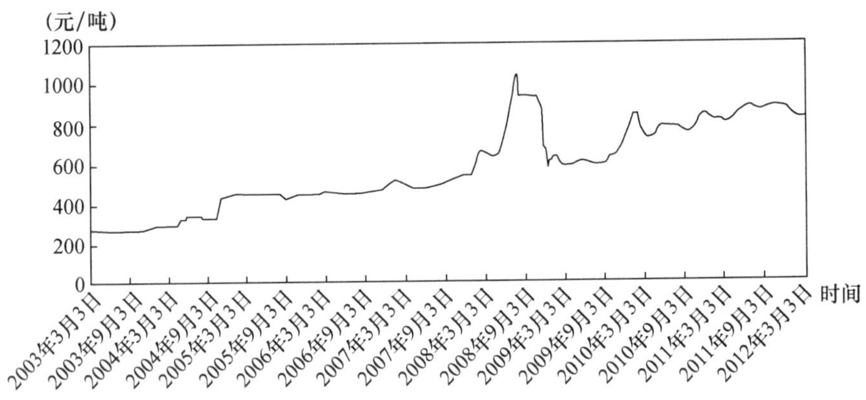

图 8－1　秦皇岛港的大同优混煤平仓价

经历多年电力体制改革后，中国出现了世界上最复杂的电价体系，不仅各个地区电价水平不一，同一地区不同电厂的电价也不相同。计划经济年代中国实行指令性电价，电源和电网建设全部由中央政府出资，发电、输电、配电、售电实行纵向一体化，电价中不包括投资回报，仅能维持电力企业的简单再生产，被称为老电厂电价。1985 年后国家实施鼓励集资办电的政策，为了吸引各方投资主体，实行了指导性电价——还本付息电价，其最大不同是考虑了投资回报，留给电厂投资者不菲的利润空间，到 20 世纪 90 年代中后期中国的电力供应能力得到极大改观。早期的指导性电价以个别企业运营成本核算电价成本，不利于提高发电商效率，1997 年经营期电价取代了还本付息电价，经营期电价按同类机组社会平均成本定价，中国目前绝大部分发电机组都实行了经营期电价。

尽管中国电力定价方式很多，但电力企业没有定价权，电力价格的任何变动都需要国家发改委批准。为了缓解煤炭价格持续上升给发电商带来的压力，2004 年年底发改委建立了煤电价格联动政策，政策规定以不少于6 个月为一个煤电价格联动周期，若周期内平均煤价比前一周期变化幅度达到或超过5%，相应地调整电价，否则下一周期累计计算，直到累计变化幅度达到或超过5%。联动政策制定后，由于担心加剧通货膨胀，并没有得到很好的执行，大部分时候使用的是临时性电价调整。从第一次煤电联动起，中国的电力价格水平共上调了 11 次，详细情况见表 8 –1。临时性调价不被称为煤电价格联动，也不符合煤电联动的条件，但它就是事实上的煤电联动。对照图 8 –1 中的煤炭价格走势，我们发现每一次调价都是在煤炭价格上涨较快的时候，而 2008 年下半年后煤炭逐渐回落，调整电价的次数也下降了。在公开的资料中找不到一个全国层次的、有代表性的电力价格指标，但可以想见中国的电价在联动政策下的走势应呈现不平滑的阶梯状。

表 8 –1　　中国历次电力价格调整情况

时间	电价调整情况
2005 年 5 月 1 日	实施第一次煤电联动，上调全国销售电价水平，平均每千瓦时 2. 52 分
2006 年 6 月 30 日	上调全国上网电价平均每千瓦时 1. 174 分，上调销售电价平均每千瓦时 2. 494 分
2007 年 7 月 1 日	调整山西省、内蒙古自治区内新投产电厂送京津唐电网上网电价，每千瓦时上调 0. 298 元和 0. 297 元（不含脱硫加价）
2007 年 10 月 1 日	上调东北电网内部分电厂的上网和输电价格，以维持电力企业正常运营，数据不详
2007 年 11 月 28 日	下调吉林、湖北等八省（区、市）统调小火电机组上网电价，数据不详
2008 年 7 月 1 日	上调全国销售电价平均每千瓦时 2. 5 分
2008 年 8 月 20 日	上调全国火力发电企业上网电价每千瓦时 2 分
2009 年 11 月 20 日	上调全国销售电价平均每千瓦时 2. 8 分
2011 年 4 月 10 日	上调部分亏损严重火电企业上网电价，11 个省份的上网电价上调在每千瓦时 1 分以上
2011 年 6 月 1 日	上调 15 个省市工商业、农业用电价格平均每千瓦时 1. 67 分
2011 年 12 月 1 日	上调全国销售电价平均每千瓦时 3 分

资料来源：通过相关新闻公告搜集征集。

二 模型的几个假设

（一）寡头市场结构问题

在煤—电纵向关系的上游，煤炭企业作为基础性资源产业，考虑资源开采的可持续性，以及煤矿安全生产等问题，国家不断促成煤炭产业的整合，煤炭产业逐渐存在一定的市场势力，可以预见未来其集中度仍会逐渐上升。发电企业在改革之初就维持了寡头竞争的局面，目前五大发电集团的装机容量占全部装机容量的近一半，毫无疑问发电环节也存在较强的市场势力。

为了分析问题方便，学者们在讨论纵向关系时都施加了大量的苛刻假设，使用较多的假设是认为市场结构为完全竞争或者完全垄断的，海和莫里斯（Hay and Morris，1991）放弃了这种或完全垄断、或完全竞争的极端化建模思路，取而代之建立了一个寡头竞争框架下的纵向关系模型，得出了比上述双重加价模型更一般的结果。考虑到中国的煤炭、电力市场的现实状况，本章也采用了寡头竞争框架下的纵向关系模型，主要思想仍然来自海和莫里斯，模型中加入了推测变差以刻画上下游厂商的市场势力问题，同时放弃了海和莫里斯模型中的诸如厂商边际成本不变、上游和下游企业同质等不必要假设，使得模型更具一般性。

（二）中间产品可替代问题

如果中间产品对于下游企业是可替代的，那么对中间产品的需求不仅取决于下游产品产量，还取决于下游企业投入品之间的相对价格，下游企业的投入和产出不再具有等比例关系，给模型求解带来大量麻烦。可喜的是，就中国的煤—电关系而言，这些麻烦是不必要的，对于中国火电企业而言，起码在较短的时间内，电煤是不可替代的燃料，看不到技术进步会使得哪种燃料替代电煤。由于电煤投入和电力产出间存在一定的比例关系，不失一般性，我们选择适当的度量单位对这种比例关系进行简化，使得投入与产出间的转换系数为1，即1单位电煤生产1单位电力。

（三）买方垄断势力问题

如果上游企业仅仅对下游企业出售中间产品，那么不仅可能存在上游企业对下游企业的卖方垄断势力问题，还可能存在下游企业对上游企业的买方垄断势力问题，这样中间产品的产量和价格将与上下游市场势力的力量对比有关。如果上游企业在供给下游企业中间产品的同时，还供应其他产业，那么下游企业对上游企业的买方势力问题就不重要，因为下游企业不大可能对上游企业的价格产生影响，下游企业的需求就可以当作一个参数看待。就中国煤—电关系进行建模而言，假定第二种情况比较合理，因为煤炭企业不仅供应煤炭给发电企业，还大量供应冶金、建材、化工等产业。很多对中国煤—电关系的研究倾向于认为电力企业有买方势力，但这不是事实，从中国近些年发生的煤—电矛盾来看，发电企业左右煤炭价格的能力并不很强，即使发电企业集体拒绝采购煤炭，也未能阻止煤炭价格的上涨，有时为了解决煤炭价格上涨过快问题，发改委还被迫从中“调停”。

第二节　无价格规制模型

本部分建立一个两阶段博弈模型，第一阶段博弈在发电企业之间进行，发电企业将电煤价格当作已知，选择数量竞争，竞争的结果给出电煤需求量和发电量；第二阶段博弈在煤炭企业之间进行，煤炭企业预期发电企业对电煤的需求，同样进行数量竞争，竞争后得出电煤的价格和产量，模型的求解采用逆向归纳法。

首先，考虑下游发电市场，假设电力的反需求函数为：

$$p = f(Q) + w \tag{8-1}$$

其中，p 为电力价格，Q 为电力行业的电力产量（根据假设也是电煤投入量），$Q = \sum_{i=1}^{n} q_i$，q_i 是各个电力企业的发电量（根据假设也是电煤投入量），函数 f 满足反需求函数的一般形式，即 $f' < 0$，w 刻画了反需求曲线的位置，可表示外生的宏观经济冲击，当宏观经济高涨时候，w 变大，使电力反需求曲线右移，在宏观经济萧条时，w 变小，使电力反需求曲线左移。

假定代表性发电企业 i 对其他发电企业的推测弹性为 α：

$$\frac{d(Q - q_i)}{dq_i} = \alpha \frac{Q - q_i}{q_i} \tag{8-2}$$

则代表性电厂的利润函数为：

$$\pi_i = pq_i - Pq_i - c(q_i, V) \tag{8-3}$$

其中，P 为电煤价格，Pq_i 相应地为电煤成本，$c(q_i, V)$ 为发电过程中燃料成本之外的其他成本，它与发电量有关但又不与产量呈线性关系，比如当电力需求增加时启用低效率的机组带来的成本，V 是影响 $c(q_i, V)$ 的外生变量，可表示外生的技术进步程度，假设存在以下关系：

$\partial c/\partial q = mc_i(q) > 0$，且 $\partial^2 c/\partial q^2 > 0$

假定 e 为电力的需求价格弹性，e 为常数，因此需求曲线是等弹性的，s_i 为代表性电力企业的市场份额，在上述假定下电力企业在市场上进行古诺寡头竞争，最终代表性发电企业 i 的利润最大化条件为：

$$\frac{d\pi}{dq_i} = p\left[1 - \frac{\alpha + (1-\alpha)s_i}{e}\right] - P - mc_i(q_i, V) = 0 \tag{8-4}$$

使用市场份额 s_i 作为权重，对 n 个代表性企业的利润最大化条件求和，得到产业层次利润最大化条件：

$$p\left(1 - \frac{\gamma}{e}\right) = P + mc(Q, V) \tag{8-5}$$

其中，$\gamma = \alpha + (1-\alpha)HHI$，而 HHI 正是表示市场集中程度的赫芬达尔指数（$\sum_{i=1}^{n} s_i^2$），式左边是发电企业产业层次的边际收益，右边是发电企业产业层次的边际成本，包括发电企业的产业层次的边际成本和电煤价格，为了不至于出现负的价格，假定 $e > \gamma$。γ 可看作发电企业市场势力的测度指标。当发电市场结构为完全垄断时，$HHI = 1$，$\gamma = 1$，发电企业的价格加成部分达到最大，其产业层次的边际收益曲线离电力需求曲线最远；当电力市场结构接近完全竞争时候，$\alpha \to 0$，$HHI \to 0$，$\gamma \to 0$，$mr \to p$，发电企业几乎没有价格加成部分，其产业层次的边际收益曲线与电力需求曲线区域趋于重合；当发电市场为寡头垄断时，$0 \leqslant \gamma \leqslant 1$，$\gamma$ 越大越接近完全垄断市场结构，γ 越小越接近完全竞争市场结构。对上式进行整理，可以得到电煤的逆需求函数：

$$P(Q) = p\left(1 - \frac{\gamma}{e}\right) - mc(Q) \tag{8-6}$$

设 $mr(Q)$ 为发电产业的产出为 Q 时的边际收益，并代入式（8－6），得：

$$P(Q) = mr(Q) - mc(Q) \tag{8-7}$$

下面分析上游煤炭市场，与上面分析类似，设代表性煤炭企业生产电煤时的利润函数为：

$$\Pi_i = Pq_i - bq_i - C(q_i, Z) \tag{8-8}$$

b 是与电煤产量有关的成本（吨煤成本），如按产量征收的资源税费、工人工资等，$C(q_i, Z)$是与电煤产量呈非线性关系煤炭的成本，如与安全投入相关的成本、与矿井效率相关的成本、与运输“瓶颈”相关的成本等，Z 是影响 $C(q_i, Z)$的外生变量，$C(q_i, Z)$满足 $\partial C/\partial q = MC_i(q) > 0$、$\partial^2 C/\partial q^2 > 0$。假定代表性煤炭企业 i 对其他发电企业的推测弹性为 β，电煤的需求价格弹性为 ξ，代表性煤炭企业的市场份额为 k_i，在上述假定下煤炭企业在市场上进行古诺寡头竞争，其利润最大化条件是：

$$\frac{d\pi}{dq_i} = P\left[1 - \frac{\beta + (1-\beta)k_i}{\xi}\right] - b - MC_i(q_i, Z) = 0 \tag{8-9}$$

式（8-9）第一项为代表性煤炭企业的边际收益函数，在其他因素给定情况下，代表性煤炭企业的价格加成额取决于其市场份额，其市场份额越大，市场势力越大，索取的价格越多。同样以市场份额 k_i 作为权重，将各个煤炭企业的利润最大化条件加权求和，得到煤炭产业层次的利润最大化条件：

$$P\left[1 - \frac{\lambda}{\xi}\right] = b + MC(Q, Z) \tag{8-10}$$

同式（8-5）的分析类似，左边是煤炭产业层次的边际收益，右边是产业层次的边际成本，$\lambda = \beta + (1-\beta)HHI'$，$HHI'$为煤炭市场的赫芬达尔指数（$= \sum_{i=1}^{m} k_i^2$），与发电市场的 γ 类似，λ 也表征了煤炭企业市场势力状况，当$\lambda = 1$ 时煤炭市场为完全垄断的市场结构，当$\lambda = 0$ 时煤炭市场为完全竞争的市场结构，当 $0 < \lambda < 1$ 时，煤炭市场为寡头垄断。本文假定 $\xi > \lambda$，以避免价格为负。

为了使式（8-10）的经济意义变得直观，在式（8-10）中使用式（8-7）代替 P，重新得到煤炭企业的利润最大化条件，为：

$$[mr(Q) - mc(Q)]\left(1 - \frac{\lambda}{E_{mr}}\right) - b + MC(q_i, Z) \tag{8\quad 11}$$

其中，E_{mr}表示曲线 $mr(Q) - mc(Q)$对 Q 的弹性，式(8-11)左边是煤炭行业的边际收益曲线，可近似看作是电力行业边际收益曲线 $mr(Q)$的边际曲线（相差一个边际成本曲线），也是电力需求曲线的“边际的边际”曲线，因此本模型是双重加价的较一般形式。

图 8-2 展现了上述分析框架，给出了煤—电纵向关系一个直观的图形描述，为了分析方便，假设各种曲线关系都为线性的。煤炭企业之间进行古诺竞争之后，最终煤炭产业的产出为 Q^*，将煤炭行业的边际收益曲

线记为 MR，在 Q^* 产量水平上有：$MR(Q^*)=b+MC(Q^*, Z)$，即满足煤炭产业层次的利润最大化条件；根据煤炭企业面临的引致需求曲线 $P(Q)=mr(Q)-mc(Q)$，可以得到 Q^* 处的电煤价格为 P^*。发电企业将电煤价格 P^* 视为给定，再加上发电阶段的成本，进行古诺竞争，最终发电产业的总产出为 Q^*，在 Q^* 处满足发电产业层次利润最大化条件：$P^*+mc^*=mr^*$。

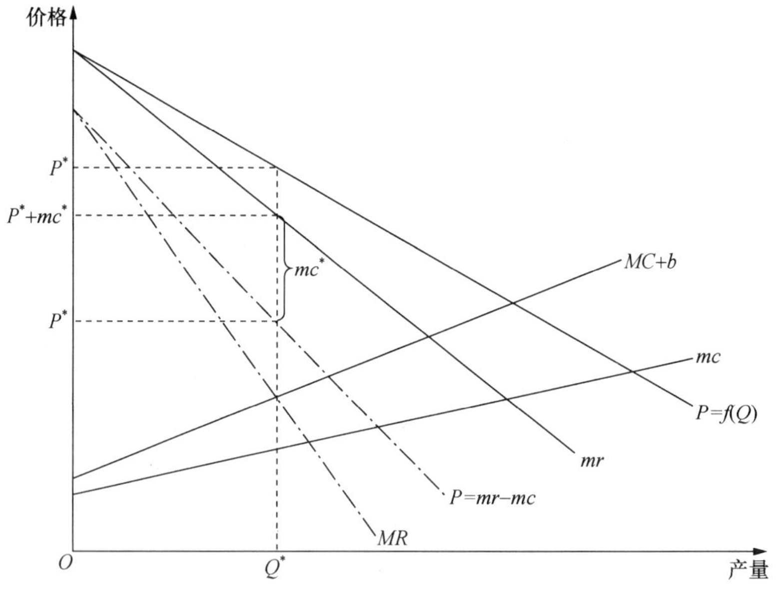

图 8－2　无价格规制下煤—电纵向关系

一　经济增长的影响

宏观经济周期对煤—电关系的影响至关重要，下面首先分析经济增长的影响。煤—电纵向关系模型中的市场均衡（p^*、P^*、Q^*）被电力需求方程(8－1)、电力产业利润最大化条件式（8－5）和煤炭产业利润最大化条件式（8－10）所刻画，比较静态分析可以对式（8－1）、式（8－5）和式（8－10）分别关于外生变量求导得出。经济增长对煤—电关系的影响可以分别对式（8－1）、式（8－5）和式（8－10）在均衡处关于 w 求导得出：

$$\frac{dp}{dw}=f'\frac{dQ}{dw}+1 \tag{8-12}$$

$$\frac{dp}{dw}\left(1-\frac{\gamma}{e}\right)=\frac{dP}{dw}+mc'\frac{dQ}{dw} \tag{8-13}$$

$$\frac{dP}{dw}\left(1-\frac{\lambda}{\xi}\right)=MC'\frac{dQ}{dw} \tag{8-14}$$

解得：

$$\frac{dP}{dw}=\frac{MC'\xi(e-\gamma)}{MC'\xi e-f'(\xi-\lambda)(e-\gamma)+mc'e(\xi-\lambda)}>0 \tag{8-15}$$

$$\frac{dp}{dw}=\frac{eMC'\xi+emc'(\xi-\lambda)}{MC'\xi e-f'(\xi-\lambda)(e-\gamma)+mc'e(\xi-\lambda)}>0 \tag{8-16}$$

$$\frac{dQ}{dw}=\frac{(\xi-\lambda)(e-\gamma)}{MC'\xi e-f'(\xi-\lambda)(e-\gamma)+mc'e(\xi-\lambda)}>0 \tag{8-17}$$

二　市场势力的影响

随着中国煤炭行业集团化建设的推进，煤炭行业的市场势力逐渐增强，为了分析市场势力对煤—电关系的影响，分别对式（8－1）、式（8－5）和式（8－10）在均衡处关于煤炭市场势力 λ 求导（对电力企业市场势力的影响分析类似，限于篇幅没有列出）。

对式（8－1）、式（8－5）和式（8－10）在均衡处关于 λ 求导得到：

$$\frac{dp}{d\lambda}=f'\frac{dQ}{d\lambda} \tag{8-18}$$

$$\frac{dp}{d\lambda}\left(1-\frac{\gamma}{e}\right)=\frac{dP}{d\lambda}+mc'\frac{dQ}{d\lambda} \tag{8-19}$$

$$\frac{dP}{d\lambda}\left(1-\frac{\lambda}{\xi}\right)-P\frac{1}{\xi}=MC'\frac{dQ}{d\lambda} \tag{8-20}$$

解联立方程组式（8－18）、式（8－19）和式（8－20）得到市场势力变化对各变量的影响：

$$\frac{dP}{d\lambda}=\frac{-P(-f'e+f'\gamma+mc'e)}{-eMC'\xi+f'(e-\gamma)(\xi-\lambda)-mc'e(\xi-\lambda)}>0 \tag{8-21}$$

$$\frac{dp}{d\lambda}=\frac{f'Pe}{-eMC'\xi+f'(e-\gamma)(\xi-\lambda)-mc'e(\xi-\lambda)}>0 \tag{8-22}$$

$$\frac{dQ}{d\lambda}=\frac{Pe}{-eMC'\xi+f'(e-\gamma)(\xi-\lambda)-mc'e(\xi-\lambda)}>0 \tag{8-23}$$

对符号的解释是：煤炭企业市场势力的提升会使得煤炭企业有动机去限产提价，而煤炭价格的上升会向下游传导，最终推动电力价格的上升。

三　煤炭资源税费的影响

2003 年之后，中国不断推出针对煤炭行业的资源税费改革政策，煤炭资源税费改革能够从一定程度上解决煤炭行业长期以来的欠账和补偿问题，可进一步完善和健全煤炭价格形成机制，为煤炭行业的可持续发展奠定良好的基础，从这一角度看，资源税费改革对于煤炭行业具有积极意义。但是，放在煤—电产业纵向关系的视角，煤炭资源税费改革又面临新的矛盾，它仅仅解决了煤炭价格形成机制，却不能解决煤炭价格平稳运行问题：资源税费制度改革必然推动煤炭成本上升，成本上升需要靠价格转嫁，从而使得电煤价格上升。在煤—电价格纵向双轨制之下，发电企业无法将电煤价格继续向下转嫁，从而可能发生煤—电矛盾，会给本就紧张的煤—电关系蒙上阴影。

为了分析资源税费对煤—电关系的影响，分别对式（8－1）、式（8－5）和式（8－10）在均衡处关于 b 求导得到：

$$\frac{dp}{db}=f'\frac{dQ}{db} \tag{8-24}$$

$$\frac{dp}{db}\left(1-\frac{\gamma}{e}\right)=\frac{dP}{db}+mc'\frac{dQ}{db} \tag{8-25}$$

$$\frac{dP}{db}\left(1-\frac{\lambda}{\xi}\right)=1+MC'\frac{dQ}{db} \tag{8-26}$$

通过解式（8－24）、式（8－25）和式（8－26）可以得到：$\frac{dp}{db}>0$，$\frac{dP}{db}>0$，$\frac{dQ}{db}<0$，这和预期相一致，即增加资源税会提高煤炭价格和电力价格，同时降低产出。

详细而言，每征收 1 元的资源税会推动电力价格上升幅度为：

$$\frac{dP}{db}=\frac{f'\xi(\gamma-e)+emc'\xi}{MC'\xi e-f'(\xi-\lambda)(e-\gamma)+mc'e(\xi-\lambda)} \tag{8-27}$$

每征收 1 元的资源税会推动电煤价格上升幅度为：

$$\frac{dp}{db}=\frac{-ef'\xi}{MC'\xi e-f'(\xi-\lambda)(e-\gamma)+mc'e(\xi-\lambda)} \tag{8-28}$$

每征收 1 元的资源税会使得煤炭、电力的产量减少幅度为：

$$\left|\frac{dQ}{db}\right|=\frac{e\xi}{MC'\xi e-f'(\xi-\lambda)(e-\gamma)+mc'e(\xi-\lambda)} \tag{8-29}$$

从上述分析来看，当不存在价格规制的时候，尽管煤炭企业市场势力和资源税费会影响均衡的产出和价格，但是不会出现供需失衡问题。

第三节　纵向价格双轨制模型

在前一部分分析中，煤—电产业链条中的产量和价格可以自由调整，市场主体——煤炭企业和电力企业——进行古诺竞争后会产生一个市场均衡结果，煤炭企业市场势力和煤炭资源税对均衡的位置有重要影响，但不会使得市场出现供需失衡。当下游电力价格存在规制、上游煤炭价格放开时，煤—电产业链中就产生了纵向价格双轨制，纵向价格双轨制的存在使得电力市场无法出清，或者存在电力缺口，或者存在电力过剩，电力市场的变化会上溯到煤炭市场，促使煤炭市场的产量和价格做相应调整，从而导致均衡位置的移动。本部分将对此进行分析，并再次考察市场势力、资源税费带来的影响。

假设电力的规制价格为 $\bar{p}$，那么代表性电厂 i 的利润最大化条件为：

$$\bar{p} = P + mc_i \tag{8-30}$$

式（8-30）说明 i 电厂将调整产量，以使得规制价格等于电煤价格加上 i 电厂的边际发电成本，可见，价格规制下，无论被规制企业是否存在市场势力，其均不能获得超额利润。这是因为当存在电力价格规制时，即使电力企业存在市场势力，它也会预期到它对产量的调整将不再影响价格，因此其行为会像一个完全竞争企业一样成为价格的接受者。将电力行业所有企业的利润最大化条件按照市场份额加总，就得到电力行业的行业层次利润最大化条件：

$$\bar{p} = P + mc \tag{8-31}$$

定义 $g = f^{-1}$，假设 g 加性可分，即 $g(p-w) = g(p) - g(w)$，定义 $g(w) = z$，将电力需求曲线写为以下形式：

$$Q = g(p) + z \tag{8-32}$$

根据需求曲线的形状和反函数的性质，有 $g' < 0$，与 w 类似，z 表示外生的宏观经济冲击。用 K 表示电力短缺或过剩（过剩表示为负短缺），当规制价格 $\bar{p}$ 偏离市场出清价格时，有：

$$K = g(\bar{p}) + z - Q \tag{8-33}$$

在纵向价格双轨制下，表示短缺或过剩的变量 K 成为新的内生变量，电力价格受到规制将由内生变量变为外生变量，新的均衡将由式（8－31）、式（8－32）和式（8－33）决定。与前面无价格规制模型的图示解法一样，图8－3给出纵向价格双轨制下煤—电纵向关系的图示解法。为简化图形，各种函数形式设为线性。根据逆向归纳法求解，在产量 Q^* 处，电煤行业层次的边际收益曲线与电煤行业层次的边际成本曲线相等，此时电煤价格为 P^*，在电煤价格 P^* 基础上加上发电的边际成本 mc^* 就得到电力企业的规制价格 $\bar{p}$，发电企业设定的产量为均衡时产量 Q^*。

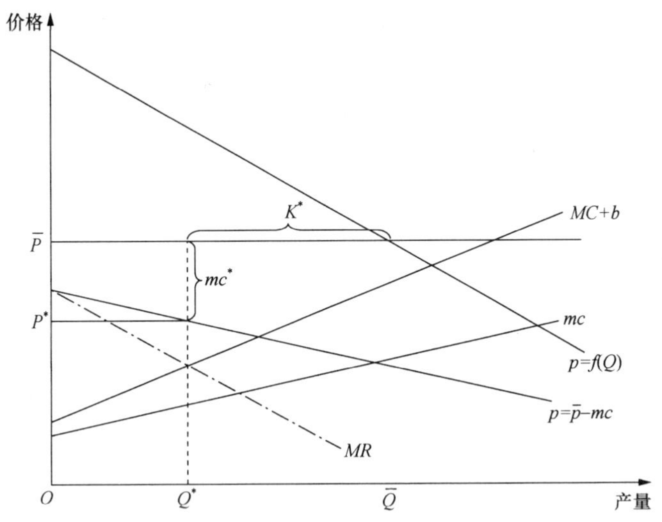

图 8－3 电力价格受到规制下的煤—电纵向关系

一 经济增长与纵向价格双轨制

在纵向价格双轨制背景下，宏观经济对煤—电关系的影响非常重要。2002—2008 年上半年中国经济持续繁荣，除 2002 年经济增长率为 9.5% 之外，其余年份一直保持了两位数的增长率，在此期间，煤—电纵向价格双轨制导致电荒不断。2008 年 9 月全球性金融危机爆发后，中国经济形势急转直下，宏观调控的任务由“防过热”转为“保增长”，受此影响，电力供给也一夜间由短缺变为过剩。下面分析纵向价格双轨制下经济增长的影响，式（8－31）和式（8－10）含有两个方程、两个未知数，联立这两个方程可以解得均衡的电煤价格 P^* 和电力产量 Q^*，将 Q^* 代入式（8－33）。

如果存在 z^* 使得：

$$K = g(\bar{p}) + z^* - Q^* = 0 \tag{8-34}$$

那么说明，对于价格规制水平 $\bar{p}$ 而言，经济增长速度 z^* 是"合适"的，因为电力供需平衡；如果经济增长速度 $z > z^*$，那么 $K > 0$，说明经济增长是"过快"的，它催生了电力短缺；如果 $z < z^*$，那么 $K < 0$，说明经济增长是"过慢"的，它导致了电力过剩。

二　市场势力与纵向价格双轨制

预计在纵向价格双轨制和无价格规制两种情况下，煤炭市场势力对煤—电关系的影响类似，即市场势力的增强会减少均衡产出，提高电煤价格。但是市场势力对电力缺口的影响并不直接，可能出现的情况是：电煤价格提高会降低电力产出，而当电价受到规制时，会导致缺口增加。下面将对这些猜测进行验证，对式（8－31）、式（8－33）求关于 λ 的微分，得到以下新方程：

$$0 = \frac{dP}{d\lambda} + mc'\frac{dQ}{d\lambda} \tag{8-35}$$

$$\frac{dK}{d\lambda} = -\frac{dQ}{d\lambda} \tag{8-36}$$

再结合式（8－20）得到：

$$\frac{dP}{d\lambda} = \frac{-mc'P}{\Delta} > 0 \tag{8-37}$$

$$\frac{dK}{d\lambda} = \frac{-P}{\Delta} > 0 \tag{8-38}$$

$$\frac{dQ}{d\lambda} = \frac{P}{\Delta} < 0 \tag{8-39}$$

这里，$\Delta = -\xi mc' + \lambda mc' - MC'\xi < 0$，各结果的符号与猜测一致，即煤炭企业的市场势力增强会推动电煤价格上涨、减少发电量。当存在电力短缺的时候，煤炭企业市场势力增强会加剧电力短缺，当存在电力过剩的时候，煤炭企业市场势力增强会缓解电力过剩。

三　资源税费与纵向价格双轨制

为了考察资源税费的影响，对式（8－31）、式（8－33）求关于 b 的微分，得到以下两个新方程：

$$1 = \frac{dP}{db} + mc'\frac{dQ}{db} \tag{8-40}$$

$$\frac{dK}{db}=-\frac{dQ}{db} \tag{8-41}$$

联立方程（8－40）、式（8－41）和式（8－26）得到：

$$\frac{dP}{db}=\frac{-\xi(1+MC')}{\Delta}>0 \tag{8-42}$$

$$\frac{dK}{db}=\frac{-(\lambda+MC'\xi)}{mc'\Delta}>0 \tag{8-43}$$

$$\frac{dQ}{db}=\frac{\lambda+MC'\xi}{mc'\Delta}<0 \tag{8-44}$$

这里，$\Delta=\lambda-\xi<0$，发现资源税费对煤—电关系的影响与煤炭企业市场势力的影响相似，资源税费的上升会推动电煤价格上升、降低发电量。当存在电力短缺的时候，资源税费的上升会加剧电力短缺；当存在电力过剩的时候，资源税费的上升会缓解电力过剩。

第四节　煤电联动的理论分析

一　煤电联动的影响

为了缓解煤—电冲突和煤—电顶牛，2004 年年底国家发改委提出建立煤—电价格联动机制。“煤电联动”政策规定：在一个煤—电价格联动周期内（原则上不少于 6 个月），如果电煤平均出矿价比前一周期变化幅度达到或超过 5%，在电力企业自行消化 30% 的基础上，相应调整电价；如变化幅度不到 5%，则下一周期累计计算，直到累计变化幅度达到或超过 5%，再进行电价调整。2005 年 4 月底和 2006 年 6 月底，国家发改委先后实施两次煤电联动，全国平均上网电价分别上调 1.7 分/千瓦时和 1.174 分/千瓦时，全国平均销售电价分别上调 2.52 分/千瓦时和 2.494 分/千瓦时。

为了考察煤电联动（调高电力规制价格 $\bar{p}$）的影响，对式（8－31）、式（8－33）和式（8－10）决定的系统关于 $\bar{p}$ 的微分，得到以下三个新方程：

$$1=\frac{dP}{d\bar{p}}+mc'\frac{dQ}{d\bar{p}} \tag{8-45}$$

$$\frac{dK}{d\bar{p}}=g'(\bar{p})-\frac{dQ}{d\bar{p}} \tag{8-46}$$

$$\frac{dP}{dp}\left(1-\frac{\lambda}{\xi}\right)=MC'\frac{dQ}{dp} \tag{8-47}$$

解上述联立方程得到：

$$\frac{dP}{dp}=\frac{MC'\xi}{\Delta}>0 \tag{8-48}$$

$$\frac{dK}{dp}=\frac{(\xi-\lambda)(g'mc'-1)}{\Delta}<0 \tag{8-49}$$

$$\frac{dQ}{dp}=\frac{\xi-\lambda}{\Delta}>0 \tag{8-50}$$

这里，$\Delta=MC'\xi+(\xi-\lambda)mc'>0$，各变量解的符号符合预期。式（8－48）表明，规制电价水平上升会拉动电煤价格上升，当电力规制价格提高以后，发电企业会调高产量以获得更多收益，这将加大对电煤原料的需求，电煤价格也会上升。通过式（8－48）发现，电力价格拉动电煤价格的程度受煤炭开采的边际成本和煤炭企业市场势力的影响，如果煤炭开采的边际成本较大，那么电煤的价格上升幅度越大；反之则相反；市场势力也是影响拉动幅度的另一个因素，在同样的条件下，煤炭企业的市场势力越强，电力规制价格对电煤价格的拉动幅度也越大。目前，中国大量煤炭矿井出现资源枯竭，开采成本日益上升，同时煤炭企业正在走向联合，市场势力也日益增强，因此电力价格对电煤价格的拉动效应将会被放大，这是制定电力规制价格时不得不考虑的问题。

式（8－49）表明调高电力规制价格 $\bar{p}$ 会缩小电力缺口，因此价格联动会在一定程度上缓解电荒。给定规制价格上升幅度，电荒缓解的程度与电力需求曲线的斜率、发电企业的边际成本、电煤的需求弹性和煤炭企业市场势力有关，具体来讲，电力需求曲线越陡峭、发电边际成本越大、电煤价格需求弹性越大、煤炭企业的市场势力越小，煤电联动的效果越好；反之则相反。

式（8－50）表明调高电力规制价格 $\bar{p}$ 会提高电力产量，提高的程度与电煤的需求弹性和煤炭企业市场势力有关，电煤价格需求弹性越大、煤炭企业的市场势力越小，电力和电煤的产量幅度提高越大。

二　煤电联动的困境

中国煤—电价格联动的政策大致是，当电煤涨价后，以一定的比例（约为70%）顺价加到电价中，电价相应调高，成本加成定价是这一政策核心思想。但是，这一做法没有考虑电煤价格受电力价格的影响，即电价调高之后也会导致电煤价格上升，这样电力价格的调整总是滞后，在实践中必然也难以奏效。具体而言，当本期电力价格调高之后，本期的电煤价格也会随之上升，如果本期电力价格的制定是根据上一期的电煤价格做出的，那么本期电力价格仍然不会弥补成本，电力缺口依然出现，规制者会重新上调电力规制价格，这将再次拉动电煤价格上升，导致电力—煤炭价格的螺旋式上升，但是，电荒仍然无法消除。这正是某些学者（傅鸣，2006）所担心的问题：电价的上涨会引发电煤价格上涨，市场进入恶性循环。类似于农产品市场中的蛛网模型①，这一点可使用图 8－4 进行说明，最初电力的规制价格定于 $\bar{p}$ 时，电煤的价格为 P_1，此时电力的需求为 $\bar{Q}$，电力的供给为 Q_1，存在电力缺口为 $\bar{Q}-Q_1$，电荒爆发；当规制者发现规制价格无法使得电力市场出清时，将根据电煤价格实施煤电联动，将电力规制价格提高至 $\tilde{p}=P_1+mc$，期望能够弥补电煤成本，实现供需平

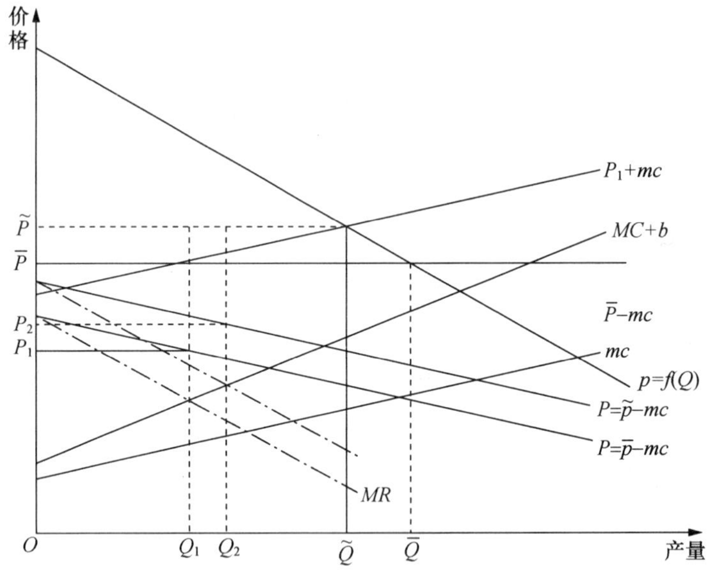

图 8－4　煤电联动的困境

① 蛛网模型的大致意思是，本期农产品产量是上一期农产品价格的函数，但是本期农产品价格受本期产量影响，最终导致价格来回波动。

衡；电力规制价格提高以后，煤炭行业面临的电煤需求曲线由 $P=\bar{p}-mc$ 变为 $P=\tilde{p}-mc$，电煤市场均衡被打破，电煤价格上升为 P_2，产出为 Q_2，电力规制价格仍无法实现市场出清，电力缺口虽然变小了，但是仍然存在 $\tilde{Q}-Q_2$。

是否存在一个最优的规制价格以消除电力缺口，答案是肯定的，最优的规制价格 $\bar{p}$ 由再加上以下两个方程确定：

$$\bar{p}=P+mc \tag{8-51}$$

$$g(\hat{p})=Q \tag{8-52}$$

图 8－5 描述了最优规制价格 $\hat{p}$ 下的情形，新的均衡产出为 $\hat{Q}$，电煤价格为 $\bar{p}$。可以证明，在规制价格不断上调过程中，价格和产出最终会收敛于这一位置，如果有足够多的机会和时间，规制者可以通过试错获得最优规制价格。

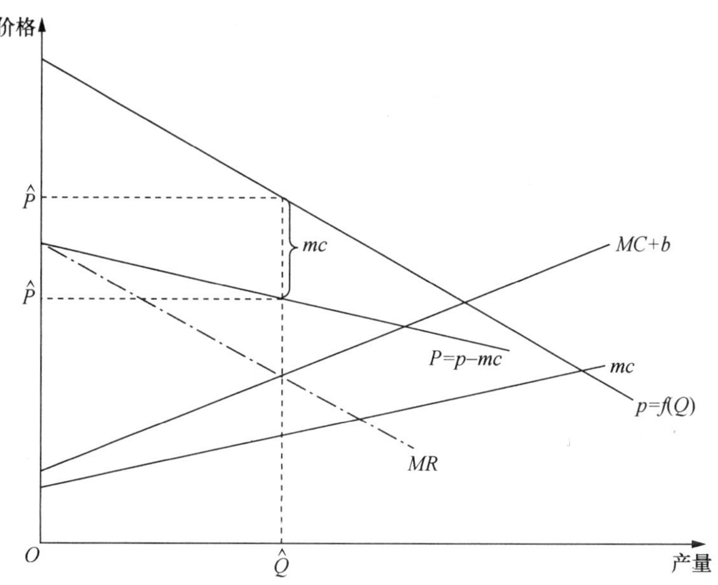

图 8－5　最优规制价格

本书建立了一个上下游都是寡头垄断市场结构的煤—电纵向关系模型，发现在上下游都是市场轨（无价格规制）的煤—电关系中，经济增长速度快慢、煤炭企业市场势力的大小、资源税费水平的高低均会影响均衡位置，但不会造成电力供需失衡。当存在上游市场价、下游计划价的纵向价格双轨制后，电力失衡就会出现，此时经济增长速度过快会导致电力短缺，过慢则会导致电力过剩；当存在缺口时，煤炭企业的市场势力提高会扩大缺口；资源税费水平的提高也会扩大缺口；当存在电力过剩时，煤炭企业的市场势力提高会缓解过剩，资源税费水平的提高也会缓解过剩。

于立、王建林（2008）曾对煤电联动政策提出质疑，认为该方法过于简单，难以保证时机和幅度的合理性，指出市场经济本身就不可能存在政府机构行政调控价格的良方，最多采取一些临时性、过渡性的措施而已。本书的分析表明，由于电力市场的规制价格会影响电煤价格，最优电力规制价格不再简单地等于电煤成本加发电成本（包含经济利润），它是一个两阶段博弈的均衡结果，实际中计算出这一结果几乎不可能。当然，规制者可以通过试错使得规制价格收敛于最优价格，但是代价和成本高昂。

纵向价格双轨制下，煤炭、电力之间的冲突不可避免，电力企业一般根据利润最大化目标来调整产量，当规制价格使得电力企业无利可图甚至可能亏损时，它不可能有积极性采购更多电煤，这就解释了中国 2002 年以来煤—电重点合同谈判屡屡受挫的原因。

本部分建模时考虑了模型的现实基础，但模型永远是对经济现实的高度抽象，现实情况远比任何模型都要复杂，本书的目的在于提出一种思想，那就是当存在纵向价格双轨制时，联动价格会牵一发而动全身，政策的出台应深思熟虑，切忌简单化和程式化，中国的煤电联动政策正是缺乏对煤—电关系的整体考虑，才导致持续的电力缺口（或正或负）。目前中国缺乏一个能够反映供需形势的电价形成机制，规制当局却把大量精力用于核算一个不可能合适的规制电价上，为了避开煤—电价格联动难题，解决的良方是尽快消除纵向价格双轨制，让市场力量主导“煤电联动”。

第九章　煤炭价格传递与煤电联动机制

第一节　已有研究与我们的贡献

一　已有的研究

近十年来，中国电力供应量增长很快，2001 年的全国总发电量为 1.5 万亿千瓦时，到 2011 年增加为 4.8 万亿千瓦时，超过美国居世界第一位，年增长率达到 12%。但“电荒”一直困扰中国经济，2002 年发生第一次大规模缺电，全国共有 12 个省份出现拉闸限电，2004 年“电荒”达到高潮，全国共有 24 个省份出现拉闸限电，浙江半数民营企业无法正常生产，2009 年金融危机爆发后电力供应曾出现缓和。不过，2011 年 3 月“电荒”又开始在多省市蔓延，国家发改委披露全年共有 24 个省份采取了限电措施。可以说，发电量快速增长与“电荒”并存成为中国经济发展中的独特现象。

在电力供应的文献中，大量讨论了电力供应与经济增长的引导关系，或者说格兰杰因果关系。Shiu 和 Lam（2004）使用中国 1971 年到 2000 年的年度数据研究得出：电力供应在短期内是经济增长的格兰杰原因，但在相反的方向上不存在格兰杰因果关系，据此他提出中国应增加装机容量，以避免电力供应紧张危害经济发展。Yuan、Zhao、Yu 和 Hu（2007）的研究支持了 Shiu 和 Lam 的结论，他们使用中国 1978—2004 年的年度数据分析表明存在从电力供应到 GDP 的单向引导关系。陈汉利、马超群和秦滔（2007）使用中国 1949—2004 年的年度数据，分析发现电力消费与经济增长互为格兰杰因果，但预测方差分解检验表明，经济增长能明显带动电力消费，而电力消费对经济增长的影响相对较小。最近十年来，中国经济规模持续扩大，国内生产总值从 2001 年的 10.97 万亿元增长到 2011 年的 47.16 万亿元，工业增加值则从 2001 年的 4.36 万亿元增加到 2011 年

18.86 万亿元。那么，这一段时间中国的电力供应与经济增长之间如何引导，“电荒”与之有什么联系？这构成本书研究的焦点。

随着中国市场化改革的深入，电力供应也呈现出新的特点，在电力产业上游，煤炭产业的市场化改革步伐较快，煤炭价格已经实现了市场化定价，而下游的电力产业仍在实行“计划定价”（或者说管制价）。于立和刘劲松（2004）、钟哲（2005）、于立宏和郁义鸿（2006）、张爱培（2006）、傅鸣（2006）、于立和王建林（2008）等都认为这种煤电“纵向价格双轨制”与中国的电力供应紧张密切相关，不过已有文献并没有进行严谨的理论分析和规范的实证检验，于立和王建林（2008）的实证分析也没有直接针对电力供应，而是针对电力缺口。本书考虑了煤电“纵向价格双轨制”的因素，重新分析电力供应与经济增长的动态关系。

二 新的贡献

第一，构建了一个煤电价格关系的理论模型。目前该领域的所有文献几乎都是经验性研究，缺乏正式的理论分析框架，我们借鉴 Lloyd、McCorriston、Morgan 和 Rayner（2001）对食品价格传递的分析方法，构造了一个煤电价格关系模型，考察了电力价格管制以及煤炭价格波动对电力供应的影响，得出结论可为后续的实证分析提供假说和理论支持。

第二，使用了包含煤炭价格在内的多变量实证分析方法。已有研究都是在二元变量框架下进行的，主要通过建立电力供应和经济增长的双变量模型进行格兰杰检验等，无法考虑煤炭价格的影响，这导致模型设定存在“遗漏变量”现象。Stern（1993，2000），Caporale 和 Pittis（1997），Caporale、Katsimi 和 Pittis（2002）都认为，遗漏第三方的影响会导致估计是有偏的，过度简化的二元框架无法正确探测变量间的因果联系。鉴于二元框架的不足，越来越多的文献使用多变量框架进行格兰杰检验，如 Stern（1993）在研究能源消费与经济增长关系时加入了资本和劳动，Masih 和 Masih（1997）在研究能源消费与真实收入关系时纳入能源价格，Chang、Fang 和 Wen（2001）在研究能源消费与产出的关系时考虑了就业。

第三，估计方法上，使用拔靴技术生成临界值，从不再依赖渐进分布的临界值。传统的格兰杰因果关系检验建立在大样本渐进推断基础上，无法克服数据不平稳性、小样本性以及非白噪声扰动带来的问题。当变量是单整或协整等不平稳变量时，格兰杰检验中的渐进检验统计量（如 t 统计量、F 统计量或 Wald 统计量等）不再具有标准的渐进分布。

即使不考虑平稳性问题，小样本问题也是大多数研究者都会遇到的问题，通常研究者不得不用有限样本计算统计量，同样会造成显著性水平扭曲。此外，因果检验都是建立在扰动项为白噪声过程的假设上，如果这一假设不满足，统计量的可用性也会大打折扣。

第四，与已有研究相比，我们使用的数据更新、更富有信息量。之前经验研究使用的数据都是年度数据，为了增大样本容量，样本选择甚至追溯到20世纪50年代。我们使用的是20世纪90年代中后期以来的月度数据，不仅容量更大，而且时效性更好。

第二节　煤电价格传递的理论模型

Lloyd等（2001）建立了一个移动均衡模型，分析了食品价格链中需求冲击对价格传递的影响。参照这一分析框架，我们建立了一个煤电价格关系模型，主要分析电力价格管制会对电力供应带来什么影响。与Lloyd等（2001）的模型思路不同的是，我们认为，上游市场的价格变动由下游企业产量调整引起，而非上游企业自身产量调整引起，因此我们更强调下游的买方垄断势力的影响，这一点更符合中国的现实：中国的发电市场比煤炭市场的集中程度更高。

首先分析电力价格无管制情况，或者说灵活可调的情况，假设电力行业的逆需求函数为：

$$EP = h(EQ) + IQ \tag{9-1}$$

EP代表电力价格，EQ代表电力需求量，IQ表示影响电力需求的外生变量，本书中指的是经济增长波动，逆需求函数满足$h' < 0$。IQ刻画了逆需求曲线的位置，当经济高涨时候，IQ变大，使得逆需求曲线右移，当经济萧条时，IQ变小，使得逆需求曲线左移。

假设煤炭行业的逆供给函数为：

$$CP = k(CQ) \tag{9-2}$$

CP代表煤炭价格，CQ代表煤炭需求量，供给函数k满足：$k_1 > 0$。我们还假设电厂的煤—电转换函数为：

$$EQ = \alpha CQ \tag{9-3}$$

转换函数表明1单位煤炭可生产出α单位的电力，中国目前的情况是

1 吨标准煤平均大约发电 3000 千瓦时。

假设共有 n 家发电厂，其中代表性电厂 i 的利润函数可以写为：

$$\pi_i = EP \times EQ_i - CP \times CQ_i - c_i(EQ_i) \tag{9-4}$$

EQ_i 为代表性电厂 i 的发电量，CQ_i 为代表性电厂 i 的发电用煤量，c_i 为代表性电厂 i 除电煤投入以外的其他成本，包括油耗、水耗、维护费、大修费、折旧费、人工费用等，这部分成本之和占总成本的 30%—50%，它与发电量有关但又不呈线性关系，设 c_i 存在以下特征：$\partial c_i/\partial EQ = mc_i(EQ) > 0$，$\partial^2 c_i/\partial^2 EQ > 0$。

在上述假设下，代表性电厂 i 在市场上进行寡头竞争，它调整自己的电力供应，最终使得利润最大化。将式（9－3）改写为 $CQ_i = (1/\alpha) EQ_i$，并代入式（9－4），两边关于 EQ_i 求导并使其为 0，得到利润最大化的一阶必要条件：

$$\frac{d\pi}{dEQ_i} = EP\left(1 + EQ_i \frac{dEP}{dEQ_i}\right) - \frac{1}{\alpha}\left(CP + EQ_i \frac{dCP}{dEQ_i}\right) - mc_i(EQ_i) = 0 \tag{9-5}$$

代表性电厂 i 推测到自己的电力供应调整会导致其他企业也进行供应量调整，进而影响整个电力市场的电力供应和价格，假设发电商都有相同的推测弹性为常数 η，即发电商 i 预期自己改变电力供应 1% 会导致其他企业改变电力供应百分之 η：

$$\eta = \frac{EQ_i \times d(EQ - EQ_i)}{(EQ - EQ_i) \times dEQ_i}$$

再假设电力市场的需求价格弹性为常数 e（绝对值形式）、煤炭市场的供给价格弹性为常数 ε、代表性电厂 i 的发电量份额 $s_i = EQ_i/EQ$，那么式（9－5）可重新写为如下形式：

$$EP\left[1 - \frac{\eta + (1-\eta)s_i}{e}\right] - \frac{1}{\alpha}CP\left[1 + \frac{\eta + (1-\eta)s_i}{\varepsilon}\right] - mc_i(EQ_i) = 0 \tag{9-6}$$

使用市场份额 s_i 做权重，将发电行业所有企业的利润最大条件加总，得到行业层次的利润最大化条件：

$$EP\left[1 - \frac{\eta + (1-\eta)HHI}{e}\right] - \frac{1}{\alpha}CP\left[1 + \frac{\eta + (1-\eta)HHI}{\varepsilon}\right] - MC(EQ) = 0 \tag{9-7}$$

其中，MC 为行业层次的边际成本函数，$MC(EQ) = \sum_{i=1}^{n} mc_i(EQ_i) \times s_i$；

HHI 为衡量市场集中程度的赫芬达尔指数：$HHI=\sum_{i=1}^{n}s_i^2$，当发电市场为完全垄断时，$HHI=1$，当发电市场趋近完全竞争时，$HHI\to 0$。为了不至于出现负的价格，假定存在：$e>\eta+(1-\eta)HHI$。

式（9-7）刻画了电力价格和煤炭价格之间的关系，但我们关心的是电力供应与煤炭价格的关系，将式（9-1）代入式（9-7）得到：

$$[h(EQ)+IQ]\left[1-\frac{\eta+(1-\eta)HHI}{e}\right]-\frac{1}{\alpha}CP\left[1+\frac{\eta+(1-\eta)HHI}{\varepsilon}\right]-MC(EQ)=0 \tag{9-8}$$

记 $\theta_1=1-\frac{\eta+(1-\eta)HHI}{e}$，$\theta_2=\frac{1}{\alpha}\left[1+\frac{\eta+(1-\eta)HHI}{\varepsilon}\right]$，有：

$$\theta_1 h(EQ)+\theta_1 IQ-\theta_2 CP-MC(EQ)=0 \tag{9-9}$$

由式（9-9）得到如下命题：

命题1：如果电力价格是灵活可调的，电力供应、经济增长和煤炭价格之间应存在一个均衡关系。

下面分析电力价格受到管制时的情形，再考虑式（9-5），设电力价格受到管制为 EP^*，EP^* 为一常数，此时发电商的产量调整不会对电力价格产生影响，因此 $dEP/dEQ_i=0$，但产量调整行为仍然会对煤炭价格产生影响，使用约定的记号和类似的变换，可得管制价格下电力行业层次的利润均衡关系式：

$$EP^*-\theta_2 CP-MC(EQ)=0 \tag{9-10}$$

由式（9-10）可得如下命题：

命题2：如果电力价格受到管制，电力供应与煤炭价格之间应存在均衡关系，电力供应与经济增长无关。

命题2的推导中没有用到需求函数式（9-1），因此电力市场不一定是出清的，当式（9-10）决定的电力供应小于式（9-1）决定的电力需求时，就会发生短缺，这就是“电荒”的发生机理。此外，从式（9-10）中还可以发现，由于 θ_2 与 HHI 正相关，在其他条件不变情况下，对于相同幅度的煤炭价格波动，集中程度高的发电市场的产量波动会更大，因此还可得出以下推论：

推论：如果电力价格受到管制，发电市场的集中度会放大煤炭价格波动对电力供应的影响。

第三节　煤电价格传递的实证检验

一　计量经济方法

本文主要使用拔靴格兰杰因果检验对电力供应、煤炭价格和经济增长之间的关系进行探测。格兰杰（1969）提出的格兰杰因果关系指的是，如果变量 x 有助于增进对变量 y 的预测，那么 x 就是 y 的格兰杰原因，在实践中可以检验 x 是否出现在 y 的方程中。如在以下模型中可检验 x 滞后项的系数是否联合为 0，如果成立，那么 x 就不是 y 的格兰杰原因。

$$y_t = \alpha_0 + \sum_{i=1}^{n} \alpha_i x_{t-i} + \sum_{i=1}^{n} \beta_i y_{t-i} + \varepsilon_t \tag{9-11}$$

大量研究者关注了格兰杰因果检验中变量的平稳性问题，Sims、Stock 和 Watson（1990）认为，当变量是单整或协整等不平稳变量时，格兰杰检验模型中估计系数的收敛速度会超过 $T^{1/2}$，常用的渐进检验统计量（如 t 检验、F 可更检验或 Wald 检验等）不再具有标准的渐进分布，建立在渐进理论上的检验也就不再有效。Shukur 和 Mantalos（2000）考虑了存在协整关系的非平稳变量之间的格兰杰因果关系，他进行的蒙特卡罗试验表明，Wald 检验的效果很差，特别是在小样本的时候。基于此，越来越多的学者开始在格兰杰因果检验中引入拔靴法（bootstrap approach），拔靴法最早由 Efron（1979）提出，他认为数据的经验分布是数据实际分布的最优估计，当某些统计量的分布无法知道时，可以借助拔靴法为检验统计量构造一个经验分布。Mantalos（2000）在变量为非平稳且不存在协整关系条件下比较了 Wald 检验、修正的似然比检验和拔靴检验的特征，结果证明拔靴检验在所有检验中表现最好。Hatemi－J（2002）设计了一个双变量的拔靴格兰杰因果检验，检验了出口增长与经济增长的关系，发现出口增长与经济增长之间的格兰杰因果关系是双向的。

在 Hatemi－J 工作基础上，我们对拔靴格兰杰检验做了如下改进：第一，为解决“遗漏变量”问题，将双变量情形推广到多变量，这一点在技术上没有新意，只需要将第三方控制变量及其滞后项加入到被估计模型的右边；第二，使用 VECM 模型（向量误差修正模型）而非 VAR 模型（向量自回归模型）进行格兰杰检验。理论上每一个 VECM 系统都能对应一个 VAR 系统，两者都可以作为检验的基础，但是，实践中使用 VAR 系统有时难以获得拔靴样本，这是因为由不平稳变量估计出的 VAR 系统也是不平稳的，拔靴样本可能会出现爆炸式增长。

具体而言，如果要检验 x 是不是 y 的格兰杰原因，误差修正模型为：

$$\Delta y_t = \alpha_0 + \sum_{i=1}^{n} \alpha_i \Delta x_{t-i} + \sum_{i=1}^{n} \beta_i \Delta y_{t-i} + \sum_{i=1}^{n} \gamma_i \Delta z_{t-i} + \theta ECT_{t-1} + \varepsilon_t \tag{9-12}$$

这里控制了第三方变量 z 和误差修正项 ECT，当原假设 H_0：$\alpha_1 = \alpha_2 = \cdots = \alpha_n = \theta = 0$ 成立时，认为 x 不是 y 的格兰杰原因。需要注意的是一定要在联合检验原假设中包含 θ，已有使用 VECM 的格兰杰检验文献中，研究者都只检验了 Δx_{t-i} 前面的系数，这样做其实不符合格兰杰检验的原有之意，因为 Δy 的方程中包含 ECT，而后者包含 x。Enders（2004）认为，如果拒绝一个变量是另一个变量的格兰杰原因，它必须不受长期均衡离差的影响。当然，如果变量间不存在协整关系，且差分后变量都是 I（0），则可去掉误差修正项 ECT，对差分后数据直接使用标准的格兰杰因果检验。

拔靴格兰杰因果检验分六步进行：

第一步，在原假设 H_0：$\alpha_1 = \alpha_2 = \cdots = \alpha_n = \theta = 0$ 成立条件下使用 OLS 估计模型（9－12），得出约束条件下的系数估计，并计算其残差；

第二步，从残差的经验分布中再抽样，构建误差项的拔靴样本，抽样是有放回的抽取，因此在这个拔靴样本中，有的残差可能出现了一次，有的残差可能出现了多次，有的残差可能没有出现过，平均来讲每个残差在每个拔靴样本中出现一次；

第三步，使用误差项的拔靴样本在原假设成立条件下构造因变量的拔靴样本，由于存在滞后项，拔靴样本必须通过递归形式产生，而不能使用原始数据；

第四步，使用因变量的拔靴样本和其他变量在备择假设成立条件下估计模型，获得检验原假设的 F 统计量 F^*；

第五步，重复地第二步到第四步多次（本书中为 1000 次），计算出一系列的 F^*，得到拔靴统计量的经验分布，取其经验分布的第 $1-\alpha$ 分位数就得到 α 水平的拔靴临界值；

第六步，使用原始数据计算 F 统计量，将其与拔靴临界值比较，决定接受还是拒绝原假设。①

二 数据的选取与说明

本书选择了 1996 年 10 月到 2011 年 7 月的月度数据，共计 178 个样本点。样本的选择主要基于以下几点：一是这一时间区间既涵盖了电力供应充足的年份（20 世纪 90 年代中后期到 21 世纪初）也涵盖了“电荒”发生的年份（21 世纪初至今），可更为全面刻画电力供应的均衡与失衡；二是 20 世纪 90 年代中后期中国开始进入重化工业化阶段，经济结构特别是工业结构开始发生变化，这会导致能源消费方式的变化，如同样是工业总产值，以轻工业为主和重工业为主在电力消费上的表现必然不同，因此我们剔除了过早时间区间；三是使用月度数据能够增加样本容量，可更丰富地反映时间序列动态变化情况。

《中经网统计数据库》提供了本书所用的所有数据。使用火电产量表示电力的供应量（ES），火电是中国电力的主体，通常所说的“电荒”指的其实是“火电荒”，除非有明确指出，本书中出现的“发电量”或“电力供应”都指的是火电，这些都可以通过上下文判断出来；使用工业总产值表示经济增长（IQ），之所以使用工业总产值而非 GDP 作为经济增长的变量，一方面是考虑到电力的绝大部分被工业所消耗（占 80% 以上），另一方面是 GDP 只有季度数据而没有月度数据；使用煤炭开采和洗选业工业品出厂价格指数表示煤炭价格（CP），这一指标需要详细介绍，煤炭开采和洗选业工业品出厂价格指数的原始数据是同比价格指数，通过将本年度本月价格除以上年度相同月份的价格计算得出，反映的是同比去年同期的价格涨跌幅，这种数据在计量经济分析中的含义并不直观，例如当需要使用差分后数据进行估计时，对估计结果的解释比较困难。但如果将同比数据换算为定基比数据需要知道至少连续 12 个月的可比价格作为基期价格，而公开资料中这些基期价格又不可得。退而求其次，我们将数据之前一个年度也就是 1995 年 10 月到 1996 年 9 月的煤炭开采和洗选业工业品出厂价格指数设为 100，然后再依次递推计算以后各年度的定级比价格指数，这是目前唯一可用的定基比数据，事实上很多同类文献都使用这种计算方式，如贺力平、樊纲和胡嘉妮（2010）、刘凤良和鲁旭等（2011）。之所以没有使用秦皇岛港煤炭价格数据，一方面是该数据最早只能追溯到

---

① 我们基于 STATA 编写了本书的检验程序，可向笔者邮件索取。

2003 年，另一方面该数据在时间上不是等间距的。为了平抑和剔除季节因素的影响，本书对各变量进行了季节调整和对数化处理。

三　平稳性与协整性检验

我们使用 ADF 检验来检查变量的平稳性，该检验需要设定恰当滞后阶数，实践中研究者们倾向于使用 SBC 准则或者 AIC 准则来选择尽量简练的阶数，但是我们认为，这里目的不在于估计模型本身，各类信息准则只能作为参考，考虑到 ADF 检验比 DF 检验的改进之处是通过更多的滞后项来消除扰动项的序列相关，因此阶数选择应首先确保其残差是白噪声。我们通过 Ljung – Box 的 Q 序列相关统计量来考察残差序列的相关性，进而确定 ADF 检验的滞后阶数，检验结果如表 9 – 1 所示。在 5% 的显著性水平下，不能拒绝三个变量存在单位根的原假设，但可以拒绝一阶差分后变量存在单位根的原假设，检验结果表明三个变量都是 1 阶单整的非平稳序列。

表 9 – 1　　ADF 检验

变量	滞后阶数	ADF 统计量	Ljung – Box 的 Q 统计量		
			Q（1）	Q（2）	Q（3）
CP	2	– 2. 279	0. 03443	0. 22613	0. 39698
ES	1	– 3. 288	0. 90018	3. 921	5. 6714
IQ	2	– 2. 836	0. 02297	0. 02983	0. 09329
△*CP*	1	– 5. 935	0. 02166	0. 12551	0. 32333
△*ES*	1	– 13. 853	0. 03507	0. 16512	0. 28102
△*IQ*	1	– 20. 885	0. 98606	3. 4789	5. 9

我们进一步检验变量间协整关系的存在性。一个广泛使用的检验方法是基于最大似然估计的 Johansen 检验，它由 Johansen（1988）、Johansen 和 Juselius 等（1990）提出，该检验要求扰动不存在自相关。Enders（2004）的观点认为误差不是白噪声的任何实证结果都意味着滞后长度过短，因此在选择滞后阶数时，需要注意残差的序列相关性。我们首先用各类信息准则筛选滞后长度的大致范围，再根据残差序列相关性对滞后阶数进行调整（根据 LM 检验）。检验结果见表 9 – 2，单纯从各类信息准则判断，滞后 3 阶似乎较为合适，不过 LM 检验表明，滞后 3 阶仍存在较强的

序列相关性，综合考虑，在此基础上增加了1阶，滞后4阶时VECM不再存在序列相关。

表9-2　　阶数选择检验

lag	AIC	HQIC	SBIC	LM统计量		
				LM（1）	LM（2）	LM（3）
0	-3.367	-3.345	-3.313	—	—	—
1	-13.27	-13.18	-13.05	15.4751 *	18.1231 **	13.3310
2	-13.63	-13.47	-13.2454	36.0356 ***	37.2778 ***	12.2850
3	-13.7266	-13.5057	-13.18	16.9802 **	16.3584 *	12.2788
4	-13.7	-13.42	-12.99	3.3493	5.8339	4.4627

注：AIC、HQIC、SBIC基于VAR模型。LM（1）、LM（2）、LM（3）基于VECM模型，***表示在1%的显著水平下拒绝原假设，**表示在5%的显著水平下拒绝原假设，*表示在10%的显著水平下拒绝原假设。

滞后阶数选定后，使用Johansen检验中的迹统计量检验协整关系的个数（或者协整秩的个数），迹统计量是一个似然比统计量，如果约束条件（协整秩个数）设定恰当，那么约束和无约束下的长期均衡项系数矩阵迹不应相差太大。从表9-3可以看出，协整秩为0时，迹统计量超过5%水平上的临界值，应拒绝没有协整关系的原假设；当协整秩为1时，迹统计量没有超过5%水平上的临界值，不能拒绝存在一个协整关系的原假设；当协整秩为2时，迹统计量也没有超过5%水平上的临界值，不能拒绝存在两个协整关系的原假设，不过根据循环假设检验的顺序与停止原则，最终认为这三个变量之间存在唯一的协整关系。

表9-3　　Johansen协整检验

协整秩	最大特征值	迹统计量	5%临界值
0		43.97	29.68
1	0.169	11.6626 **	15.41
2	0.0612	0.670	3.760
3	0.00385		

注：**表示在5%显著水平下拒绝原假设。

确定协整关系个数后，通过最大似然估计法估计误差修正模型的所有参数，将煤炭价格标准化为1，最终获得协整关系方程如下：

$$ECT = CP + 13.78217\ ES - 7.541588\ IQ - 33.15954$$
$$(5.53^{***}) \qquad (-5.54^{***}) \qquad (9-13)$$

调整系数矩阵为：（0.0021221　0.0028625　0.0175052），方程中ECT为误差修正项，括号中的数值为z值。可以看出，长期内煤炭价格与电力供应负相关，与经济增长正相关，各变量前面的符号符合预期，表明三个变量之间长期存在均衡关系。但是根据命题1，只有电力价格是灵活可调时，电力供应、经济增长和煤炭价格之间才有均衡关系，如何解释这三个变量在"纵向价格双轨制"下也存在长期均衡呢？我们认为，尽管电力价格受到管制，但是经过发改委的多次调价，在长期电力价格是持续上涨的，或者说电力价格在短期内表现为刚性，在长期内则具有一定灵活性。这样，"电荒"发生后，电力供应会在短期偏离长期均衡，随后出台煤电联动政策或调价政策会使电力供应向均衡移动，使得"电荒"得到暂时缓解，最终不会偏离均衡太远。因此在维持电力供应达到长期均衡过程中，煤电联动政策或调价政策应起到积极作用。

四　拔靴格兰杰因果检验

我们使用F统计量进行格兰杰因果检验，设定的拔靴重复次数为1000次，图9－1中实线为拔靴F统计量分布，虚线为相应自由度的F分布。我们发现两者存在一定差异，特别是当原假设为煤炭价格不是电力供应的格兰杰原因时，两者之间的偏差很大，说明该统计量的分布还难以用渐进分布来很好地逼近。Beran（1988）、Horowitz等（1997）的理论和试验都证明，拔靴分布比渐进分布更可靠，因此应使用拔靴F分布进行统计推断。

根据经验分布可查得各个显著水平下的临界值，具体结果见表9－4。首先，考察经济增长与电力供应之间的关系，当原假设为经济增长不是电力供应的格兰杰原因时，F统计量较小（1.2979044），而拔靴分布在10%水平上的临界值也达到2.1289988，这导致没有足够证据拒绝原假设，因此认为，经济增长不能够格兰杰引起电力供应；当原假设为电力供应不是经济增长的格兰杰原因时，F统计量较大（7.0965169），根据拔靴分布，1%水平上的临界值仅为3.5286131，因此可以轻易拒绝原假设，认为电力供应能够格兰杰引起经济增长。这一结果验证了命题2，电力供

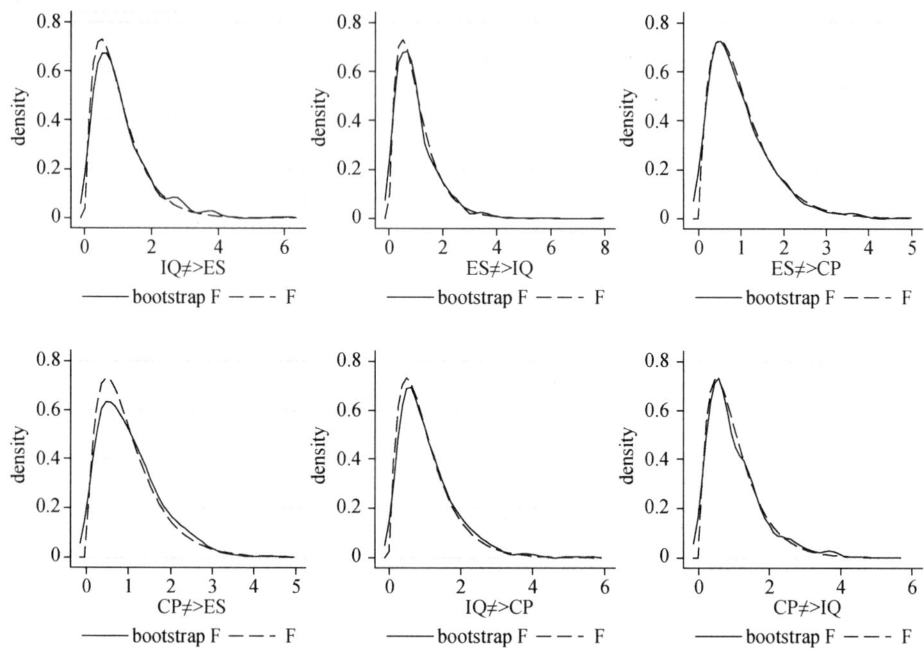

图 9-1 基于 1000 次重复计算的拔靴 F 分布

应不对经济增长做出响应，中国的经济增长与电力供应之间的格兰杰因果联系是单向的，方向是从电力供应到经济增长。

表 9-4　　拔靴格兰杰检验结果

序号	原假设	*F* 统计量	10% 的拔靴临界值	5% 的拔靴临界值	1% 的拔靴临界值
1	IQ≠>ES	1.2979044	2.1289988	2.7354712	3.8002219
2	ES≠>IQ	7.0965169 ***	1.9935255	2.424067	3.5286131
3	ES≠>CP	1.6580277	1.9532238	2.3778911	3.4662669
4	CP≠>ES	2.847865 **	2.0913253	2.4722509	3.2851038
5	IQ≠>CP	3.3916184 **	2.0971341	2.5351596	3.8105288
6	CP≠>IQ	7.2100417 ***	2.0820088	2.6434021	3.7468476

注：*** 表示在 1% 显著水平下拒绝原假设，** 表示在 5% 显著水平下拒绝原假设，* 表示在 10% 显著水平下拒绝原假设。

其次，考察电力供应与煤炭价格之间的关系，当原假设为电力供应不是煤炭价格的格兰杰原因时，F 统计量较小（1.6580277），拔靴分布下10%水平上的临界值为1.9532238，不足以拒绝原假设。而当原假设为煤炭价格不是电力供应的格兰杰原因时，F 统计量较大（2.847865），大于拔靴分布下5%水平下的临界值（2.4722509），因此认为煤炭价格能够在格兰杰意义上引导电力供应。这个结果证明了先行的煤炭价格对电力供应有显著的预测作用，煤炭价格可以作为“电荒”的预警指标之一，但先行的电力供应对煤炭价格没有明显的预测作用，排除了发电用煤会拉动煤炭价格上涨的可能。

最后，考察煤炭价格与经济增长之间的关系，当原假设为经济增长不是煤炭价格的格兰杰原因时，F 统计量为3.3916184，高于5%水平下的拔靴临界值，但是低于1%水平下的拔靴临界值，因此可以在5%水平上拒绝这一原假设。当原假设为煤炭价格不是经济增长的格兰杰原因时，F 统计量为7.2100417，远高于1%水平下的拔靴临界值，可轻易拒绝原假设。因此煤炭价格与经济增长之间存在双向的格兰杰因果联系，这一结果与煤炭行业的市场化程度较高有关，表明近十年来的煤炭价格上涨主要是工业化进程加快导致的，同时煤炭作为中国工业的“粮食”，其价格波动也会显著影响工业生产。

我们将电力供应、煤炭价格与经济增长三者的格兰杰因果检验结果总结为图9－2，可发现其中有两个单向的格兰杰因果关系，一个双向的格兰杰因果关系，构成一个不对称的环路。

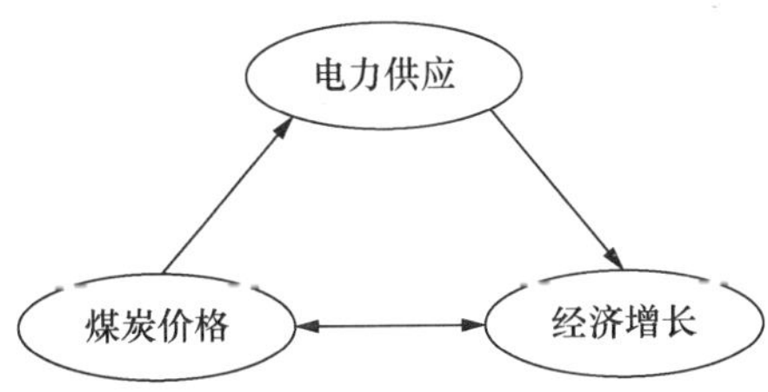

图9－2　电力供应、煤炭价格与经济增长的格兰杰引导关系

Shiu 和 Lam（2004）等也发现电力供应会单方向格兰杰引导经济增长，而不会对经济增长做出响应。但囿于二元分析框架，他们都没有给出理论解释，他们理解为中国的装机容量不足造成了这一现象，提出要增加发电装机来满足日益扩大的工业用电。装机容量不足可能适用解释 20 世纪末之前的电力短期情况，但是进入 21 世纪后，特别是 2003 年后，中国开始大规模火电项目建设，这一时期中国发电装机是充足的。电监会办公厅副主任俞燕山认为，火电机组每年合理的利用小时数应达 6000 以上，近十年来，中国没有一年达到这一标准，2004 年后中国火电设备利用率逐年降低，甚至有的年份降低到 5000 以下。我们认为电力供应单向格兰杰引导经济增长的根源在于煤电“纵向价格双轨制”，背后的经济学直觉是，发电商会根据边际收益和边际成本的情况调整其发电量，电力价格等于边际收益，煤炭价格则影响边际成本，经济增长既与边际收益无关，也与边际成本无关，发电商也就不会参考经济增长进行生产决策。

煤炭价格不会对电力供应进行响应，只对经济增长做出响应，这一点与理论模型中均衡关系式不一致，对此的一个解释是，煤炭价格尽管在形式上属于市场定价，但发电用煤的价格仍然受到较多的行政干预。中国发电厂消耗的煤炭大部分属于重点合同煤，这些煤炭交易合同都是在发改委参与下签署的，价格制定带有一定行政色彩，2011 年 11 月秦皇岛港 5000 大卡动力煤的市场价格为每吨为 740—750 元，发改委要求的重点合同煤炭价格不可高于每吨 546 元，两者价差达到 200 元。由于重点合同煤的价格普遍低于市场上采购价格，因此发电量越大、重点合同煤的采购越多，实际上对煤炭价格有一个压低的趋势。不过重点合同煤的兑现一直存在问题，由于存在价差煤炭企业不愿意完全履行重点合同，这几年的数据重点合同煤的兑现率为 60%—90%，发电商必须采购市场煤作为补充，采购量较大时也会影响煤炭价格，两种作用相抵导致电力供应与煤炭价格之间的关系并不明显。

与电力供应有关的两个格兰杰因果关系都是单向的，电力供应单向引导经济增长，煤炭价格单向引起电力供应，前一个是形成“电荒”的关键，后一个则有利于缓解“电荒”。由于工业化进程加速带动了煤炭价格的持续上涨，煤炭价格上升推高了发电商的边际成本，发电商必须调低电力供应才能实现利润最大化，而同时需求并没减少，从而产生“电荒”。当然，单纯的煤炭价格上升还不是“电荒”充分条件，如果电力价格可以灵活调整，那么根据均衡关系式，煤炭价格会同时推高电力价格和电力产量，发电市场仍然可以实现出清。后一个单向格兰杰因果关系是存在行政干预的结果，这种单向关系实际上有利于缓解“电荒”，否则的话，持续扩大的电力供应必然拉动煤炭价格进一步上涨，这只会使电力供应进一步紧张。

我们的分析还发现，煤炭价格波动在并不太长的时期内（3 个月）会显著影响电力供应，这是一个值得关注的现象，它说明发电商之间可能存在默契合谋，在合谋中发电商将煤价上涨看作联合限产的信号。2011 年 5 月《经济参考报》曾报道湖南在“电荒”期间超过一半的火电装机停机检修，这一时期正处于煤炭价格上涨较快的时期，华北电力大学张粒子认为，在电力偏紧阶段一个区域出现较高检修率不正常。集中的市场结构为合谋提供了土壤，在国外的电力市场中，有市场势力的发电商会联合起来以检修为名减少电力供应，造成市场供不应求的局面，继而提高销售电价。中国发电行业的市场集中度也非常高，前 5 名发电商华能、大唐、国电、华电和中电投占全国装机市场份额的一半，它们尽管无法左右价格，但能以制造“电荒”影响规制者，促使下一轮调价早日到来。

第四节　结论与政策建议

本书在一个三变量的框架下考察了电力供应、煤炭价格与经济增长之间的关系。基于 1996 年 10 月到 2011 年 7 月的数据，使用 Johansen 协整检验发现：电力供应与煤炭价格、经济增长之间存在长期均衡关系，不同时期的“电荒”是对这一均衡关系的偏离，为缓解“电荒”，政府一般会出台调价政策，最终使其回复到长期均衡。使用拔靴格兰杰因果检验分析了这些变量间的相互引导关系并发现：（1）电力供应是经济增长的格兰杰原因，但是相反的方向上不成立；（2）煤炭价格上涨是电力供应的格兰杰原因，但在相反的方向上不成立；（3）煤炭价格与经济增长之间存在双向的格兰杰因果联系。本文的上述研究结果对未来一段时期中国治理“电荒”具有重要启示，相关政策部门应做好以下几个方面的工作：

一　密切关注煤炭价格波动

就世界范围而言，近十年来能源类的价格上涨是一个普遍现象，未来随着中国工业化进程的加速，煤炭还会进一步上涨，无论承认与否，中国正步入一个“高能价时代”。本文研究发现，从煤炭价格到电力供应的传导影响是清晰的，因此应密切关注煤炭价格的波动，结合其他经济景气指标，建立纳入煤炭价格的“电荒”预警系统，做到未雨绸缪。对于目前发电用煤的价格干预政策，理论界存在较大的争议其扭曲。我们认为，问题不在于煤炭价格干预是否会扭曲供求关系，而是电力价格已经被扭曲，在煤电“纵向价格双轨制”背景下，这种价格干预存在一定的合理性，这是中国转轨经济中的特殊现象，不能简单套用经济学教条。当然，对煤炭价格的治理也不应只停留在简单的限价上，煤炭价格并非没有降价的空间，从煤炭出矿地的西北地区到煤炭消费地的东南地区，过路过桥费、车皮“打点费”等各种公开或不公开的费种繁多，导致中间环节的支出占了五成，应站在保障国家能源供给的战略高度，清理整顿煤炭运输中的各种收费，以此抑制过高的煤炭价格。

二　疏导煤炭价格上涨压力

在特定情况下为了保障电力的供应，对发电用煤实行临时的价格管制无可厚非，但是煤炭价格的上涨并非由电力行业本身引起，单纯抑制发电用煤价格无法约束总体价格水平上涨，解决“电荒”问题，还应从价格疏导入手。作为行政性定价，已有的价格联动机制饱受诟病，但在电力市场化改革完成之前并没有其他替代方案，本书发现，长期内电力供应与各个变量仍能维持一定的均衡关系，其中煤电联动应起到了积极作用。应把完善煤电联动机制与推进经济结构战略性调整相结合，当前高电耗行业在中国经济中的比例较高，这是最近几年“电荒”频发的重要诱因，如果按照目前的发展模式，当中国经济总量超过美国的时候，消耗的电力将两倍于美国，这将是中国难以承受的。通过煤电联动及时疏导煤炭价格，使得电价反映资源稀缺性，无疑会激励用户更重视节能，客观上起到引导产业升级和经济增长方式转变的作用。因此我们认为，煤电价格联动机制不存在是否必要的问题，而是如何实施的问题，下一步改进应是制定科学的、可操作性强的燃料价格调整公式，使价格联动更加制度化、规范化、透明化。

三　打破电力市场行政垄断

从 2002 年国务院批准《电力体制改革的方案》算起，中国电力行业市场化改革经过了十年，但十年来的改革除了形式上将厂网分离之外，成果寥寥，诸如“打破垄断”、“竞价上网”等目标都没有实现。下一步改革应按照难易顺序规划一个路线图，先推进市场结构改革，后推进价格机制改革。高度集中的发电市场结构下更容易发生“电荒”，一方面发电企业可能通过串谋来联合限产，人为制造“电荒”，另一方面即使不存在串谋，高集中度本身也会放大煤炭价格波动带来的影响（推论1）。除了平抑电力供给波动外，打破电力市场垄断还是实施煤电联动的需要，周其仁（2005）曾说过，“没有竞争，不知道成本为何物”，垄断的市场结构下，发电商的成本不可能得到有效控制，由于规制者不知道各方的真实成本，煤电价格联动机制必然成为各方的利益分割机制。目前中国电力行业的投资仍然需要多个部门审批，各种行政审批既容易滋生腐败，也客观上对在位发电企业提供了保护，形成了电力市场的行政垄断，而在国外的电力行业，除了环保要求外，新进入的电厂没有行业准入的各种限制，因此应首先改革电源项目的行政审批制度，在法律准许条件下，允许各种资本自由投资于电力行业。电力价格市场化是电力体制改革的核心和终极目标，涉及电力市场的构建和电力市场的监管，也是电力体制改革的难点部分，有专门的文献对此进行论述，在这里不再赘述。

本书主要考虑发电—煤炭之间的关系，实际上完整的纵向关系不仅包括煤炭企业与发电企业，还包括发电企业下游的电网企业，有观点认为电网建设滞后和电网环节的垄断也是造成中国“电荒”的重要因素，因此寻找电网环节输配电政策对电力供应影响的证据，将是进一步研究的方向。

第十章　电力价格、能耗密度与电力消耗

第一节　研究背景

美国次贷危机爆发以来，包括中国在内的世界主要经济体受到严重冲击，经济增长出现急刹车。美国商务部公布的数据显示，2008 年第四季度美国国内生产总值（GDP）下降 3.8%，经济紧缩下滑速度创下 26 年来之最；出口急剧放缓，环比增长大幅下降 19.7%；2009 年 1 月失业率达到 7.6%，为 16 年来最高水平。2009 年 1—2 月，中国全国规模以上工业实现利润 2191 亿元，同比下降 37.3%；2009 年第一季度经济增长率仅为 6.1%，对外贸易进出口总额同比下降 24.9%。为了减小经济波动幅度、避免再次陷入大萧条的风险，各国政府纷纷推出强有力措施，试图稳定金融市场和刺激经济增长。各种扩张性宏观经济政策出台以后，在对经济复苏迹象的期待中，电力消费量作为国内生产总值的先行指标开始受到人们关注。

由于电力不可储存的技术特征，电力消费量大致等于电力供应量，因而电力消费量会受到电力供应侧市场因素的影响。国外经济学家大多认为，电力消费量或电力供应量与价格结构有一定关系，美国加州电力危机在很大程度上是由该州电力市场上的市场势力与价格波动造成的。通过对电力批发市场企业层面市场势力的测度，Wolak（2003）发现：电力供应商为达到大幅提高价格的目的，会减少电力供应量，其结果会造成电力消费量的降低。这与电力消费的需求弹性有关。依据电力供应商向加州独立系统运营商（ISO）提交的实际竞标价格数据，Wolak 计算出各供应商所面对的事后剩余需求曲线的价格弹性。由于事后剩余需求弹性的倒数可量化供应商在加州实时（real - time）电力市场上提高价格获得超额利润的能力，Wolak 利用 1998—2000 年 6 月 1 日至 12 月 30 日剩余需求弹性倒数

的均值来大致测度每个供应商拥有的单边市场势力的严重程度。结果发现，2000 年单边市场势力远远高于 1998 年与 1999 年。Borenstein 等（2002）的研究成果充分支持了这一观点。Borenstein 和 Holland（2003）考察了放松规制条件下竞争性的发电市场实行变动批发价格，竞争性的零售商仍然向一部分消费者收取不变零售价格的一种结构，证明电力消费市场的价格结构对电力消费量具有重要影响，不同价格结构下电力需求弹性系数差别较大，当电力批发价格高于不变零售价格时，支付不变零售价格的消费者所占比例越大，则电力消费量较大。

国内经济学家对电力消费量的研究同样做出了重要贡献，他们除了考察电力价格，还考察一些其他影响变量。林伯强（2003）利用宏观经济学的方法，提出一个长期电力需求模型分析影响中国电力需求的主要因素。结果表明，虽然国内生产总值仍然是影响电力需求的最重要因素，但电力需求与中国的结构变化及效率改进是负相关的。这意味着对于一个快速增长的经济体来说，GDP 的高速增长并不总是伴随着高的电力需求，并解释了为什么 1998 年经济增长率为 7.8%，但电力消费却只增长了 2.8%。李虹（2004）沿用规制经济学与电力经济学的分析工具和分析框架，对电力市场设计中的一些理论如节点价格体系、双边契约机制和电力市场中的风险规避进行了研究与分析。结果表明，采取节点边际价格体系可以促进发电行业的长期投资，保证行业的持续健康发展。于良春、张伟（2003）认为，电价改革应在发电环节引入竞争基础上，对不同效率类型的电力厂商设计不同激励强度的定价机制，并对不同技术效率的电力厂商列出不同激励强度的价格规制方案。在保证厂商获得一定利润基础上，应在发电电价形成过程中引入竞争以激励厂商降低成本，提高效率，在次优选择的基础上最大化社会总福利。

已有的经济文献对电力消费、电力价格的研究较多，却都忽视了它们之间复杂的内在因果关系。本书的特点在于：首先，使用全国层面的时间序列数据分析了电力价格和电力消耗的关系，区分电力消费量增长决定因素的直接效应与间接效应，通过对过去 22 年相关数据的实证研究找出影响中国电力消费量的根本原因以及影响因素之间存在的路径关系。其次，使用分地区数据分析电力价格与高能耗行业布局的关系，找出电力价格对高能耗行业布局的具体影响。

第二节　电力价格与电力消费量的关系

一　研究方法：路径分析

路径分析（path analysis）是路径系数分析的简称，路径系数是变量标准化后的偏回归系数，是用来表示相关变量因果关系的统计量。路径分析方法是数量遗传学家 Sewall Wright 于 1921 年提出的一种多元统计技术，它是相关分析的延续，即在多元回归的基础上将简单相关系数分解为多个部分，通过直接路径系数与间接路径系数来显示某一自变量对因变量的直接作用效果和间接作用效果，通过标准回归系数（Beta 值）之间的比较，来反映不同量纲的自变量在因变量变化诱因中的重要性程度。

电力消费量是显示电力产业发展状况的重要指标，也是观测国民经济发展状况的关键指标之一。电力消费量与电力价格以及其他影响变量之间的因果结构关系错综复杂，电力价格的上升一般会抑制电力消费，而煤炭价格的大幅上涨，会降低发电企业的供电量，从而强制性地减少电力消费量，这也是近年来“电荒”反复出现的表现形式。但由于国内生产总值的增长以及产业结构的变化，电力价格、煤炭价格上涨对电力消费量的消极作用显得不十分显著，电力价格、煤炭价格大幅上涨往往伴随着电力消费量的快速增长，能源价格上涨对电力消费量的负面作用被其他经济因素抵消，简单地分析两者之间的相关关系很容易得出错误的结论。就电力消费量而言，影响因素主要包括电力价格、国内生产总值、煤炭价格等，各因素之间又存在着一定的因果联系。本书的研究目的在于，应用路径分析方法将影响电力消费量的各种因素及其间的简单相关关系分解为直接因果关系与间接因果关系，找出影响电力消费量的关键因素，为中国电力市场的健康发展提供有意义的理论参考。

二　路径分析的基本模型

假设自变量为 X_1，X_2，…，X_k，因变量为 Y，通过最小二乘原理可得出多元线性回归方程各回归系数的求解模型：

$$
\begin{cases}
\sum(\hat{\beta}_0+\hat{\beta}_1X_1+\hat{\beta}_2X_2+\cdots+\hat{\beta}_kX_k)=\sum Y \\
\sum(\hat{\beta}_0+\hat{\beta}_1X_1+\hat{\beta}_2X_2+\cdots+\hat{\beta}_kX_k)X_1=\sum YX_1 \\
\sum(\hat{\beta}_0+\hat{\beta}_1X_1+\hat{\beta}_2X_2+\cdots+\hat{\beta}_kX_k)X_2=\sum YX_2 \\
\cdots\ \cdots\ \cdots\ \cdots\ \cdots\ \cdots\ \cdots\ \cdots\ \cdots\ \cdots \\
\sum(\hat{\beta}_0+\hat{\beta}_1X_1+\hat{\beta}_2X_2+\cdots+\hat{\beta}_kX_k)X_k=\sum YX_k
\end{cases}
\tag{10-1}
$$

解得 $\beta_0=\bar{Y}-\ddot{\beta}_1\bar{X}_1-\ddot{\beta}_2\bar{X}_2-\cdots-\ddot{\beta}_k\bar{X}_k$，代入多元线性回归方程组并整理成离差平方和形式，将各离差平方和方程两边分别除以 n，并用 σ_i 代表 X_i 的标准差，σ_Y 代表 Y 的标准差，σ_{ij}代表 X_i 和 X_j 的协方差，σ_{iY}代表 X_i 和 Y 的协方差，即：

$$
\begin{cases}
\hat{\beta}_1\sigma_1^2+\hat{\beta}_2\sigma_{12}+\cdots+\hat{\beta}_k\sigma_{1k}=\sigma_{1y} \\
\hat{\beta}_1\sigma_{21}+\hat{\beta}_2\sigma_2^2+\cdots+\hat{\beta}_k\sigma_{2k}=\sigma_{2y} \\
\vdots\quad\vdots\quad\vdots\quad\vdots\quad\vdots\quad\vdots\quad\vdots\quad\vdots \\
\hat{\beta}_1\sigma_{k1}+\hat{\beta}_2\sigma_{k2}+\cdots+\hat{\beta}_k\sigma_k^2=\sigma_{ky}
\end{cases}
\tag{10-2}
$$

将上述标准差方程分别除以 $\sigma_1\sigma_y$、$\sigma_2\sigma_y$、…、$\sigma_k\sigma_y$，可得：

$$
\begin{cases}
\hat{\beta}_1\dfrac{\sigma_1}{\sigma_y}+\hat{\beta}_2\dfrac{\sigma_2}{\sigma_y}\times\dfrac{\sigma_{12}}{\sigma_1\sigma_2}+\cdots+\hat{\beta}_k\dfrac{\sigma_k}{\sigma_y}\times\dfrac{\sigma_{1k}}{\sigma_1\sigma_k}=\dfrac{\sigma_{1y}}{\sigma_1\sigma_y} \\
\hat{\beta}_1\dfrac{\sigma_1}{\sigma_y}\times\dfrac{\sigma_{21}}{\sigma_2\sigma_1}+\hat{\beta}_2\dfrac{\sigma_2}{\sigma_y}+\cdots+\hat{\beta}_k\dfrac{\sigma_k}{\sigma_y}\times\dfrac{\sigma_{2k}}{\sigma_2\sigma_k}=\dfrac{\sigma_{2y}}{\sigma_2\sigma_y} \\
\vdots\quad\vdots\quad\vdots\quad\vdots\quad\vdots\quad\vdots\quad\vdots\quad\vdots\quad\vdots\quad\vdots \\
\hat{\beta}_1\dfrac{\sigma_1}{\sigma_y}\times\dfrac{\sigma_{k1}}{\sigma_k\sigma_1}+\hat{\beta}_2\dfrac{\sigma_2}{\sigma_y}\times\dfrac{\sigma_{k2}}{\sigma_k\sigma_2}+\cdots+\hat{\beta}_k\dfrac{\sigma_k}{\sigma_y}=\dfrac{\sigma_{ky}}{\sigma_k\sigma_y}
\end{cases}
\tag{10-3}
$$

令 $P_{iy}=\hat{\beta}_i\dfrac{\sigma_i}{\sigma_y}$，$r_{ij}=\dfrac{\sigma_{ij}}{\sigma_i\sigma_j}$（$i$，$j=1$，$2$，…，$k$），可得简单相关系数的分解方程：

$$
\begin{cases}
P_{1y}+r_{12}P_{2y}+\cdots+r_{1k}P_{ky}=r_{1y} \\
r_{21}P_{1y}+P_{2y}+\cdots+r_{2k}P_{ky}=r_{2y} \\
\vdots\quad\vdots\quad\vdots\quad\vdots\quad\vdots\quad\vdots\quad\vdots\quad\vdots \\
r_{k1}P_{1y}+r_{k2}P_{2y}+\cdots+P_{ky}=r_{ky}
\end{cases}
\tag{10-4}
$$

模型中的 P_{iy}为直接路径系数，表示 X_i 对 Y 的直接影响效应；$r_{ij}P_{jy}$为间接路径系数，表示 X_i 通过 X_j 对因变量的间接路径效应；r_{ij}为 X_i 和 X_j 的简单相关系数，r_{iy}为 X_i 和 Y 的简单相关系数。

由于在经济研究中不可能把所有影响因变量的自变量都考虑周全，即存在误差项。因此，需要进一步计算未研究的自变量对因变量路径效应的系数 P_{ey}，即剩余效应，计算公式为：

$$P_{ey}=\sqrt{1-\left(P_{1y}r_{1y}+P_{2y}r_{2y}+\cdots+P_{ky}r_{ky}\right)} \quad (10-5)$$

如果剩余效应很小，则说明路径分析已经把握住了电力消费量的主要影响因素，否则表明模型分析可能遗漏了某些重要的解释变量，需要在模型加入别的影响因素做进一步的理论分析。

三 路径分析的中的指标与数据

根据供求原理，影响电力消费量的因素除了电力价格，还有装机容量、国内生产总值、电力消费弹性系数、煤炭价格等，暂不考虑电力市场的组织结构与制度设计问题。假设 Y 为电力消费量（亿千瓦小时），X_1、X_2、X_3、X_4、X_5 分别代表国内生产总值（亿元）、装机容量（万千瓦）、电力消费弹性系数、煤炭价格指数和电力价格指数，时间区间为1990—2011年。电力消费量首先与电力需求有关，而电力需求又由经济发展水平来决定，最终以国内生产总值来代表；装机容量反映了电力供应能力的大小；电力弹性系数与产业结构有关，重工业比重越大，电力消费弹性系数越大；反之则相反。装机容量、国内生产总值与电力消费弹性系数的数据源于中国国家统计局历年发布的《中国统计年鉴》；煤炭价格指数反映了发电行业的成本因素；电力价格指数反映了发电行业的收益能力，以电力工业工业品出厂价格指数来表示，数据源于中经网统计数据库。

四 路径分析结果

（一）电力消费量与其影响因素的相关性分析

从表10－1中 Pearson 相关系数结果可以看出，电力消费量与国内生产总值、装机容量及煤炭价格指数高度相关，这符合经济学预期。国内生产总值越高，电力消费量越大；装机容量越大，电力消费量越大，这与中国现代化过程中能源使用结构调整有关，潜在电力需求很大，只要有供给就会有相应的需求产生；电力消费弹性系数与电力消费量的 Pearson 相关系数不太明显，但偏相关系数大于0.2，且仅次于装机容量与国内生产总值，说明电力消费弹性系数仍是影响电力消费量的重要因素；煤炭价格指数越高，电力消费量越小，因为煤炭价格是电力生产的成本因素，成本越高电力供应量应该越少，进而消极地影响到电力消费量，电力价格指数与电力消费负相关，因为根据需求曲线，提高电力价格会直接抑制电力消费量。观察偏相关系数就会发现，国内生产总值的 Pearson 相关系数与偏相关系数符号相反，偏相关系数显示国内生产总值与电力消费量呈弱负相关，这说明国内生产总值对电力消费量的实际影响为负向的且很小，不是决定电力消费量的主要因素。煤炭价格指数的 Pearson 相关系数与偏相关系数符号也相反，偏相关系数显示煤炭价格指数与电力消费量呈弱正相关，这一经济现象与中国电力产业的行业性质和政府规制方式有关。电力企业在生产经营过程中缺乏对成本因素的考量，更多地关注于供应能力与电力需求因素，只要能发出电，无论成本为多少都可以盈利，这与长期以来电力行业成本加成的收益率规制以及 2005 年以后实施的煤电价格联动政策有关。对偏相关系数的分析印证了在多变量的相关分析时，不仅要计算 Pearson 相关系数，还要计算偏相关系数，否则就会得出错误的结论。

表 10－1　　电力消费量与其影响因素的相关系数

	X_1	X_2	X_3	X_4	X_5
简单相关系数	0.9936	0.9969	0.2159	－0.0548	－0.4903
偏相关系数	－0.120	0.817	0.549	0.413	－0.135

注：各偏相关系数为四阶偏相关，即计算 X_i 与 Y 的偏相关系数时其余四个变量为控制变量。

（二）回归模型的参数估计

构建多元回归模型 $Y = F(C, X_1, X_2, X_3, X_4, X_5)$，进行参数估计，估计结果如表 10－2 所示。

表 10－2　　多元线性回归模型的参数估计

模型	非标准化系数		标准化系数	t 统计量	相伴概率
	B	标准误	Beta 值		
截矩项（C）	－4238	2944			1
国内生产总值（X_1）	－0.00868	0.0180	－0.0910	－0.480	0.637
装机容量（X_2）	47.40	8.366	1.077	5.670	0
电力消费弹性系数（X_3）	1516	576.8	0.0423	2.630	0.0180
煤炭价格指数（X_4）	40.73	22.45	0.0352	1.810	0.0880
电力价格指数（X_5）	－14.69	27.05	－0.0127	－0.540	0.594

从表 10－2 与表 10－3 中可以看出，X_2 在 1% 的水平下显著，X_3 在 5% 的水平下显著，F 值为 909.15，$P<0.0001$，$R^2=0.995$，调整后的 $R^2=0.9954$，可以认为构建的多元线性回归模型是显著成立的，模型中电力价格指数 t 统计量偏小，但是符合符合预期，较高的电力价格将抑制电力消费。由标准化系数可知，在选取的样本区间（1990—2011 年）内，仅电力价格指数制约了电力消费量的增长，其他因素均促进了电力消费量的增长；影响电力消费量较显著的因素是装机容量，即增加装机容量对发电量的增长具有较为直接的积极作用，其他因素则不十分明显。

表 10－3　　　　R^2 与相关值

R^2	调整后的 R^2	F 统计量	P－值
0.9965	0.9954	909.15	0.000

（三）路径系数与剩余效应

由自变量之间的 Pearson 相关分析可知，国内生产总值、装机容量、煤炭价格指数等变量之间存在着高度的多重共线性。本书使用 MATLAB 进行矩阵运算，可得出路径系数如表 10－4 所示。

表 10－4　　　　路径系数与 Pearson 相关系数

	X_1	X_2	X_3	X_4	X_5	r_{iy}
X_1	－0.091	1.073611	0.007575	－0.00247	0.006097	0.993812
X_2	－0.09071	1.077	0.007407	－0.00278	0.006215	0.997125
X_3	－0.0163	0.188579	0.0423	－0.00319	0.004493	0.21589
	X_1	X_2	X_3	X_4	X_5	r_{iy}
X_4	0.006388	－0.08517	－0.00383	0.0352	－0.00746	－0.05487
X_5	0.043684	－0.52709	－0.01496	0.020674	－0.0127	－0.4904

注：$i=1$、2、3、4、5。

表 10－4 列出了影响电力消费量的直接路径与间接路径。从表 10－4 中可以看出，P_{5y} 和 r_{5y} 的符号一致都为负，说明电力价格指数对发电量的直接效应是负向的，电力价格的提高会直接抑制发电量，同时电力价格的提高还会通过装机容量、电力消费弹性系数等负向影响发电量，间接路径系数比直接路径系数的数值较大，说明通过其他因素的影响是较大的。P_{4y} 和 r_{4y} 的

符号相反且差异较大，说明煤炭价格指数对发电量的直接效应是正向的，负效应是通过其他因素的间接作用所形成的。分析间接路径系数可以看出，通过其他因素的间接路径系数都比较大。

根据基本模型中剩余效应的计算方法，可以得出未研究的自变量对因变量路径效应的应系数较小，说明路径分析较好地把握了因变量的主要影响因素，无须进一步寻找别的经济变量进行分析。

第三节　电力价格与高能耗行业布局

上述分析表明，总体上看提高电力价格的节能效应不明显，但是如果细分行业和地区，提高电力价格是否对高能耗行业产生影响呢？接下来使用分地区数据对这样问题展开分析。能源区位优势与产业布局之间的关系一直是经济学界关注的重要领域。20 世纪初期，马歇尔（Marshall，1920）较早论述了工业活动在地理上的集中，他认为基于信息溢出、专业化投入和熟练劳动力的可获得性，厂商会选择在特定的地方集中，这就是著名的马歇尔外部性理论。马歇尔同时也指出自然资源优势的重要性，“金属工业一般会选择或者接近矿山或者燃料便宜的地方，英格兰的钢铁工业首先选择了木炭丰富的区域”。新古典学派的赫克歇尔—俄林（Heckscher－Chlin）模型则更倾向自然资源禀赋的重要性（Heckscher，1919；Ohlin，1933），认为经济活动的空间分布是由比较优势决定的，这种比较优势来不同的自然资源禀赋，它们的模型中没有运输成本，仅仅考虑了常数规模回报和完全竞争的例子。最近的新经济地理学（NEG）则强调递增的规模回报和关联效应，认为具有较高规模经济性或者具有规模报酬递增的产业往往在接近市场的附近聚集（Krugman，1991；Krugman and Venables，1995）。此外，产业关联较强的产业往往会布局在较大的市场附近（Krugman and Venables，1995；Venables，1996）。

一　研究方法

这方面的经验研究试图用比较优势与新经济地理等因素解释产业布局，Kim（1995）研究了美国 1860—1987 年的产业演进情况，发现资源禀赋和规模经济能够解释产业专业化和区域布局，在另一篇论文中，Kim（1999）研究了美国 1880—1987 年的制造业布局，发现资源禀赋是决定制造业活动的地理分布最重要因素，递增回报也存在影响，但是影响较小。Tirado、Paluzie 和 Pons（2002）研究了 19 世纪后半叶西班牙的产业分布趋势，选取了两个时间点（1856 年和 1893 年），发现产业主要聚集在人力资源丰富、地理位置适当和专业化基础好的少数区域。

上述研究有两方面缺陷：第一，忽视了产业的要素特征，以往研究较多考虑区域要素特征，但产业要素特征也非常重要，例如资源密集型产业可能比其他产业更倾向于布局在资源丰富地区。第二，忽视了产业关联和市场潜力等经济地理因素，这些因素在理论文献中都占有重要地位，且与要素禀赋等因素并不排斥。Midelfart - Knarvik、Overman、Redding 和 Venables（2002）在回归方程中首次使用了区域要素特征和产业要素特征的交互项，并纳入新经济地理学中的变量，研究了欧盟制造业在 1970—1990 年的布局，结果显示在吸引产业进入方面，技术劳动力和研究人员的供给方面非常重要，中心拉力对规模报酬递增行业的影响显著。

我们的模型设定如下：

$$\ln Y_{i,s,t} = c + \alpha_{i,t} + \beta_{s,t} + \sum_{j} \varphi_j \pi_{j,i,t} \theta_{j,s,t} + \varepsilon_{i,s,t} \qquad (10-6)$$

其中，Y 为人均工业总产值值，α 为区域哑变量，β 为行业哑变量，π 为区域特征变量，θ 为行业特征变量，t 为时间下标，i 为区域下标，s 为行业下标，j 为本文考虑的生产要素指标。φ 为待估计系数，由于区域固定效应和行业固定效应的引入，式（10 - 6）不需要加入区域经济规模变量。我们使用了电力价格和产业能耗密度的交叉项，以检验电力价格对产业布局的影响。为了便于解释，如果产业能耗密度大于样本的平均水平，则将能耗密度设为 1，如果小于样本的平均水平，则将能耗密度设为 0。

二　指标与数据

国家发改委在 2006 年和 2007 年公布过两次分地区销售电价，电监会公布过 2010 年分地区销售电价，我们将使用这三年的数据进行分析。尽管中国电力价格属于政府定价，但根据 2010 年分地区销售电价数据（见图 10 - 1）发现，电力价格仍遵循一定的市场规律，第一，电力价格与电力供应成本成正比，能源产地或者与能源产地接近的地区电价水平较低，而远离能源产地的地区电力价格较高。第二，电力价格与需求程度成正比，电价最高的地区是最发达的北上广等发达地区，这些地区的电力需求旺盛，提高电价有助于抑制需求。综上两点，电力价格可以用来反映电力资源的充裕程度。

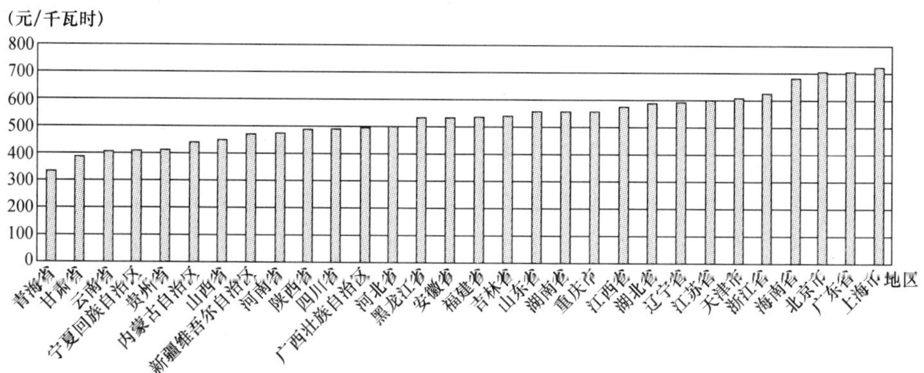

图 10 - 1 2010 年各省区电力平均销售价格

资料来源：国家电监会。

考察电力价格的影响，还需要控制发电装机容量的影响，因为在装机容量不足的情况下，电力价格的影响不再重要。在 2004—2011 年的“电荒”期间，有观点认为装机容量不足时导致了“电荒”，装机容量也是反映电力充裕度的另一指标。图 10 - 2 为 2011 年各省区的发电装机容量，可以看出，发电装机容量较高的省份有两种：一种是东部沿海省份，另一种是能源大省，2011 年广东省装机容量最高（7624 万千瓦），内蒙古自治区次之（7506 万千瓦），排在其后的依次是江苏、山东、浙江、河南、湖北和山西。装机容量的数据主要来自各年《中国电力年鉴》。

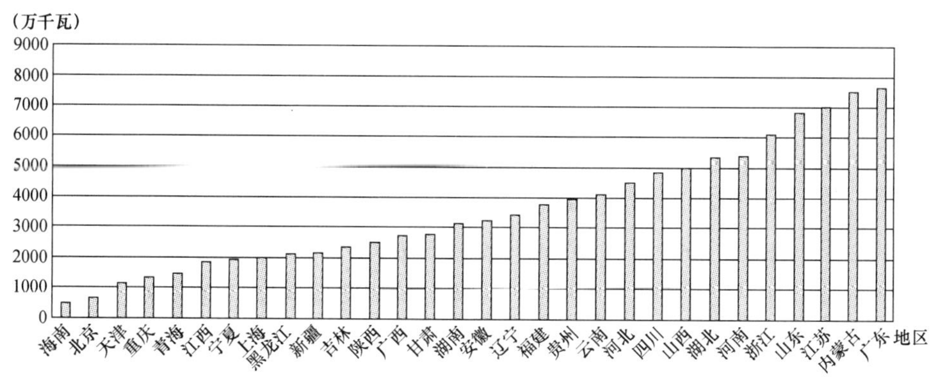

图 10 - 2 2011 年各省区发电装机容量

资料来源：《中国电力行业年度发展报告》（2012）。

能耗密度使用单位 GDP 的电力消耗量，为剔除通货膨胀因素影响，用工业品出厂价格指数对 GDP 进行平减，平减为 2000 年不变价格。分行业 GDP 的数据来自《中经网统计数据库》，分行业电力消费数据来自《中国能源统计年鉴》（2012）。我们发现，2011 年各行业平均 GDP 能耗为 0.223 千瓦时/元，如果将高于这一水平行业定义为高能耗行业，那么 2011 年共 13 个行业进入高能耗行业，分别为：黑色金属矿采选业、有色金属矿采选业、非金属矿采选业、石油加工炼焦及核燃料加工业、化学原料及化学制品制造业、化学纤维制造业、橡胶制品业、非金属矿物制品业、黑色金属冶炼及压延加工业、有色金属冶炼及压延加工业、工艺品及其他制造业、电力、热力的生产和供应业、水的生产和供应业，这 13 个行业都是传统的重化工业产业。在这些高能耗产业中，水的生产和供应业和有色金属冶炼及压延加工业的能耗最高，分别为 0.89 千瓦时/元和 0.90 千瓦时/元，按照中国的目录电力价格，这两个行业每产出 1 元的 GDP 需要 0.6—0.9 元电费投入。在低能耗的产业中最节能的是烟草制品业，单位 GDP 能耗仅 0.01 千瓦时，与高能耗产业的差距是 100 倍。

表 10 – 5　　2006—2011 年各行业的能耗密度　　单位：元/千瓦时

年份	2006	2007	2008	2009	2010	2011
平均数	0.2823	0.2542	0.2391	0.2235	0.2257	0.2234
煤炭开采和洗选业	0.3015	0.2472	0.2213	0.2207	0.2048	0.1913
石油和天然气开采业	0.1125	0.1046	0.1011	0.1010	0.1056	0.1082
黑色金属矿采选业	0.8767	0.7493	0.6460	0.4667	0.4826	0.4859
有色金属矿采选业	0.5669	0.5207	0.4977	0.4029	0.4345	0.4536
非金属矿采选业	0.4585	0.3804	0.3361	0.2973	0.2383	0.2660
农副食品加工业	0.1010	0.0974	0.0916	0.0849	0.0805	0.0783
食品制造业	0.0964	0.0882	0.0831	0.0729	0.0701	0.0643
饮料制造业	0.0628	0.0549	0.0519	0.0477	0.0471	0.0436
烟草制品业	0.0149	0.0130	0.0122	0.0122	0.0120	0.0120
纺织业	0.2653	0.2349	0.2130	0.2000	0.1994	0.1988
纺织服装鞋帽制造业	0.0588	0.0549	0.0510	0.0472	0.0470	0.0439
皮革毛皮羽毛（绒）及其制品业	0.0574	0.0532	0.0495	0.0461	0.0453	0.0395

续表

年份	2006	2007	2008	2009	2010	2011
木材加工及木草制品业	0.1925	0.1550	0.1504	0.1396	0.1263	0.1162
家具制造业	0.0583	0.0477	0.0495	0.0464	0.0485	0.0433
造纸及纸制品业	0.3217	0.2515	0.2423	0.2239	0.2137	0.2025
印刷业和记录媒介的复制行业	0.1083	0.0978	0.0906	0.0895	0.0895	0.0844
文教体育用品制造业	0.0944	0.0850	0.0746	0.0700	0.0616	0.0706
石油加工炼焦及核燃料加工业	0.2647	0.2381	0.2362	0.2517	0.2733	0.2727
化学原料及化学制品制造业	0.5317	0.4625	0.4178	0.3838	0.3595	0.3516
医药制造业	0.0810	0.0700	0.0640	0.0576	0.0589	0.0541
化学纤维制造业	0.4598	0.4010	0.3745	0.3471	0.3459	0.3361
橡胶制品业	0.3477	0.2969	0.2751	0.2544	0.2568	0.2504
塑料制品业	0.2285	0.1953	0.1963	0.1846	0.1806	0.1580
非金属矿物制品业	0.4660	0.3942	0.3561	0.3368	0.3224	0.3246
黑色金属冶炼及压延加工业	0.5492	0.5553	0.5176	0.5127	0.5270	0.5467
有色金属冶炼及压延加工业	0.9411	1.0036	0.9357	0.8510	0.9131	0.8995
金属制品业	0.2869	0.2433	0.2277	0.2115	0.2293	0.1944
通用设备制造业	0.1001	0.0868	0.0814	0.0750	0.0762	0.0747
专用设备制造业	0.0878	0.0737	0.0671	0.0607	0.0623	0.0592
交通运输设备制造业	0.0617	0.0528	0.0518	0.0524	0.0598	0.0582
电气机械及器材制造业	0.0640	0.0613	0.0611	0.0575	0.0581	0.0583
路径设备计算机等制造业	0.0433	0.0451	0.0445	0.0445	0.0457	0.0434
仪器仪表及文化等机械制造业	0.0468	0.0454	0.0437	0.0443	0.0464	0.0389
工艺品及其他制造业	0.4376	0.3604	0.3542	0.3584	0.3431	0.3264
电力、热力的生产和供应业	0.6874	0.6078	0.5842	0.5827	0.5877	0.6112
燃气生产和供应业	0.2008	0.1880	0.1820	0.2025	0.2027	0.1951
水的生产和供应业	0.8103	0.7892	0.8141	0.8330	0.8949	0.9089

参考以往的研究，资本存量也是影响产业布局的重要因素，我们也纳入了这一因素。《中经网统计数据库》提供了各地区的固定资产投资额和固定资产投资额价格指数，我们首先将名义投资额调整为2000年不变价格计算的真实投资额，再使用Chou（1995）的方法计算出各地的资本存量，折旧系数选择为0.05。资本密度的计算公式为单位从业人员的资产

量，计算公式为：资本密度 =（流动资产 + 固定资产）/从业人员数，流动资产使用工业品出厂价格指数进行平减，固定资产使用固定资产投资价格指数进行平减，都平减为 2000 年不变价格。

本书反映工业行业活动的变量为工业总产值。同类文献多使用工业增加值，但是中国 2008 年之后不再公布两位数行业的工业增加值数据，工业总产值数据是唯一可用的反映工业经济活动的产值指标。因为工业增加值和工业总产值之间具有稳定的比例关系，从本书的角度看，使用工业总产值是可行的。数据来自各年《中国工业经济统计年鉴》和《中国经济普查年鉴》。为了剔除通货膨胀因素，工业总产值的数据使用工业品出厂价格指数进行平减，调整为 2000 年不变价格计算。流动资产、固定资产和从业人员数都来自《中经网统计数据库》。

所用的变量和符号见表 10－6。

表 10－6　　变量符号、描述和单位

名称	符号	描述	单位
工业总产值	Y		万元/人
区域特征变量	θ		
电力价格	*Power price*	平均电力销售价格	元/千瓦时
装机容量	*Installed capacity*	人均发电装机容量	千瓦/人
资本充裕度	*Capital abundance*	人均资本存量	十万元/人
行业特征变量	π		
能耗密度	*Power intensity*	单位 GDP 消耗的电力	元/千瓦时
工业总产值	Y		万元/人
资本密度	*Capital intensity*	单位从业人员的资产拥有量	十万元/人
下标变量			
区域下标	i	30 个省级行政单位	
行业下标	s	25 个二位数行业	
时间下标	t	1996—2010 年	
要素下标	j	电力、资本、技术、产业关联	

三　估计结果

鉴于样本数据既跨行业也跨地区，扰动项可能存在异方差性，假设检验时使用了怀特异方差一致标准误。估计结果见表 10 – 7，从（1）栏可以看出，Power price × Power intensity 的系数的符号显著为负，说明高能耗产业更倾向于在电价较低的地方布局，平均来讲，电力价格每降低 1 元/千瓦时，高能耗产业的人均总产值将增加 1. 7 万元，因此资源丰富地区可以将降低电价可以作为吸引高能耗产业的措施之一，资源不富裕的地区可通过提高电力价格实现高能耗产业的向外转移。从（2）栏可以看出，Install capcity × Power intensity 的系数的符号为正，但不显著。但是（3）栏显示，如果将这两个变量纳入同一模型，则两组交叉项的系数都通过显著性检验，同时估计值都有所变大，与电力价格相关的交叉项系数上升为 2，与装机容量相关的交叉项上升为 0. 5，说明电力价格与装机容量都是影响高能耗产业布局的重要因素。

表 10 – 7　　　　行业布局的影响因素

	（1）	（2）	（3）
Capital abundance × Capital intensity	1. 413 ***	1. 254 **	1. 345 **
	（2. 75）	（2. 41）	（2. 57）
Power price × Power intensity	– 1. 669 ***		– 2. 018 ***
	（ – 4. 93）		（ – 6. 14）
Installed capacity × Power intensity		0. 212	0. 480 ***
		（1. 60）	（3. 94）
constant	– 1. 167 ***	– 1. 037 ***	– 1. 111 ***
	（ – 3. 45）	（ – 3. 05）	（ – 3. 23）
N	2250	2250	2250
R^2	0. 354	0. 350	0. 356

第四节　小结

本章主要运用中国的电力相关数据实证分析电力价格和电力消费以及高能耗产业布局之间的关系。从以上实证研究中，可以得出以下结论：

电力价格对电力消费存在负向影响，但是节能效应差强人意，原因在于电价的垄断性定价。从总体数据的分析来看，电力价格对电力消费的标准化的影响系数为 -0.0127，显著性水平不高，说明提高电力价格的节能效应不明显。电力消费量主要取决于电力供应与电力需求两方面的原因，但是，影响电力消费量的关键是电力供应因素（装机容量），其次才是电力需求方面的原因（GDP 增长）。为此，装机容量是直接制约中国电力消费量的主导因素，电力消费弹性系数次之。电力产业的投资不足，导致中国的电力消费量长期处于压抑状态。其中原因又在于电力产业的绝对垄断性地位、公共产权性质以及政府对电力产业的规制方式，扭曲的供求机制使得用电企业和供电企业实质上对成本因素并不敏感，结果造成资源的浪费、煤电关系的不合理以及消费者利益的损失。

必须尽快规制中国发电市场，加快电力价格规制改革，让成本与价格成为引导电力生产与消费的主导因素，从而理顺电力价格与电力消费之间的关系。电价改革的目标是引入市场竞争以产生科学合理的电价，但竞争必然面临起跑线的设定问题，不平等的竞争不仅不能解决问题，反而会产生更多问题并直接影响改革成败。中国电力工业经过几十年的发展，电价构成非常复杂。老电厂在计划经济体制下由国家出资兴建，其资产折旧所剩无几，在竞价上网过程中竞争力较强；新建电厂是在新体制下建设的，投资成本较高，有的还存在还贷压力，需要支付很高的固定成本；此外还有的电厂建在远离煤炭主产区，电煤运输成本较高，在竞争中天然处于劣势。这些都是体制造成的、电厂自身无法改变的“搁浅成本”，无论老电厂还是新建电厂，都是在政府审批同意后建设的，都存在一定的历史合理性，对于“搁浅成本”的处理既需要尊重历史，也需要考虑现实；既要照顾投资者的利益，也要考虑消费者的利益，完全由政府包起来是不行的，完全推向市场也是不对的。建议中国采取两部制竞价上网的办法，将个别融资成本过高的电厂单位投资高于市场平均值的部分，通过核高容量电价弥补，让这些电厂和其他电厂一样参与竞价；融资成本较低的电厂，单位投资低于市场平均值的部分，通过核低容量电价，限制其过高的利润水平。总之，在竞价上网过程中，为减少改革带来的冲击，必须尊重历史，从各地区的客观实际出发，因地制宜建立不同的竞价机制和规则，在效率优先的原则下兼顾社会公平，避免因出现利益大幅调整而激化社会矛盾。

通过对分区域的数据分析显示，电力价格的提高会影响高能耗产业的布局。2012 年中国工信部《产业转移指导目录》明确提出，“支持依托国内能源和矿产资源的重大项目向中西部地区转移”，为促使产业转移顺利进行，可充分利用电力资源对高能耗工业布局的影响。一方面调整各区域电力价格，使产业迁出地和产业迁入地的电力价格形成落差。目前中国电力价格在区域间存在一定差距，但低于一次能源的差距，仍有政策操作的空间。另一方面应适当加快西部能源富集区的发电基础设施建设，目前，中国长三角和珠三角等经济发达地区发电装机总量已经较高，新发电项目审批日益严格，用电紧张将迫使高能耗产业向外转移，西部能源富集区域应利用这一机会，做好产业承接。

第四篇

新能源电力价格研究

第十一章　新能源产业与新能源电价

第一节　中国新能源产业现状与成熟度

一　中国风电产业现状与成熟度

目前，中国风电利用技术已经基本成熟，风电对土地的占用不高，不需要水源和燃料投入，具有清洁的特征，因此，对环境的负面影响较小。中国风力资源丰富，海陆可开发的风能资源为 7 亿—12 亿千瓦，随着风电技术的进一步成熟，风电将在中国得到普遍的应用，将在能源结构中占据重要位置，成为节能减排的中坚力量。进入 21 世纪后，中国风电开始呈现快速增长，2000—2005 年，风电装机平均增长速度大约为 20%。2005 年，《可再生能源法》颁布后，中国风电的发展进一步提速，累计风电装机容量从 2006 年的 2554. 7 兆瓦增加到 44733 兆瓦，扩大了 15 倍之多（见表 11 –1）。此外，中国风机制造业也发展迅速，2010 年全国有 20 多家机组制造企业，新增装机达到 100 兆瓦。

表 11 –1　　中国风电装机容量

年份	累计装机容量（兆瓦）	新增装机容量（兆瓦）
2000	341. 6	77. 3
2001	398. 8	57. 2
2002	465. 1	66. 3
2003	563. 4	98. 3
2004	760. 2	196. 8
2005	1267. 1	506. 9
2006	2554. 7	1287. 6
2007	5867. 4	3312. 7

续表

年份	累计装机容量（兆瓦）	新增装机容量（兆瓦）
2008	12019.6	6152.2
2009	25805.3	13785.7
2010	44733.3	18928

资料来源：《风电发展前景可期》，《技术与市场》2012 年第 1 期。

虽然中国已然成为风电大国。但是由于技术进步和市场竞争，风电设备的成本显著下降，以及风电机组技术的不断进步，中国当前的风电设备制造已经由卖方市场转向买方市场。从风电价格来看，中国风电成本的优势不断降低。全球 2010 年风电机组合同价格平均为 98 万欧元/兆瓦，这一价格比 2009 年下降 7%，比 2007 年下降 19%。在风力资源丰富的美国、瑞典等地，风电的上网电价已经降低为 68 美元/兆瓦时（相当于 0.44 元/千瓦时），与火电厂的 67 美元/兆瓦时（相当于 0.43 元/千瓦时）的成本相差无几。中国风电成本从 2010 年初的每千瓦的 4000 元下降到 2010 年年底每千瓦 3500 元，颁布的风电上网电价为 0.51—0.61 元/千瓦时，这一数据比常规电力的价格高 50%。从风电技术来看，技术创新的速度很快，例如甘肃省电力公司承担了国家电网公司“大型集群风电有功智能控制系统”项目的开发研制，解决了风电功率不稳定的问题，这也意味着原有风电设备面临的竞争压力加大。并且随着风电机组的技术进步和风机制造企业的竞争加剧，未来风电的发电成本将进一步下降。

二　中国生物质产业现状与成熟度

生物质发电是利用生物质所具有的生物质能进行发电，其发电方式有三种：一是生物质直接燃烧发电，即直燃发电，就是将秸秆等生物质作为燃料燃烧用于发电，这种发电方式与传统的发电方式类似，只需要对现有的设备进行改良即可，技术成熟，很容易实现商业化运营是生物质发电的主要特征；二是生物质与矿物质燃料混合发电，主要是与煤混合发电，混合发电的目的是提高生物质的燃烧效率，当生物质燃料比重较低时，可以直接使用原有发电设备，这是当前生物质发电发展的一个重要趋势；三是生物质气化联合循环发电，主要是通过一定技术将生物质燃料变为可燃气体，再进行发电，该技术目前处于开发阶段。

中国是农业大国，每年生物质燃料供给非常多，为发展生物发电产业提供了良好的基础，预计 2020 年中国全年废气的秸秆量将达到 2 亿吨，可折合标准煤 1 亿吨，相当于河南 1 年的煤炭产量。但是目前中国的生物质发电现状并不乐观，2010 年生物质发电装机约 550 万千瓦，仅占总发电装机容量（9.6 亿千瓦）的 0.6%，远低于世界 25% 的平均水平，一个重要原因是生物质发电的燃料成本较高，秸秆燃料分布在农村千家万户，收集、运输、加工和损耗占据燃料成本比重较大，此外，生物质电厂的基建成本也大大高于燃煤电厂，目前生物质发电成本高达 0.9 元/千瓦时左右。

三　中国光伏产业现状与成熟度

太阳能发电分为光伏发电和光热发电，一般而言，太阳能发电指的是光伏发电，光伏产业链包括多晶硅制造、硅片切割、太阳能电池制造、组将封装和光伏系统安装，以及相关的配套部件生产。多晶硅制造业是技术密集型产业，先进技术掌握在美国、日本、德国等发达国家，国内生产商引进的技术为俄罗斯的西门子改良法，与国外发达国家有不小的差距。中国光伏产业在 2004 年开始飞速发展，到 2007 年，已经成为世界最大的太阳能电池生产国。2010 年，中国太阳能电池产量为 13 兆瓦，约占世界产量的 50%。国内光伏发电市场也在同步发展，2010 年，中国安装光伏发电装机 559 兆瓦，使得中国累计装机容量达到 910 兆瓦（见表 11－2），居世界第十位。

表 11－2　　中国太阳能光伏安装量　　单位：兆瓦

年份	2004	2005	2006	2007	2008	2009	2010
上网（兆瓦）	1.2	1.5	1	2.2	21	160	475
年安装量（兆瓦）	10	8.9	10	20	40	210	559
累计安装量（兆瓦）	62.1	71	81	101	141	351	910

资料来源：李俊峰、王斯成：《中国光伏发展报告（2011）》，中国环境科学出版社 2011 年版。

随着技术进步和市场竞争加剧，光伏产业的生产成本逐年下降，并且下降速度很快。2009 年，多晶硅价格出现大幅下降，国际市场价格从 2008 年 4 月的 470 美元/千克直线下降为 40—50 美元/千克，缩小了 9 倍，降幅可以用“狂跌”来形容。2011 年，多晶硅价格继续下降，为 30—40 美元/千克。2011 年年底，国外先进的制造商能够将成本降至 20—30 美元/千克，而国内企业亦能够将成本控制在平均 40 美元左右。国内多晶硅的龙头企业保利协鑫在 2009 年第一季度的成本为 50 美元/千克，到 2010 年第四季度为 23 美元/千克。多晶硅的价格下降带动晶硅太阳能光伏电池成本随之下降。2006 年，晶体硅太阳能电池板的销售价格为 2.7 美元/峰瓦，到 2011 年年底已经降到 0.52 美元/峰瓦。

在发电设备成本下降的影响下，中国光伏发电的成本也大幅下降。光伏发电成本的降低将大大促进光伏电站的发展，进而拉动光伏装备的发展。2009 年，敦煌 1 万千瓦光伏电站的招标电价下降到 1.09 元/度，2010 年 8 月，国家能源局举行的 280 兆瓦并网光伏发电项目特许招标中，中标的价格在 0.7—1 元/度。尽管如此，光伏发电的成本依然较高，在未来的几年里，光伏发电成本将还会有下降空间，根据《太阳能光伏产业“十二五”发展规划》，到 2015 年，光伏发电成本计划下降到 0.8 元/千瓦时，到 2020 年，发电成本下降到 0.6 元/千瓦时。

四　水电产业现状与成熟度

水电建设的特点是投资周期长、投资额大，因此，水电的资金回收期相比火电而言要长很多。大型水电的投资周期是 5—10 年，而火电的投资周期一般不足两年（主力机组 30 万千瓦）。就造价而言，火电的单位千瓦的造价为 4500—6300 元，而水电造价高得多（30 万—60 万千瓦国产机组），为 7000—10000 元，比火电高了大约 40%。由于水电建设的这些特点，水电企业的资金压力大于火电企业。但是由于水电不需要消耗燃料，只需要水源动力，可变成本投入较低，其显著区别于火电的优点是具有长期效益。另外，水电在运行成本上显著优于火电。水电的运行成本为每千瓦时 0.04—0.09 元，而火电的运行成本为每千瓦时高于 0.2 元，由于煤炭价格上升较快，甚至会达到每千瓦时高于 0.4 元。

五　核电产业现状与成熟度

中国的核电技术已经相对成熟，早在 20 世纪 90 年代就建成了秦山核电站（1991 年）和大亚湾核电站（1994 年）。目前中国已经具备 30 万—60 万千瓦的压水堆核电站的设计能力，基本具备二代百万千瓦级核电站的设计能力，在核电设备制造方面国产化率达到 70% 以上。

从 20 世纪 90 年代至今，经过 20 多年的发展，中国形成了一批具有自主知识产权的核电技术。改进型的压水堆核电技术已经广泛得到应用，例如岭澳二期、辽宁红沿河核电站、福建宁德、福建福清、秦山一期扩建工程和广东阳江项目等。

与火电相比，核电具有基建成本高、可靠性好、燃料成本低等特点。首先，核电的安全性要求较一般发电方式高，提高了发电站的基建成本。百万千瓦级轻水堆比同样功率的火电站基建成本高约60%—70%，而10万—20万千瓦级的核电站基建成本是同样功率的火电站的2倍，如果是重水堆或是气冷堆则还要高。其次，核电站可靠性好，每年利用小时数最高可到8000小时，平均利用小时数也不会低于6000小时。再次，核电的燃料成本也低于火电，燃料成本站发电成本的20%—30%，远远低于火电发电成本的60%—70%，而且核电的燃料价格也相对火电燃料价格稳定，这样有利于平抑电力价格和供给波动。对于百万千瓦的压水堆核电站，每年需要补充30吨左右燃料，只消耗掉1.5吨铀235，而且还可用乏燃料后处理技术进行回收，而对于一个百万千瓦的火电厂而言，每年需要消耗300万吨标准煤，同时，相对而言，核电站的燃料运输费用微乎其微。在核电技术发达的国家如美国、法国、日本等，核电的发电成本已经低于火电，中国核电的平均上网电价为0.5元/度，在很多地方低于当地的标杆电价。另外，核电还具有的优势是不释放温室气体，如果考虑环境污染等外部成本，核电的成本优势更加明显。

第二节　中国新能源产业发展趋势

一　风电产业发展趋势

中国风电产业的发展势头良好，不仅获得了政府强有力支撑，而且市场机制和产业逐渐成熟，为可持续发展打下了坚实的基础。

首先，中国风电产业获得了政府政策的强力支持。中国政府明确表明将按照“因地制宜、科学规则、系统配套、协调发展”的原则，继续推进风电的规模化发展。到2015年，计划累计并网运行风电装机容量达到1000亿瓦左右，年发电量超过1900亿千瓦时，其中海上风电装机容量达到5十亿瓦。中国的风电与火电、核电等发电形式不同，风电建设的容量与实际并网容量不一致，2010年风电并网容量310亿瓦，但吊装容量

444.8 亿瓦。这源于风电上网环节的落后，因为并非所有的风电吊装容量都能及时并网。因此实际建设的容量要更高，保守的估计到“十二五”末期风电装机将达到1300 亿瓦，年均增长为150 亿瓦左右，与《中国风电发展报告（2010）》的预测比较吻合。

其次，风电经济性提升，产业进一步成熟。随着技术的进步和装备制造领域的竞争不断加剧，风电的成熟度在逐年提高。由于前期中国风电市场的前景被普遍看好，风电装备领域吸引了众多的投资者，装备制造环境呈现出激烈竞争的局面，风电制造正在步入稳定、成熟的发展道路。由于装备制造业的成熟，风力发电的经济性相对较高。按照现行的电力价格，风电投资在 3—6 个月后基本可以取得收入，国家审计署的数据显示，2010 年，央企中的风电企业普遍盈利，每千瓦时的盈利水平在 0.05—0.15 元。此外，风电对环境更友好，无论是在发电过程中，还是在装备制造过程中，风电的能源消耗低于其他新能源电力，对土地的占用较少，对水资源要求不高。

再次，并网问题有所缓解，电网建设和风电消纳仍将提速。风电并网已经取得一定进展，风电是垃圾电的观念出现改观。电网吸纳风电的能力持续增强，运营装机在 2005—2010 年间年均增长速度达到 100%，风电并网容量在 2010 年约占国家电网最大用电负荷的 5%，风电网建设的步伐加快，900 亿瓦和 2000 亿瓦的风电目标有可能分别在 2015 年和 2020 年初步实现。如此看来，当风电并网这一风电发展的“瓶颈”得到突破，那么将给风电行业带来不可限量的良好发展前景。

最后，海上风电开发力度会加大，助推风电行业增长。风电发电可分为陆上发电和海上发电。海上风电是风电行业未来发展的主要方向，中国早已认识到这一点，并将在“十二五”期间加大海上风电发展的进程，包括海上风资源的开发，海上风电机组制造等项目，以图冲破发达国家对大型风电机组的技术封锁和技术垄断，通过降低海上风电发电的成本，促进中国海上风电的大力发展。

二 光伏产业发展趋势

光伏产业的发展与多晶硅材料价格息息相关。随着多晶硅材料价格的下降，光伏产业发电的生产成本也随之降低，保守估计，从中国的整体情况来看，到 2015 年，成本可以降低 50%，效率提升 2%，每年提高 0.3%—0.4%，多晶硅能耗降低 50%。由于资本的趋利性，非垄断技术最终走向社会的平均利润率，目前，发电装备制造的利润为10%—15%，太阳能电池厂商的毛利率为30%，今后五年可能降到10%—15%。五年之内，晶硅电池成本有望降到1美元/瓦，销售价格降到1.15—1.20美元/瓦，加上其他的安装成本（占系统成本的30%—50%），光伏系统价格将降到1.3—1.5美元/瓦。但是对于薄膜电池而言，研发水平有待进一步提高，效率低下、技术落后等问题不容忽视。尤其是碲化镉薄膜电池，在先进的技术条件下，国际上碲化镉薄膜电池的成本已经很低，而欧洲立法又限制了硫化镉的浓度，碲又是稀缺原材料且价格呈上升趋势，因此，碲化镉薄膜电池的发展有局限。

作为第二代电池技术，薄膜晶硅生产技术仍有发展空间，在实现更高的转换效率和更低的成本之前仍然需要加大技术研发力度。中国的非晶硅或微晶硅薄膜电池的年产量为75万千瓦，由于工艺复杂、设备昂贵，技术需要进一步完善。国产企业一直试图降低薄膜电池的生产成本，但是见效不大。铜铟镓硒薄膜电池受到追捧，但尚未实现量产，没有一家公司进行大规模的商业化生产。

就中国的可再生能源资源状况，发展光伏发电是扩大非化石能源比例的主要途径。2011—2015年，预计中国光伏发电的市场每年约为20亿瓦，2016—2020年将会提高到约100亿瓦，而2020年以后的年装机容量很有可能突破200亿瓦。

三　其他新能源产业发展趋势

（一）生物质能发电产业

生物质能发电技术已然比较成熟，推广该种技术风险性小。经过最近几年的摸索和发展，国内企业已然拥有了一些相对成熟的技术和发展模式。政府从2010年一直对生物质能产业予以重视，并明确提出“十二五”期间，生物质能发电的规模将大幅度提高，将达到1300万千瓦。

（二）水电产业

水电产业是电力行业中提高新能源和可再生能源比重的重要组成部分。中国政府出台了很多的相关政策明确表示要开展扩大新开工水电规模、增加水电站等项目。但是，环保和移民问题一直是水电产业发展的“瓶颈”，尤其是对于大型水电项目而言。因此，深化水电项目的审批改革，加快建设合理的大中型水电项目步伐将是水电行业加快进展的重要环节。

（三）核电产业

2007 年后，中国核电产业高速增长，但在 2011 年日本核泄漏事件后，进入了稳健发展期。2011 年日本福岛核泄漏事件后，中国的核电项目加强了审批，提高了核安全管理，虽然这对于核电产业而言是一种必要的安全保障措施，但是在高强度的监管之下，新的核电项目发展必然受到约束。随着安全建设的规范化和系统化，中国的核电发展必然在一段平稳期后，进入快速发展阶段。

第三节 新能源电力的价格政策

新能源电力的价格受到新能源利用技术、技术商业化程度、新能源资源条件、经济发展水平、电力消费者负担能力、新能源产业发展规模、政府政策支持力度等因素影响。从国际上的新能源电力产品来看，价格政策可以归纳为以下几种形式：

一 固定价格制度

FIT 制度，即固定电价制度，是按标准成本定价法，由政府制定而非企业参与市场竞争的定价机制。在此标准下，各电网企业直接按“标准价”购买电力。由于固定电价制度对政府的扶持政策和财政支持政策依赖性很强，因此一定程度上要求政府具备稳定的财政收入，且一国的经济能力也是决定本国光伏发电能否长期持续发展的核心因素。国际能源机构（IEA）认为，从经济学理论看，理想状态下“量的固定”与“价格的固定”会产生相同效果，按照可再生能源的发展原则，对技术不成熟、缺乏市场竞争力的新能源领域，需要通过“FIT”制度降低投资风险。固定电价制度在实施过程中要根据资源、技术的适用范围进行详细的分析论证，以保证电价体系和政策措施的切实可行。按类别划分，当技术的经济性较高或达到商业化发展程度时，政策实施的经济成本最小。

目前，实行固定电价的国家主要有德国、日本、希腊、瑞士、丹麦、美国、瑞典、葡萄牙等发达国家以及个别发展中国家。德国通过法律的形式，根据新能源技术类型和项目资源条件，制定不同的新能源电价。日本的规定则更为详细和全面。日本在 2012 年 7 月 1 日开始实施的《电力经营者新能源电力调配特别措施法》，主要针对以太阳能发电、风电、水电以及生物质能等新能源发电为对象的固定价格收购制度（FIT）而设计，以促进新能源的推广与普及。其中明确规定：一是对个人及相关单位的新能源电力在一定时间内以固定价格予以全部收购，高出电力公司发电成本的部分将以“赋课金”形式由全部用户分摊负担；二是新能源收购价格与收购时间期限主要基于以下因素确定：新能源电源建设费用，单位发电量的基础设施分摊，新能源的普及状况以及适当的利润；三是由学者等组成的输配电价格算定委员会，根据上述因素，以新能源设备投资的税前内部收益率（IRR）为基准，研究提出收购价格，并由经济产业大臣确认后以年度形式公布；四是电力公司负责对新能源电力进行全额收购，成本以“赋课金”的形式由电力消费者均摊，日本大地震受灾地区减免除外。“赋课金”的具体计算方法如下所示。赋课金 = 电力消费量（千瓦时）× 0.22 日元/千瓦时。其中：0.22 日元/千瓦时为全国统一单价；以月消费 300 千瓦时的电量，电费 7000 日元的标准家庭为例，其 2012 年度的“赋课金”为 66 日元/月，如果再加上“太阳能促进附加金”，其为新能源电力增加的负担约为 100 日元/月。

固定价格机制的特点是可以根据政府的意愿，促进各种新能源技术均衡发展，也可以推动某些新能源技术优先发展。另外，在固定价格制度的基础上还存有“固定 + 浮动”价格机制，顾名思义，即在常规电力价格的基础上，再制定一个价格调整比例，使其价格随常规电力价格的变化而变化。

二　招标价格制度

招投标是在市场经济条件下进行的大宗货物的买卖、工程建设项目发包与承包，以及服务项目的采购与提供时所采用的一种交易方式。招投标电价机制是指对发电项目，政府以电价高低为主要发标准则，结合其他因素，综合评标，选择合适的风电开发商，竞标结束后，风电开发项目的主管电力公司将与竞标成功企业按中标电价签署电力购买合同。在这种机制下，一般报价最低者获得项目经营权，新能源发电项目一旦中标，其电价就是固定的。在新能源发展初期，一些欧盟国家就进行特许经营权项目招标，同时新能源上网电价也按照招标电价执行。政府则保证按照中标电价收购该新能源发电项目的发电量，并与发电项目开发者签订长期购电协议，招投标制度可以起到在电力市场中引入竞争，鼓励通过多家电力公司参与投标竞争，从而促使电力价格、补贴成本大幅度下降的作用。

实行招投标制度比较典型的国家是英国。经过电力改革，英国的发电企业与电网企业分立并逐步私有化，最终形成十几家相互竞争的电网企业。20 世纪 80 年代末，为鼓励和引导绿色能源的开发利用以及在开放的市场环境下参与竞争，英国政府构建了以非化石燃料义务和化石能源税为核心的法律框架——非化石燃料合约（NFFO）。英国的非化石燃料公约制度（即 NFFO）对绿色能源发电的最终实现目标和数量采购范围进行了简单的规定，而具体的发电项目由投资者自主决定。1999 年英国颁布了《可再生能源义务令》，即确定了可再生能源的义务制度和义务规则。该项制度意在强调对可再生能源实行配额制利用开发，即要求电网企业依照招标价格收购电网覆盖范围内招标项目下产生的可再生能源电力。这种招投标电价是通过开发商之间的竞争来确定的，可再生能源电力并没有直接参与电力市场的竞争。2002 年，《新可再生能源公约》设立绿色能源交易市场和交易机制；公约还规定了供电公司必须购买一定份额的新能源电力，这种“刚性”购买对绿电公司利益起到保护作用。在 NFFO 框架内，当传统化石原料发电成本超过新型可再生能源发电成本时，政府从前者征收税款为后者提供补助金。公约中关于风电开发明确了招标采购制度，即政府制定风电发展目标和数量，对风电项目进行公开招标，由电价最低的投资商中标，政府通过非化石燃料公约为风能发电机机组提供补贴，而政府将保证按照投标价格收购其全部的发电量，投资者根据自身发展决定是否参与风电投资。1990—1998 年，NFFO 共发布了 5 轮招投标活动，风电价格得到大幅降低，风电产业发展取得一定效果。2003 年，加拿大的魁北克省也开始实施风电特许权招标制度，政府对具体的风电项目进行招标，并与中标者签署特许权经营协议、购售电合同，制定风能发电的差价分摊政策，既保证合理价格，又兼顾开发商的收益。

招标电价存在两方面不足：第一，最低价格中标制度导致部分不具备项目建设资质的开发商中标，中标后项目融资非常困难，技术也达不到要求，从而最后放弃履行合同。如英国共发布了 5 轮招标，签订了 115 万千瓦的风电项目，但大部分项目都没有建成，仅仅有 13% 的项目最终建成发电。第二，几选一的招标制度大大增加了项目准备费用，其所占总投资的比例大幅提高，经过几轮招标之后，投资者的积极性也被严重挫伤，招标制度对制造业引起的负面影响比较严重，正是由于这一原因，英国的新能源制造业没有发展起来，最终招标制度被废弃。

三　配额制度

配额制度是政府用法律的形式对可再生能源发电在总发电量中所占的比例进行硬性要求，规定发电企业承担可再生能源发电义务、电网公司承担购电义务，使某一可再生能源发电量达到有保障的最低水平，可再生能源配额制度又称强制性市场份额政策。为了推动配额制的顺利实施，政府通常会规定可再生能源电力在全国范围内进行交易，而具体交易形式为绿色证书交易。配额制度是基于市场的、不需要政府进行投资和管理的制度，类似于政府对其他行业和部门颁布的最低标准要求。配额制交易的结果是以市场化方式来弥补可再生能源与常规能源在发电成本上的差异，从而达到激励可再生能源的发电技术开发和应用的目的。发电厂商可以根据自身成本状况和企业发展需要，决定自发绿电还是在证书市场上购买绿电来完成国家配额进行权衡。绿电证书市场交易的存在，使绿电发电成本较低的厂商具有扩大绿电发电量的激励，在完成配额之余还可以在绿电证书市场上出售；而绿电发电缺乏优势的厂商则可以通过购买证书来完成配额。

欧盟成员国中比利时、英国、丹麦、德国、荷兰、瑞典等是较早实施可再生能源配额制的国家。各成员国由于自然条件、支持机制以及地方壁垒等因素，在可再生能源发电能力和配额制上不尽相同。2007 年，欧盟针对可再生能源利用提出了加快转向低碳经济的中期目标，即未来 10 年使碳排放量减少 20%，可再生能源占消耗能源份额达到 20%，电力领域要用 30%—40% 的可再生能源发电。美国的可再生能源配额制实施于 20 世纪 90 年代末，是伴随着美国电力重组改革的浪潮而兴起的，截至 2010 年，美国已经有 30 个州及特区实施了可再生能源配额制。据忧思科学家联盟 2009 年预测，到 2025 年，配额制将促使美国的可再生能源电力增加 76750 兆瓦，相当于 1997 年的 570%（不包括水电）。除了实施证书交易制和配额制以外，美国还成立了兼具现货市场和期货市场的综合层次市场体系，使得交易主体的类型也更加多样化，在交易体系里，传统能源发电企业、绿色能源发电企业、输电公司以及用户之间发挥着各自不同的作用。澳大利亚曾宣布到 2010 年可再生能源供应将在全国范围内实施，绿色能源使用率要比 1990 年提高 2%，国内所有州及地方的电力批发企业和电力零售企业要严格按相应的比例执行此项措施。实践显示，通过这种方法可以方便企业筹集资金进行可再生能源电力建设。

四 绿色电价机制

绿色电价项目又称自愿认购的绿色电力市场。它是按照机会成本法来制定，对绿色能源进行单独定价，同时为愿意缴纳传统能源电力和可再生能源电力差价的电力使用者提供清洁环保商品。电力公司通过开展绿色电价项目，获得认证的供电商具备使用蓝绿色电力标志的资格，由用户选择绿色电力服务，以此推进可再生能源的发展。根据欧洲绿色电力网络联盟的标准，绿色电力的生产必须来自可再生资源，最常见的能源类型有太阳能、水能、风能、波浪能、地热能、潮汐能以及生物质能等。自 20 世纪 90 年代中期以来，绿色电力市场机制在荷兰、美国、德国、澳大利亚等国家逐步发展起来，它的形成机制是因为那些愿意为清洁电力多支付一些费用的用户。

绿色电力价格机制能否真正实施，很大程度上取决于企业和消费者对绿色能源的认同程度，因此通常当一个国家和地区人们的环保意识足够高时才会选择这种价格机制。从这一层面分析，荷兰在绿色电价机制的营销经验方面最成功、最令人瞩目。目前，荷兰已经形成了一个全国性的绿色电力市场，用户可以任意选择购买绿色电力的比例，并可以借助网络查阅到任何绿色电力供应商信息。媒体会定期公布国内大型绿色电力用户名单，通常前 10 名绿色电力用户均为大型的企业和商业集团，这些大集团的购买份额大约占到荷兰全国绿色电力销售量的 22% 。20 世纪末，荷兰通过新的电力法案，内容涵盖了电力的产生、运输以及供给的相关标准，其中关于绿色电价机制制定了具体的实施计划，对用户购买最低限量的绿色电力的义务做出了相关规定。到 2004 年，荷兰大约 30% 的居民自愿购买了绿色电力，可再生能源消费约占总电力消费的 3% 。为保证用户真正购买到绿色电力，需要相应的体系对绿色电力市场机制进行监督。荷兰政府委托世界自然基金会来监督国内绿色电力，主要包括监督每 1 千瓦时的绿电是否真实且唯一的被用户所购买的，防止重复销售现象发生。有数据显示，荷兰国内使用绿色电力的用户数量在最近几年不断增加，电力需求量也稳步上升。另外，随着绿色电力的市场化程度逐步加深，竞争带来的价格下降为荷兰可再生能源的创新发展提供保障。按照政府规定，可再生能源电力价格自愿选择购买可再生能源电力，认购后可获得一个绿色证书，并有相应的制度保证用户多支付的费用被真正用于可再生能源的发展。

在可交易许可证政策中，可交易绿色证书政策是其中一种，这种自愿交易可以实现可再生能源外部效应的内部化，并达到资源配置最优状态，体现了科斯定理中有关自愿的产权交易能够消除企业外部性的理论。需要提醒的是，绿色证书自身价格反映的是市场对于绿色能源正外部性的一种补偿，而不包括其作为普通能源所反映的价格。此处的绿色证书一般不用于以营利为目的的交易，这种自主选择机制可以激发电力企业提高对于相关发电项目的投资。

第十二章　太阳能光伏电价的形成机制与管制

21 世纪以来，越来越多的国家把寻求可替代、可再生性能源作为可持续发展的首要重任。各国纷纷通过调整能源管理机构，制定新能源的发展目标和相应激励措施，将可再生能源发展纳入国家的宏观发展战略，这其中新能源发电已成为可再生能源发展的关键领域之一。目前，全球范围内已有 50 多个国家对于技术已经比较成熟的可再生能源发电技术提出了具体的发展目标，并通过建立电价政策框架和调整价格水平的高低，利用价格机制和竞争机制，影响可再生能源发电项目的收益水平，平衡可再生能源基础设施的投资收益比，刺激对可再生能源电力的投资，从而调整可再生能源电力的发展速度，为国家可再生能源长期发展战略和目标的实现提供保障。

中国正处于关键转型期，城镇化、信息化和工业化均获得高速发展，伴随而来的是能源需求量和碳排放量的急剧增加，着力发展新型可再生能源既是大势所趋，也成为必然选择。当前世界各国都在推广和使用太阳能光伏发电技术，虽然太阳能光伏发电技术还不是相当成熟，太阳能电池板对环境因素的要求也比较高，单位电价的发电成本更是远高于传统火电和水电成本，但是清洁能源的渐趋利用方向不会发生改变。未来太阳能光伏发电技术势必更加成熟稳定，进而得到广泛利用，在中国的能源供应中，尤其是电力供应中的地位将越发突出。因此，构建合理有效的太阳能光伏电价机制，形成科学、高效、稳定的绿色发电市场，对建设资源节约型和环境友好型社会，实现可再生能源的规模化、产业化具有决定性意义。

第一节　太阳能光伏发电原理与现状

一　光伏发电原理

太阳能资源是人类赖以生存的物质基础，且长期内具有储量丰富、可循环再生、无污染等优点。因此，利用太阳能光伏发电成为当前理想能源的最佳选择。太阳能的转换和利用方式可分为光—电转换、光—热转换和光—化学转换三类。其中光—电转换包括太阳能光热发电和太阳能光伏发电。光伏发电依据光生伏打效应，依靠太阳能电池板把光能转化为电能。光伏发电是一种单纯将太阳光能转化为电能的物理过程，其发电系统主要包括：太阳电池板（组件）、控制器和逆变器三部分。系统的内部构成不包含机械部件，主要由电子元件装置构成，系统在运行中不存在水量消耗，且无任何转动、高温部件，整体系统的维护成本不高。正是基于各种技术和成本优势，使得光伏发电广泛应用于戈壁滩和沙漠等自然环境较为恶劣的地区。

二　光伏发电现状

近年来，世界范围内光伏发电产业快速发展，兆瓦级光伏发电系统和兆瓦级联网光伏电站逐步建立。从光伏发展历程看，美国与日本最早实行对光伏发电的利用，全球规模靠前的光伏厂商中日本占比超过半数，光伏组件的研发和生产与美国平分秋色。中欧的德国、意大利、法国以及北欧国家瑞士和芬兰最近十年也迎头赶上，这些国家依靠独特的地理位置和光照条件制订光伏发电开发计划，并借助研发逐步实现产业化发展。

从20世纪70年代中国开始发展光伏发电产业，伴随国家发输电能力的不断增强和电力改革的逐步深入，国内光伏发电产业获得较快发展和较大进步。为了迎合世界光伏市场的需要，中国光伏产业的生产能力和创新能力与时俱进，如今光伏发电技术已然成为一种成熟可靠的发电技术，且日趋由分散独立的单个发电向大范围并网发电方向迈进。2009年中国开启国内光伏产业市场，这其中包含了建筑与光伏相结合的低压入网系统以及大型荒漠示范电站系统。“十二五”期间，中国新增各类太阳能电站的总装机容量达2.1×10^7千瓦，包括太阳能光热电站、太阳能光伏电站以及分布式光伏发电系统。中国计划在2011—2015年间年均光伏发

电增加 10×10^{6} 千瓦，争取在“十二五”结束前实现总装机超过 5×10^{7} 千瓦，年发电量 6×10^{5} 千瓦时。截至2012年，中国累计光伏装机容量已接近5000兆瓦，见表12－1。2013年6月，国务院常务会议将中国光伏产业发展作为最为重要议题进行研究部署，同时确立了光伏产业扶持政策：重点拓展分布式光伏发电应用；电网企业要保障配套电网与光伏发电项目同步建设投产，优先安排光伏发电计划，全额收购所发电量；完善光伏发电电价支持政策，制定光伏电站分区域上网标杆电价，扩大可再生能源基金规模，保障对分布式光伏发电按电量补贴的资金及时发放到位；鼓励金融机构采取措施缓解光伏制造企业融资困难；支持关键材料及设备的技术研发和产业化，加强光伏产业标准和规范建设；鼓励企业兼并重组，抑制产能盲目扩张。

三 光伏发电系统分类

（一）独立光伏发电

独立光伏发电又叫离网光伏发电，由蓄电池、控制器以及太阳能电池组件构成，而当发电系统需要负载交流供电时，还需要交流逆变器。独立光伏电站主要包括路径信号电源、边远村庄地区的供电系统、阴极保护、太阳能户用电源系统以及太阳能路灯等附带有蓄电池且满足独立运行的光伏发电系统。

表12－1　2011—2016年中国光伏市场情况与预测　单位：兆瓦

项目	2007年	2008年	2009年	2010年	2011年	2012年	2013年	2014年	2015年	2016年
适度增长模式装机容量	20	46	228	520	2200	3000	3350	3500	3750	4500
适度增长模式累计装机容量	100	145	373	893	3093	6100	9300	12800	16600	21100
政策驱动模式装机容量						5000	6000	7000	8000	10000
政策驱动模式累计装机容量						8100	14100	21100	29100	39100
2015年装机容量目标									5000	

资料来源：魏政、于冰清：《中国光伏产业发展现状与对策探讨》，《中外能源》2013年第6期，“适度增长模式”假定的是一个相当悲观的市场情形；“政策驱动模式”是假定引入或延续充足的政策支持。

（二）并网光伏发电

并网光伏发电过程是指太阳能组件经过光电转化产生直流电，并网逆变器会将这部分直流电转化为符合市电电网标准的交流电，最后直接输入到公共电网。具体类型包括不带蓄电池的并网系统和带蓄电池的并网系统两种。前者通常安装在大型光伏系统上，且缺少备用电源和可调度性的功能。后者一般安装在普通民居建筑，它可以按照需求并入或者退出电网系统，具备可调度性；同时，在意外停电时可完成紧急供电，发挥备用电源的功效。并网光伏发电常常是国家级电站，属于集中式大型电站。这种电网可以将电能直接输送到统一电网系统，由电网系统逐一调配供用户使用。但这种大型电站具有投资回收期长、土地使用量大以及建设期长等弊端，没有获得有效发展。相比之下，分散式小型并网光伏系统，尤其是将光伏技术与建筑节能相结合的一体化光伏发电，具有投资成本低廉、节约建设面积以及方便设计安装的优势，因此成为并网光伏发电进一步发展的主流趋势。

2005 年，中国开始建立利用太阳能发电的并网光伏系统，先后在全国范围内建立起 40 多座容量在几十千瓦到 1 兆瓦不等的光伏电站。由于尚处于中小系统的示范阶段，主要系统仍为分散式小型并网光伏，大型并网光伏电和太阳能热发电尚属于空白。

第二节　光伏电价的形成机制与规制

一　光伏电价形成的经济学方法

市场经济条件下，价格机制起着调节供求、平衡产出、优化资源配置以及促进消费者合理消费的作用。市场价格的形成不是由单一的供给要素和需求要素决定的，而是供需两方面相互作用趋于均衡的结果。可再生能源电力尤其是光伏发电不具有成本优势，当出现政策缺失、引导不力时，供求双方会失去加快生产和有效需求的原动力，市场就无法通过真实需求来达到确定价格的功能。当出现外部性以及信息不对称等因素引发的市场失灵时，需要政府的干预和宏观调控以保证经济整体在正确的轨道上运行，通过制定合理有效的定价机制和定价策略调整价格水平，保证光伏发电产业有序健康发展。

根据定价机制的差异可以用标准成本定价法和机会成本定价法来确定光伏电价水平。

（一）标准成本定价法

标准成本定价法是指依照区域差异性，在不同地区，根据光伏发电的生产规模、光伏技术水平以及预期收益等确定光伏电价的方法。标准成本定价在定价过程中通常只考虑光伏发电的成本和利润水平，这区别于常规能源重视价格的变动和外部环境成本因素。

光伏电价 = ［光伏电力成本（投资成本 + 运行成本） + 税费］ ×（1 + 利润率）

标准成本定价属于成本关联型价格管制，这种定价策略的特点是决策过程简化透明，价格信息清晰直观，同时收益率比较稳定。与此同时，由于对政策导向和技术路线要求较高，标准成本定价法主要应用于技术单一的光伏发电领域等领域。通过改变价格水平可以调整光伏发电项目的利润率，进而调整光伏电力产业的发展速度，有效完成既定发展目标。

（二）机会成本定价法

机会成本指将同一要素投入到其他领域所获得的最大收益。在市场价格缺失的条件下，一种资源不能被用作其他使用的收益即为这种资源的使用成本。机会成本定价法是以常规能源电力的替代价值为基础来制定光伏电力的上网电价的方法。

光伏电价 = 常规能源电力价格 + 其他外部性价值 × 系数

在满足帕累托最优条件下，均衡状态不存在外部性的市场失灵现象。机会成本定价法将光伏电力的外部效益内部化，并通过引导其参与电力市场竞争，在化石能源电力外部性基础上给予一定程度补贴，从而降低光伏电价的发电成本，加快绿色能源电力的整体发展。机会成本定价法在一定程度上限制了外部性强度，把电力系统的整体价格体系作为价格管制的依据；尽管光伏电价水平是不断变化的，未来预测性较差，但价格机制短期内能相对客观真实地反映其市场价值。

二　光伏电价机制的表现形式

光伏发电技术最早出现于美国，后逐渐在欧洲、亚洲等国家得到广泛应用。由于各国在资源禀赋和技术水平上存在差异，导致价格水平和价格机制的表现形式不尽相同。当前世界范围内对可再生能源的定价机制主要有固定电价、招投标电价、配额电价、市场电价、溢价电价和绿色电价等。

（一）固定电价

在当前世界范围内，德国的太阳能光伏发电配套政策上均较为成熟，经过二十年的发展，德国的固定电价定价机制逐步形成。《可再生能源优先法》根据可再生能源发电对发展阶段、技术类别以及相关项目的资源条件要求的差异，区分出不同种类的电价制度。除此之外，相应电力价格并非完全一成不变，而是在发展过程中根据电力成本变动差异和市场拓展程度每隔两年变更一次定价标准。固定电价可以帮助中小企业进行项目融资，积极引导资金流入可再生能源发电领域。根据2004年德国修订的可再生能源电价标准，光伏发电价格为45.7—57.4欧分/千瓦时。

固定电价制度的优势在于：可根据地区发展规划实现资源开发利用的均衡发展，有利于可再生能源发电项目的重点优先发展；光伏发电产业在初期发展阶段会面临成本较高的困境，实行固定电价制度可以给予开发商必要的价格担保，激励其加快光伏投资；固定电价的执行成本较低，方便操作和管理，有利于降低生产成本；固定电价在实施过程中也会面临诸多缺陷：由于光伏发电发展过多依赖政策的连续性，当政策的稳定性因某些因素发生变化时，政策本身就很难保证继续支持产业的良性可持续发展；固定电价使光伏发电不参与市场竞争，一定程度上会阻碍光伏产业的创新升级，不利于优化电源结构。

（二）招投标电价

中国光伏发电市场80%的市场集中在国外，尤其是欧洲市场。对于国内光伏市场而言，最好的推广方式莫过于“光伏并网发电特许权项目招标”。该项目是指国家针对光伏发电项目制定一个具体的上网电价，该价格可以保证光伏发电投资者在电力出售时收益的稳定性，在这项投资中竞标成功者唯一的收入来源为经营年限内出售给电网的电力，因此，并网电价的高低是影响项目收益的关键。中国在光伏发电领域的特许权电站招标始于2009年，招标规模也从十兆瓦级上升为百兆瓦级。但由于光伏发电成本偏高，企业希望以较高的价格出售电力，而电网公司则尽力压低购电价格，于是在最终的中标价格上民间与官方存在较大预期差距，“光伏并网发电特许权项目招标”工程在推行过程中面临困境。2013年下半年，国务院出台《国务院关于促进光伏产业健康发展的若干意见》，意见指明中国要进一步扩大国内光伏市场需求，把加快产业转型升级和提高技术水平作为促进光伏产业持续健康发展的根本出路和基本立足点。要求政府跟进具体的相关支持政策，完善电价定价制度，做好财政补贴规划，并引导行业内龙头企业健康发展。依照国务院规划，中国计划在三年内实现光伏发电装机容量年均增加 1000 万千瓦左右，2015 年实现总装机量 3500 万千瓦以上。随着具体细则的即将推出，国内光伏市场和光伏电价招标制度将出现新的发展机遇。

招投标制度在绿色能源领域引入竞争机制，能够鼓励企业运用新技术，加快创新，有利于带动相关产业的发展和整体升级；竞争激烈程度的上升能够降低光伏电价，引导企业通过规模收益降低生产成本；招投标定价制度下，政府为购买绿色能源电力提供了相应的配套措施，并通过必要的行政手段协助发电企业和电网企业获取资本投资支持。但电价竞标制也存在不可避免的局限性：规模较大的电力项目的开发所有权和收益权通常归中央管理，这在一定程度上会挫伤地方政府发展相关产业的积极性；竞标中获胜者往往是出价最低者，但这些企业未必具有项目建设的资质，后期由于面临融资困难和技术上的限制，很多企业会出现违约行为；招投标过程以及电力审批需要极为复杂的程序，这会导致项目投资成本大幅上升，只有大企业有能力和实力参与竞争，导致大企业垄断和中小企业退出竞标的局面。

（三）配额制度

在太阳能光伏发电领域实施配额制度，可以依靠强制性措施解决常规能源的外部成本现象，充分提升光伏电力的外部效益价值；由于政策具有稳定性，配额制度减少了政府参与，降低了监督管理成本，节约了政府开支。尽管在实施过程中仍然面临大企业垄断市场、小企业难以进入、投资积极性减弱以及行业整体凝聚力不强等问题，但配额制度整体上明确了光伏发展目标，保证了市场需求的量化发展，使投资开发和设备供应商的持续投资运营信心得到增强。

（四）绿色电价机制

绿色电价制度在荷兰运行成功，首先得益于政策的合理性和监督的有效性（见表 12 –2）。健全合理的政策制度不仅能降低管理成本，而且能保证政策预期效果的可实现性。其次，得益于可持续发展理念和公民环保意识的增强。在绿色概念的指引下，人们会自然地接受绿色电价制度，理解绿色电价制度实施所带来的能源效应和社会效应。最后，用户在购买绿色电力时能够得到绿色证书认可，这在一定程度上提高了企业和个人的公众形象，对企业来讲是一种营销手段和宝贵的无形资产。

表 12－2　　荷兰对可再生能源发展补助情况　　单位：欧分/千瓦时

	MEP 返还税	生态税减免量	总量
太阳能、光能	6.8	2.9	9.7
填埋气及降解	0	2.9	2.9
纯生物量	4.8	2.9	7.7
混流	2.9	0	2.9
陆地风能	4.9	2.9	7.8
海上风能	6.8	2.9	9.7
单机生态能装机容量 <50 兆瓦	6.8	2.9	9.7
潮汐能	6.8	2.9	9.7
水电	6.8	0	0

绿色电价机制区别于配额制度。在配额电价体制下，政府依靠强制政策规定电力企业必须在其电力结构中包含一定比例的可再生能源电力，份额内光伏电价高出常规电价的部分由整个电网系统分摊；而绿色电价机制允许用户自愿选择供电商，自主决定经认证的可再生能源电力的购买量，电价超出部分则由用户自行承担。为把这两种机制有效地整合起来，荷兰在国内发明了一种绿色标签系统，该系统为绿色能源电力的进步创造了强劲动力。

第三节　中国光伏电价的问题与改进

国际上普遍使用的光伏发电管制方法有竞价上网政策、固定电价政策以及可交易的绿色证书政策等。2011 年 8 月 1 日，中国发布《关于完善太阳能光伏发电上网电价政策》的通知：

（1）制定全国统一的太阳能光伏发电标杆上网电价。按照社会平均投资和运营成本，参考太阳能光伏电站招标价格，以及中国太阳能资源状况，对非招标太阳能光伏发电项目实行全国统一的标杆上网电价。2011 年 7 月 1 日以前核准建设、2011 年 12 月 31 日建成投产、尚未核定价格的太阳能光伏发电项目，上网电价统一核定为每千瓦时 1.15 元（含税，下同）。2011 年 7 月 1 日及以后核准的太阳能光伏发电项目，以及 2011 年 7 月 1 日之前核准但截至 2011 年 12 月 31 日仍未建成投产的太阳能光伏发电项目，除西藏仍执行每千瓦时 1.15 元的上网电价外，其余省（区、市）上网电价均按每千瓦时 1 元执行。今后将根据投资成本变化、技术进步情况等因素适时调整。

（2）通过特许权招标确定业主的太阳能光伏发电项目，其上网电价按中标价格执行，中标价格不得高于太阳能光伏发电标杆电价。

（3）对享受中央财政资金补贴的太阳能光伏发电项目，其上网电量按当地脱硫燃煤机组标杆上网电价执行。

（4）太阳能光伏发电项目上网电价高于当地脱硫燃煤机组标杆上网电价的部分，仍按《可再生能源发电价格和费用分摊管理试行办法》（发改价格［2006］7 号）有关规定，通过全国征收的可再生能源电价附加解决。可见中国在光伏发电领域使用的是固定价格政策和竞价上网政策，可交易的绿色证书政策尚未实行。

当前，中国的太阳能光伏发电技术已经成熟，光伏产业在面临“双反”的困境下也在逐步扩大内需市场，尽管可再生能源的整体法律体系尚未建立，但相应的光伏产业补贴机制以及光伏电价补贴机制正在增加并日益完善。中国可再生能源发展的法律法规从 2005 年起逐步完善，这一年中国颁布《可再生能源产业发展指导目录》，2006 年颁布《可再生能源发电价格和费用分摊管理试行办法》，明确了可再生能源电价的制定和实施（见表 12－3）。2009 年 7 月，为了将光伏产业作为战略性新兴产业培育，财政部联合科技部、国家能源局共同启动金太阳示范工程。金太阳示范工程主要在资金上补贴光伏发电技术的示范性应用，以及关键技术上的产业化推广，原则上金太阳示范工程将根据光伏发电系统及其配套输配电工程总投资额进行补贴，补贴额度为总投资额的一半。

要引导光伏发电产业健康有序发展，仅靠指导性目录和暂时性调配办法还不能从根本上解决问题，只有依靠持续有效的政策支持、完善的法律法规和行业性规范、光伏发电产业自身克服技术弊端以及降低发电成本，才能从实质上解决光伏电价的诸多问题，保障可再生能源发电产业的良性循环。

表 12－3　　可再生能源电价管制相关政策表

时间	名称
2005 年 11 月	可再生能源产业发展指导目录
2006 年 1 月	可再生能源法
2006 年 1 月	可再生能源发电价格和费用分摊管理试行办法
2006 年 2 月	国家中长期科学技术发展规划纲要（2006—2020）
2007 年 5 月	可再生能源电价附加收入调配暂行办法
2007 年 8 月	可再生能源中长期规划
2007 年 8 月	节能发电调度办法
2008 年 3 月	可再生能源“十一五”规划
2009 年 8 月	中华人民共和国可再生能源法修订

一　中国光伏电价机制存在的问题

尽管中国可再生能源发电技术进步明显，产业实力有所提升，但在现有技术水平和产业基础上中国绝大部分可再生能源行业仍处于产业成长初期段，无法实现规模化发展。目前太阳能开发利用的成本依然很高，光伏发电在分布上过于分散，规模相对较小且无法实现连续生产，在现有环境下缺乏竞争力，不得不依靠政策性非市场手段维持其进一步发展。另外，由于难以适应当前市场机制和管理体系，光伏发电与传统发电体系融合需要一段长期的过程，目前国内的电力管理和电价机制仍存在很多限制性因素，阻碍了光伏发电的发展。中国光伏领域的技术创新体系尚不具备核心竞争力，对于产业内有关基础研究、关键技术开发、共性技术问题解决等方面还相当落后，人才培养与行业产业的需要存在矛盾。

（一）发电成本高

典型的产品（或行业）生命周期可以分为四个阶段，即引入期、成长期、成熟期和衰退期。整体来看，中国当前的光伏发电产业处于产品生命周期的初级阶段：引入期和成长期。虽然随着光伏产业的技术进步、光伏发电的规模化经营，国内的光伏发电成本在逐年下降，但相对于传统能源电价仍然存在较大的成本劣势。由于光伏产业上游硅原料相对昂贵，国内多晶硅的生产还面临环保压力，下游发电领域的需求不足，导致太阳能发电价格昂贵，脱离国民经济的实际承受能力。较高的发电成本成为制约光伏发电顺利走向上网电价的“瓶颈”。光伏发电的成本是普通电力发电成本的10倍，约合7元/千瓦时。2008年，发改委对上海崇明前卫村太阳能光伏电站（中国最大兆瓦级太阳能光伏电站）等多个太阳能光伏和风电项目的上网电价进行批复核定。已经核定的上海崇明前卫村太阳能光伏电站和鄂尔多斯伊泰集团205千瓦太阳能聚光光伏电站上网电价为4元/千瓦时（含税）。2010年国家发改委将宁夏4个太阳能光伏电站的上网电价核定为1.15元/千瓦时，而当年全国电网企业平均销售电价为0.57元/千瓦时，其中宁夏平均销售电价为0.41元/千瓦时。光伏发电的高成本使其在应用中过分依赖政府补贴，难以满足经济发展对低成本清洁能源供应的需要，极大限制了光伏发电产业的规模化发展。

（二）绿色电力入网困难

《可再生能源法》第十四条第三款规定："电网企业应当与按照可再生能源开发利用规划建设，依法取得行政许可或者报送备案的可再生能源发电企业签订并网协议，全额收购其电网覆盖范围内符合并网技术标准的可再生能源并网发电项目的上网电量，发电企业有义务配合电网企业保障电网安全"。但是实施《可再生能源法》的规定却成为问题，现行可再生能源法规定电网全额收购新能源电力制度，主要通过双方签订并网协议来解决，但现实中并无保证光伏发电量全额上网的具体操作规则，全额收购的规定难以完全兑现。光伏发电（其他新能源发电也类似）存在不可持续性和不稳定性，且地理位置偏僻，可调配性比较差，收购光伏发电等新能源电力会增加电网的技术难度，造成收购电力成本高，而国家并未为此补贴电网。由于收购方和发电方的利益关系不一致，电网企业和调度部门对收购光伏发电不热心，在收购时存在通过考核变相减少发电企业上网电量、压低上网电价、强行分摊线损、不按期或不足额支付电费等问题，法律规定的"全额收购可再生能源发电量"常常得不到执行。由于缺少必要的监督奖惩机制，全额收购制的推行存在种种障碍，这限制了光伏电力的顺利入网。

（三）政府扶持政策不健全

从经济学角度分析，政府价格补贴必然会带来经济效率的损失，一国对光伏发电的补贴越高，就会吸引更多的高耗能低产出企业从事生产和出口，导致部分补贴经产品出口流向海外，从而使本国国民无法完全受惠于价格补贴。但由于光伏发电技术的发展成熟在一定程度上需要政府按公共物品性质对待，且这类绿色电力具有明显的公益效应和弱营利性特点，对此欧洲、美国等发达国家都实施过一定的价格补贴政策。德国在这方面走在前列，德国早期按照高于成本的价格收购光伏发电，1999 年 10 月德国出台新的可再生能源法，光伏发电上网电价 0. 99 马克/度，而成本仅为 0. 5 马克/度，为支持光伏发电计划，政府总计补贴 11 亿马克。德国目前对光伏发电每度电补贴 47 欧分，并将光伏发电的成本进行全电网分摊。美国的价格补贴制度比较普及，有 30 个州通过了针对光伏并网发电的"净电量计量法"，即允许光伏发电系统上网和计量，每度电补贴 26 美分。西班牙强制电力公司购买光伏系统的电力，根据 2001 年制定的新电力法，电力公司必须以 0. 38 欧元/度购买 5 千瓦以下光伏系统的电力，以 0. 28 欧元/度购买 5 千瓦以上光伏系统的电力，这一时期普通电价为 0. 03 欧元/度，日本对于建设光伏电站时给予工程补贴，采取分年递减方式，共补贴十年。

与之相比，中国对绿色发电项目设立的补贴范围很窄，现有的一些扶持政策不完整，尤其对光伏市场和产业发展的支持力度较小，补贴方式缺乏多样化、补贴的力度也较小。在成本已经很高的前提下，政策的支持强度不足，这会使电力公司利润空间大大收缩，从而挫伤企业建设投资的热情和信心，导致已有参与者在权衡收益成本后退出市场。

二　启示和改进方向

针对中国光伏电价机制的问题，我们提出以下政策建议：

（一）通过产业组合、市场变换、技术更新等方式逐步降低发电单位成本

在技术方面，进行光伏应用研发，以降低现有工艺和制造方法的成本；长期内开发新一代可再生能源技术，通过使用纳米、多层半导体技术提高太阳能发电效率，提高光伏电池的国产化比例可减少设备投资数量。生产技术进步在伏发电成本下降上的显著作用，可通过以下成本要素或其他指标的变化来定量反映：减少单位人工费用、降低制造组件过程中电力消耗水平、降低硅片切割厚度、减少破片数目、增强逆变器的转换水准、减少切割损失、延长逆变器和组件寿命、提高组件转换效率、降低电池转换效率的衰减率。

在产业组织方面，鼓励企业采取横向和纵向联合，实现规模经济。当企业规模逐渐扩大时，每一单位产品的平均成本会不断下降，从而劳动力需求和固定成本分摊也会相应减少，专业化生产与供应可促使交易费用的

降低和成本下降；产业内部的纵向一体化有助于企业节省营销费用和运输费用，使总成本下降。

此外，还可降低光伏制造行业的进入门槛，市场主体间的激烈竞争使得中间产品和终端产品的利润水平下降，有利于降低发电成本。

（二）引导光伏发电顺利入网

将光伏发电系统按微网方式接入大电网实现并网运行，这种方式使大电网与光伏发电系统互为支撑，也为改善光伏发电规模找到技术出路；同时，光伏发电系统并网运行昭示着光伏产业未来技术发展的主要方向，能够增强太阳能使用的灵活性以及扩大使用范围。“十二五”光伏发展规划公布以后，国家开始制定分布式光伏发电的相关扶持政策。其中包括自2012年11月1日起，对于不超过6000千瓦的光伏发电项目，用户可以在当地电网公司直接申请，两个月内就可以完成建设和并网运行。并网运行项目所发电力既可以自用，也可以按1元/千瓦时的补贴价出售给电网企业。这种模式一定程度上打破了国家电网的电力垄断，接入分布式入网使普通用户也可以扮演发电供应商的角色。在主要驱动因素的作用下，预计到2020年，光伏发电在中国部分地区将可以实现平价上网，在中国太阳能辐射较强的地区，光伏发电成本可进一步降低成本，实现与火力发电成本接近，届时光伏发电将在少数销售电价较高的地区具备一定的市场竞争力，最终实现光伏产业的规模化应用和可持续发展。在销售电价较高的地区及在免税的条件下，即使投资者不获得补贴，同样可以在15年内收回投资。

（三）政府政策支持和财政补贴

中国现有光伏领域的制度规则和行业标准还不规范，政府指导价是光伏并网的必要选择，市场供求尚不能起到决定作用。政府既可以在初期采用市场净回值定价法定价，从而将产业链经济剩余推向上游扶持光伏发电企业成长；也可以在后期依据成本加成定价法将经济剩余留给产业链末端，以引入竞争加强市场化。中间部分的政府指导价依靠不同产品间的比价关系控制产业内每个环节，它介于市场净回值价格和成本加成价格之间。根据2010年世界可再生能源发展现状报告的统计，全球有40多个国家出台了相关补贴政策，有的给予发电企业优惠政策或者对投资进行直接补贴，有的还采取削减进口关税、税收抵免等税收回馈政策，实践表明实行税收减免或补贴投资政策在光伏市场上的激励引导效果最为显著。在激励政策的影响下，2009 年一些国家宣布了新型屋顶太阳能光伏发电补贴方案。中国在补贴体制下，要根据区域资源禀赋的差异、光伏并网发电成本的不同，设立有差别的标杆。同时政府补贴可借鉴德国补贴模式，按时段分强度补贴，即随着光伏产业的推进，补贴强度应逐渐降低。这样可以鼓励光伏产业在产业链每个环节进行技术创新，同时激发其参与市场竞争，依靠技术创新能力的提升从根本上降低光伏发电成本，实现光伏发电技术化、产业化。

第十三章　风能发电电价的形成机制与管制

扩大能源使用范围、转变能源利用方式、提高能源利用效率越来越成为社会热议的话题。全球气候大会经历了多轮谈判后，尽管争议不断，在减排问题上互不相让，但与会各国在《京都议定书》的承诺框架内逐步达成协议，即在保有经济发展水平的同时降低碳排放量，调整能源结构，为解决全球气候变暖、能源危机困境做出应尽义务。而全球范围内，在处理经济发展与能源减排这对矛盾的问题上，唯一满足较高可行性和多边共识性的解决措施就是发展可再生能源。

在诸多的可再生能源种类中，风能是一种来源广泛、利用率高、清洁无污染的优质能源。经过几十年对风能的物理应用之后，近代在能源危机的压力下风力发电技术应运而生。全球风能理事会的调查数据显示，到2009年，世界风电装机总量已累计达1.58亿千瓦，年均增长率31.9%，全行业从业人员50万元，产出总值达450亿欧元，这使得风力发电产业成为全球能源市场不可或缺的组成部分。要充分利用风电带来的社会福利，既需要技术上的支持，还应当对风能发电情形下电力的形成、运输、并网销售以及定价机制进行规制，解决好技术和服务的双层难题。

第一节　风能发电原理与发展现状

一　风能及发电原理

风能是太阳能的一种转化形式，是地球表面大量空气流动所产生的动能。受太阳光照射影响，地球表面受热差异影响气温会有所不同，单位内水蒸气密度不均使得地区间存在气压差，气流会在水平方向上由高压区流向低压区，从而形成风。风能的多寡取决于地域内风能的密度以及全年累计小时数。由于具有清洁环保的特点，风能利用已日益引起各国政府的关注和重视。风能资源储量丰富，世界范围内的风能总量约为 2.74×10^{9} 兆瓦，可开发利用的达 2×10^{7} 兆瓦，大约是地球上可开发利用的水能资源总量的10倍。

风力发电的基本流程，是依靠风力引起风车叶片的转动，利用增速机提高转动频率，由传动轴将转子（由以空气动力推动的扇叶组成）的旋转动力传送至发电机，来促使发电机发电。依据目前的风车技术，风速达3米/秒时即可用于发电。作为一种清洁可循环利用的新能源，风能具有非常广的发展利用前景，尤其是在广袤无人的草原牧场地区、近海岛屿地区、交通闭塞的广大山区，以及短期内电网未能覆盖的边疆和农村地区。风能作为解决生产和生活能源也日益受到重视。

二　风能发电的运行方式

（一）离网型发电系统

在离网型发电系统中，三相交流输出要经过整流稳压之后，再提供给用户或者负载使用，它是一种单机独立运行的小型风电系统。风机离网应用有多种类型，主要包括：（1）给水加热型，该系统的常规用法是将电辐射加热器或浸没式加热器直接与风力发电机相结合，主要用在私人住宅。（2）为边远的山区村落提供稳定的电力，分为无人值守的、小型风机。这种系统既可以实现发电机与蓄电池的链接，还能与柴油发电机或光电电池等其他电源完成联机。（3）蓄电池充电型，该系统主要是可在单一家庭进行应用的小功率风力发电机。（4）边远山区的另类应用，主要包括为小型电网系统提供电力、农村地区供电、海水或咸水淡化用电以及商业用冷藏系统用电等。中国内蒙古地区以风电为主且存在边远牧民缺电的现象，是应用和推广小型离网风力发电最主要和最好的地区。离网型发电系统的总电容量通常很小，常见的类型包括百瓦级和千瓦级。如今独立的风光互补路灯系统和风电互补路灯系统已得到广泛应用，在城乡地区的公路供电中发展很快。

（二）网型发电系统

目前，并网型发电系统已成为国内外建成或新建的大型风电场普遍采用的运行方式，成为利用风能发电的主要方式。将风能发电并入大电网系统是大规模利用风力发电的最经济、最可行的方法。其做法是将大量风力发电机组统一均匀安装在风源地，由管控中心对其集中管理，被称为风田，风田所发电力多由统一电网输送。

三 风能发电现状

（一）全球风能发展现状

20 世纪八九十年代，风能发电以丹麦和美国为代表。进入 21 世纪以来，中国、德国、西班牙、印度等国家的风能产业不断崛起，各国装机总量不断增加，其间德国和中国都先后超越美国和丹麦，成为全球风能领域的领军国家，法国一度倡导核能利用，近年来，也着手规划风能利用的远期规划。2009 年，欧洲针对风能发电投入 180 亿美元，比上一年度增加了近 1/4，其中用在海上风能建设项目的投资达 21 亿美元，连续两年风能发电的新装机容量均超过太阳能和天然气的发电装机容量。到 2009 年年底，欧盟风力发电占总电力供应的 4. 8%。2010 年，据欧洲可再生能源理事会和全球风能理事会公布的数据，上一年度世界风能发电年装机容量为 37500 兆瓦，约等于 23 台核反应堆发电机组的发电量，发电量增加了 31%。预计 2020 年欧洲会有近两亿人完全使用风电，占欧洲人口的一半。2010 年，仅中、美两个国家的风机总量就占全球的 42%，全球风电装机容量区域分布见表 13 - 1。根据 2012 年美国风能协会介绍，美国当年的风能发电量占全国总发电量的 3. 5%，可以满足 1500 万户家庭用电，接近新增发电能力的一半，在各类新增发电中居第一位，2013 年以前的 10 年间，美国的 44 个州新增了 500 多家风电设备制造企业，风电行业的蓬勃发展拉动了关联制造业的出现和进步，也提供了数万个工资较高的工作岗位。

表 13 - 1　　全球风电装机容量区域分布　　单位：兆瓦

项目	欧洲	亚洲	北美洲	大洋洲	拉美及加勒比	非洲及中东
2010 年累计装机	86647	61106	44825	2516	1478	1065
2011 年新增装机	10281	20929	8127	343	852	31
2011 年累计装机	96928	82035	52952	2859	2330	1096

资料来源：白文斌：《世界风电发展现状及前景展望》，《科技情报开发与经济》2011 年第 22 期。

由于能源结构存在差异，各国在风电开发时间和开发技术上不尽相同，这使得风能发电在各国的发电总量中所占比例存在巨大差异：2008 年丹麦电力中风电占 20%，葡萄牙风电所占比例为 13%，西班牙为 11%，而欧盟其他大国如英国、法国、意大利风电占总发电量的比例则少于2%，美国的比例大约也为2%，日本更是少于0.3%。2010年，全球风电占发电总量约为1.6%；尽管全球风电占发电总量比例不大，但每年的增加速度却很高，自21世纪初至今，世界范围内年风电装机容量增速超过20%。

（二）中国的风能资源

中国位于亚欧大陆东南部，濒临太平洋西岸，季风强盛，季风性气候构成了中国气候的主要特征，夏季风自3月开始登陆中国华南沿海地区，直至10月才完全撤离中国大陆；冬季风对中国北方地区的影响同样超过6个月。受季风气候影响，中国风能资源丰富，据气象观测显示，总储量超过30亿千瓦。其中距地10米范围内约有10亿千瓦可利用风能，海洋占75%，陆地占25%；距地50米范围内有20亿千瓦可利用风能，可开发的装机容量约为2.5亿千瓦，居世界第一位。全国范围内年均风速超过3米/秒且多于200天的省份有甘肃、青海、内蒙古、黑龙江等，因此中国的风能资源储量丰富。截至2011年，中国累计安装各种类型风力发电机20多万台，机型大多以750—3000千瓦为主，并在广东、福建、内蒙古、新疆等地建成多个风场，总装机容量超过6000万千瓦。按照《中国风电发展报告（2010）》推算，中国风力发电累计装机量到2020年将达到2.3亿千瓦，相当于13个三峡电站；总发电量超过4600亿千瓦时，约合200个火力发电厂的发电量。尽管最近十年风力发电行业在中国发展速度迅猛（见表13－2），风力发电年增长率都在50%以上，但是由于基础薄弱、进入风力发电行业较晚，在装备制造水平与风机发电水平方面，与西方发达国家还有较大差距。中国风电发电量低于美国，国内风电只有500亿千瓦时，吊装容量仅占并网容量的1/3，达不到国际水准，风力发电装机容量仅占全国电力装机总容量的5%，风机发电量占全国电力发电量的2%，从而制约风力发电效率和整体效益水平的提升。由此可见，中国风力发电行业仍然存在很大提升潜力。

表13－2　　　　2012年中国各省市新增及累计风电装机情况

序号	省（自治区、直辖市）	2011年累计（兆瓦）	2012年新增（兆瓦）	2012年累计（兆瓦）
1	内蒙古	17504.4	1119.4	18623.8
2	河北	7070.0	908.8	7978.8

续表

序号	省（自治区、直辖市）	2011 年累计（兆瓦）	2012 年新增（兆瓦）	2012 年累计（兆瓦）
3	甘肃	5409.2	1069.8	6479.0
4	辽宁	5249.3	869.0	6118.3
5	山东	4562.3	1128.7	5691.0
6	黑龙江	3445.8	818.6	4264.4
7	吉林	3564.4	433.0	3997.4
8	宁夏	2875.7	690.0	3565.7
9	新疆	2316.1	990.0	3306.1
10	山西	1881.1	1026.0	2907.1
11	江苏	1967.6	404.5	2372.1
12	云南	932.3	1031.8	1964.0
13	广东	1302.4	388.9	1691.3
14	福建	1025.7	265.0	1290.7
15	陕西	497.5	212.0	709.5
16	贵州	195.1	312.0	507.1
17	安徽	297.0	197.0	494.0
18	河南	300.0	192.6	492.6
19	浙江	367.2	114.5	481.7
20	上海	318.0	34.0	352.0
21	海南	256.7	48.0	304.7
22	江西	133.5	154.0	287.5
23	天津	243.5	34.5	278.0
24	湖南	185.3	64.0	249.3
25	广西	79.0	124.5	203.5
26	湖北	100.4	93.5	193.9
27	青海	66.5	115.0	181.5
28	北京	155.0	0.0	155.0
29	重庆	46.8	57.6	104.4
30	四川	16.0	63.5	79.5
31	香港	0.8	0.0	0.8

资料来源：《2012 年中国风电装机容量统计》。

第二节　影响风电价格机制的因素

风能发电在定价过程中受多种因素影响，主要包括固定支出、资源条件、风电站建设费用、电厂运行维护费用、税收成本、融资条件、实际上网电量以及其他影响因素。

一　固定支出

风力发电项目的固定支出主要包括电厂的人力成本支出以及定期维护支出，这种支出不随每年发电量的变化而改变，仅仅取决于电厂经营年限。经营年限越长，固定支出越多，两者呈正相关关系。人力成本支出所占的比重取决于风力发电厂的员工数目和工资水平。风电场定期维护支出方面，按照《中华人民共和国电力行业标准——风力发电厂运行规程》风电场定期维护内容主要包括运行人员应对升压站、风电机组、场内高压配电线路、风电场测风装置等进行定期巡回检查，发现缺陷问题并及时有效处理等相关事项。

二　资源条件

风能资源是影响风电电价的关键因素之一。风能资源条件的好坏主要表现在风力发电机机组正常运转时的上网电量，可利用小时数来衡量。当发电区域内风力强度不足或低于标准小时数时，总发电量就会降低，单位电力所分摊的费用会大幅增加，从而导致发电成本上升。因此，风电场所在地区风能资源的丰富程度对于该风力发电厂的风电价格有着很大影响。

三　风电站建设费用

风电站建设成本是影响风能发电成本的最重要因素之一，通常包括风机造价、塔架和基础费、安装成本、并网连接费和道路费等。风资源一般地处偏远、荒凉的荒漠，交通运输不便，需要修建辅助道路工程运送物资设备，增加了风电建设的费用支出。工程建设成本越大，风电度电成本越大。而工程建设成本中风机组造价占有很高的比重，依照国际统计数据信息，风机组的建设成本占整个工程建设总投资的3/4。

四　电厂运行维护费用

电厂的运行维护费用与发电厂的环境状况、风机组的性能以及风机组的年发电总量有关，通常包括能否正常使用风电核心设备、出现问题后能否维修、经营管理效率是否高等方面。风力发电机组性能稳定，每年的风力发电量在核定的范围内时，电厂的维护成本将大大降低。除此之外，风能电站在建成投产后尽管不存在原材料支出，但需要一定的人力物力投入，这部分费用要包含在运行与维护费用之中。保险费、经营管理费支出相对比较稳定，而日常维护、备用零件费用则随着风电厂运营时间逐渐增高，在风电厂的使用年限内，风电厂运行和维护费用是逐渐增加的。由于各项制度还不完善，风能发电期间的运行维护费用尚没有详尽的统计，陆上风电维修费用大约为工程建设成本的5%。

五　税收

根据中国风能发电企业的税收政策，主要税收项目有企业所得税、增值税以及销售税金及附加，财政部、国家税务总局《关于部分资源综合利用及其他产品增值税政策问题的通知》财税［2001］198号规定，风力生产的电力减半征收增值税。《关于落实国务院加快振兴装备制造业的若干意见有关进口税收政策的通知》指出，对自用风电设备的进口可免征关税和增值税；进口大功率风力发电机关键零部件、原材料，进口关税和进口环节增值税先征后退。另外风电企业没有进项税抵扣；销售税金附加包括教育费附加以及城市建设税，销售税金附加以增值税税额基础计征，计征比例分别为3%和5%。

根据《中华人民共和国企业所得税法实施条例》，企业从事海水淡化、节能减排技术改造、沼气综合开发利用等符合节能节水和环境保护的项目，可享受前三年免征、第四年到第六年减半征收企业所得税的优惠，即“三免三减半”政策。根据《企业税法》第二十七条及其《实施条例》第八十七条规定，风电场营业前三年无企业所得税，再三年企业所得税约为0.02元/千瓦。

六　融资

通常情况下银行贷款比民间借贷利率低，借款的弹性大且安全系数较高，短期内融资效率和成功率高，因此银行成为中国风力发电企业融资的主要渠道。在融资过程中要考虑贷款利率、还款期限以及手续费等项目。在实际操作过程中，风力发电项目企业通过注册成立公司并具备一定的注册资本，当实际项目投资额和注册资本间存在差额时，电力企业借助第三方担保向国内银行或国外银行申请贷款以弥补差额。当发电企业正式投产并开始商业化运营后，企业通常会通过电力收费权或资产抵押来换回前期的第三方担保，从而最终完成对发电项目的融资。银行提供的长期商业贷款能使风电企业获得利率优惠，降低还贷压力和上网电价。中国风能发电自20世纪90年代开始向商业化发展，融资经历了外国政府赠款、本国政府拨款再到银行贷款的转变过程。当下，政府对风电行业进行扶持，中国国内的风力发电项目最高可以享受80%的债务融资优惠，同时享有10%的贷款利率优惠政策。尽管如此，中国风电企业融资模式仍比较单一，相比欧美风电发达国家，中国的可再生能源大多采用大型电力公司担保方式，依赖政府拨款和国债发行，项目融资还未成为主流融资方式。

七　实际上网电量

实际上网电量对风电成本影响很大，当前电力系统的一个重大挑战即为风电的大规模间歇生产。中国风电建设和电网建设不配套，很多风电场有弃风现象，严重影响风电场的收益，也影响整体风力发电的成本，从而出现风电装机容量增速减缓的趋势，上网难已经成为中国风电发展的最大难题。由于电网的整体容纳能力有限，而风电项目的规模较大，地方政府从风电行业获得的增值税数额会减少，从而对风力发电投资的积极性很低。内蒙古风力资源约占全国风力资源1/3，2008年年底，内蒙古风电装机容量超过370万千瓦。而机组会根据电网指令随时停机。乌兰察布市按实际风力发电能力总装机量到2009年达到240万千瓦，受上网受限因素影响，已经完成前期工序的百万千瓦级装机量难以正常开工建设。由于发出的电力无法全部消纳，酒泉风电基地规划建设的千万千瓦级风力发电系统同样面临困境，不得不将过剩产能输送到兰州负荷中心分销。大规模风电“发得出，送不出”的现象并非个例。据估计，中国有接近1/3的风电装机并网项目处于闲置空转状态，形成巨大的资金浪费。在一些风源地，风电利用缺少明确的输出和消纳规划方案，而仅仅注重资源整体布局，风电的大规模输出与有限额消纳之间的矛盾越发明显。在风力发电过程中，要依照风源地风能资源的丰腴情况、可利用土地资源以及其他地方现状为风能利用制定长期规划，进而从全国电力系统配置出发，做出风电输送、蓄能和消纳的方案，并以此为基础调整国家规划。智能电网起到更关键的作用，需要对间歇供电具备更大适应性的负载，因此需要综合规划电网、风电、蓄能以及负荷装置。

八　其他影响因素

除了以上客观、外部性因素外，风电开发商的自身经验也是影响风电价格机制的一个重要因素。风能发电经过几十年发展历程，国内外的实践证明选择有经验的开发商是降低上网电价的一个重要举措。开发商的管理水平直接影响了整个风电项目的成败，同时也影响风力发电能否顺利参与电力市场竞争。另外，由于开发商需要承担风电接入系统的建设和投资费用，因此风电场接入系统的条件也会影响风电价格。随着人们环境保护观念的改变，各国为扶持可再生能源的开发利用纷纷出台相关政策，为风能发电营造了良好的外部环境，随着工业化程度的加深，风电行业可以提供价格适宜、性能稳定的大型风力发电设备，体现出风能市场竞争能力的提升。

第三节　风电价格的形成机制与规制

国际上对风能发电的定价机制通常包括浮动电价定价机制、固定电价定价机制、招标电价定价机制、配额电价定价机制以及绿色电价定价机制。

一　浮动电价定价机制

浮动电价定价机制允许风电价格在一定范围内波动。其定价原则是以当地常规火电的标杆价格作为参照价格，综合生产商供应和消费者需求实际情况，制定一个合理的价格浮动范围，风电价格可以在这个范围内随市场需求的变化而变动。浮动电价定价机制可以随着供求的变动做出相应的调整。当出现电力供给过剩时，可以降低风电价格，使消费者受益；在电力需求紧张时，适度提高风电价格，引导消费者控制用电，节约资源；而当企业对于电量的消费下降时，应当鼓励企业优化资源配置，从而使电价逐步恢复到原有均衡状态。

峰谷电价是浮动式定价机制的典型运用方式。按照电力系统负荷曲线变化，峰谷电价把一天划分为不同时段，针对每个时段的电量和负荷差异实行区别计费。依照电网的负荷特性，每一大被划分为低估时段、平阶时段和高峰时段三类，出现用电高峰时提高用电价格，而当处于用电低谷时则降低用电价格。利用价格的杠杆效应，鼓励用户采取措施，提高电力资源的利用效率，以达到高峰期和低谷期的相对均衡用电。

世界上较早实行浮动电价定价机制的国家是西班牙。1997 年，西班牙开始推行电力体制的市场化改革，主要标志是《54 号电力法》颁布实施。电力市场化的基本宗旨在于形成一个自由竞争的电力市场，并成立国家电力监管委员会来负责电力市场的监管。政府通过电力体制改革使风能发电企业和供电企业实现私有化，建立起覆盖全国范围的电力库系统，传统发电企业和新能源发电企业均将所发电力出售给国家电力库系统，依据浮动电价制，电力库系统的购电和售电也都按市场的供求状况竞争决定。电力的市场化改革和浮动电价的实施在一定程度上稳定了西班牙早期国内的风电价格，保证了风电生产商的收益；同时，这种灵活定价制度吸引大量投资商进入风电领域，给风电产业引入竞争机制，促进了投资商在市场竞争压力下的技术创新，加快了风能发电的产业升级。但浮动式定价也存在难以克服的局限，在实施过程中由于价格浮动区间难以准确界定，加上复杂的竞争机制使得其实际可操作成本非常高，从而不利于新能源发电上网和参与市场竞争，这也促使西班牙在 2004 年改进风电定价机制，将定价体系调整为“双轨制”。

二　固定电价定价机制

类似于光伏电价定价机制，风能发电定价机制中同样包括固定电价定价机制。固定电价政策是政府权力机关授权和在一段时期内（比如 15 年）强制性规定必须以固定价格购买可再生能源生产者生产的电力。作为鼓励可再生能源开发利用的一项措施，固定电价定价机制在 20 世纪 80 年代首先出现在美国，以加利福尼亚为代表。虽然配额制度非常流行且在多个国家普遍使用，但美国有超过一半的州仍然沿用固定电价定价机制。通过实行固定电价政策，风电生产者提供的每单位的绿色电力都会得到额外支付，即获得补贴。

德国不仅是发展新能源的先驱，而且也是实行固定电价定价机制最为典型的国家。德国的风电产业之所以能够取得突出的成就，固定电价定价机制起了至关重要的作用。在德国，固定电价定价机制被分为鼓励性电价以及最低保护电价两部分，对于地区间因资源条件的差异而产生的收益不均，一般利用调整优惠电价的实施时间来弥补。风电发展的初期，使用固定电价定价机制规定较高的保护电价可以维持风电产业的发展。在推行风能商业化利用后，德国于 1991 年出台了第一部推进绿色能源开发利用的法规《电力输送法》。《电力输送法》规定，电网企业在购进电力时，必须优先购买风电企业生产的电力，政府在价格上会提供相应补贴，为 8.7

欧分/千瓦时，这有利于本国风电产业的发展。对于新兴产业，只有在政策上给予足够扶持，在价格上给予一定的保障，才能使投资商有利可图，从而吸引投资商的进入，形成规模宏大的风电设备制造力，促进风电企业和风电产业发展。之后对最低保护电价逐年放缓，促使风电设备生产商降低生产成本，结合风能资源和风电场的具体条件制定不同的风电上网价格。最近几年，德国风电新装机功率出现持续快速上升态势，21 世纪开始四年内的风电装机量达到 1051.4 万千瓦。西班牙的双轨制定价机制之一就是固定电价制。风力发电电价水平相对固定，一般情况下占电力平均参考销售价格的 90%，即风电电价 = 平均参考销售价格 ×90%。要求电力公司必须依据这一价格水平收购风力发电，超出部分由国家补贴。

实施固定电价定价机制，一方面可以保障风电企业的稳定收益。在明确的固定电价下，风能发电厂商能够预期收益与成本，不会出现能源开发商无利可获现象。另一方面也对风电企业的长期发展和战略规划产生积极效果。由于固定电价简单明了，其管理、操作十分方便，附加成本部分计算相对容易，主要通过分摊方式来解决，这样可以缓解电网企业收购绿色能源电力时出现的财务问题，使决策在实施过程中更具可行性，增强了风电投资商的投资热情及信心。国家给予固定电价制以高电价扶持的保证，避免了价格由市场确定导致的恶性竞争而发生波动，体现了公平性和稳定性，可以推动风力发电设备和发电技术的国产化进程，进而使国家的绿色能源生产力和竞争力得到提高增强。随着风能发电技术越来越成熟，固定电价定价机制也在逐步完善，固定电价的最终目标是使风电顺利进入自由竞争的电力市场，丰富电力市场的电力种类，实现电力的可持续发展。目前，在确定保护电价的时间限制上仍存在争议，主要是由于其程序复杂，因此，固定电价优势的充分体现依然需要时日。

三 招标电价定价机制

特许权招标电价政策主要是为了引入竞争，给风力发电注入活力，同时提高国产风力发电设备的技术和制造能力。引进市场竞争在一定程度上也导致了恶性竞争、压价竞争，容易造成市场垄断，使中小投资者参与的积极性受挫，这有悖于可再生能源开发的初衷。由于“低价者胜”的招标方案，风电投资者只能千方百计压低投标电价，导致特许权项目出现恶性低价的竞争局面。为促进风电产业的规模化发展，2003 年中国引入特许权招标政策，从此中国风电产业进入政府定价和招标电价并存时期，在最初的两次风电特许权招标中规定，发电企业上网电价最低者中标。但在实际竞标中，中标价格往往远远低于电价的合理定价，甚至出现企业以0.382元/千瓦时的超低价夺标，按此恶性低价进行生产，一来开发商不仅很难收回投入成本，更无法获得预期收益；二来以低价中标的开发商往往不具备相应的风电开发能力，造成资源浪费和竞标过程中不必要的成本开支。

2006年以来，随着中国《可再生能源发电价格和费用分摊管理试行办法》和《可再生能源法》等相关法律的颁布实施，风能发电项目的竞价规则得以改变，中标价逐步向理性回归。在招标定价、政府核准定价和固定电价三者并存状态下，招标标准、中标评估指标体系和竞争机制逐步完善，2008年，国家上调了风电等可再生能源附加，每千瓦时电力补贴从原先的0.001元增加为0.002元，其中有一部分用来补贴差价，另一部分是用来补贴风电入网费用。2010年9月，国家能源局组织了中国首轮海上风电特许权招标，总建设规模计划为100万千瓦，最终确立的中标价在0.62元/千瓦时和0.74元/千瓦时之间。由于海上风力发电与陆上风电相比还存在技术不过关、综合协调复杂、建设费用高困难大等问题，海电特许权招标实际运行尚面临困境，短期内海上风电价格机制还很难形成。

四　配额电价定价机制

配额电价定价机制能够使风能发电量获得最低保障水平，可以最终取得与其相关的社会和环境效益。在配额电价定价机制下，风电生产商可以借助风电市场供需状况找到最低风电成本，通过市场机制以高效和灵活的方式完成配额指标。世界上很多发达国家都采用配额制度。美国的可再生能源配额制开始实施于2000年，是伴随着美国电力重组改革浪潮而兴起的，由美国风能协会在加利福尼亚公共事业监管委员会有关电力结构重组项目中首次提出，并获得了民众以及绿色能源企业的普遍支持。美国的配额制以市场为基础，涵盖合理的目标规划、市场调配机制、证书交易规则以及配套的激励政策和监管政策。到2009年美国得州的风电装机总量超过500兆瓦，提前完成2025年的目标，风电造价也已降至1000美元/千瓦时以下，其成本与煤电成本接近，风电的上网电价已从1980年的30—45美分/千瓦时降到4—5美分/千瓦时，下降幅度达到了89%。到2012年5月，美国已经有32个州及特区实施了可再生能源配额制。欧盟各成员国也是较早实行配额制的国家，《建立欧盟内部电力市场规则法令》中要求各成员国赋予绿色能源发电部分特权，政府在配额制政策里同样确定了绿色能源电力在总电力消费中所占的比例。2008 年，欧盟发布“20—20—20”战略，2010 年又依据各成员国提交的国家行动方案，计划到 2020 年欧盟风电装机容量超过 2 亿千瓦，为环境效益好、但相对薄弱的风能发电带来了机遇。荷兰国内大的电力企业同政府签订配额协议，计划到 2020 年可再生能源发电占总发电量的 10%。意大利政府于 1999 年颁布有关电力市场的法令，规定其进口电量或者资产的 2% 将来自绿色能源；在配额制下，绿色能源发电量到 2010 年将增加 3 倍。丹麦的可再生能源配额制始于其“21 世纪能源计划”，该计划制定了二氧化碳的减排目标和可再生能源的发展目标，至 2007 年，丹麦可再生能源电力产量占电力总产量的比例达到 18.3%，保持了良好的上升趋势。2001 年，绿色能源电力配额制在澳大利亚开始实施；2009 年，澳大利亚绿色能源发电目标做出调整，计划到 2020 年总发电量中有 20% 来自绿色能源发电。截至 2010 年，澳大利亚的可再生能源年发电量达到了 12200 千兆瓦时，远远超过了 9500 千兆瓦时的目标。

风电领域采用配额制定价，可以为市场经济引入竞争机制，运用法律法规保障指标的实现且具有强制性。政府参与程度的降低有利于充分发挥市场作用，促进企业进行技术创新，降低企业的生产成本。同时，政策框架结构的稳定性有利于持续培育风力发电产业。然而，配额制定价本身也存在局限。首先，配额制存在大企业垄断的机会。由于电网公司只负责收购配额目标范围内的新能源电力，为了保证电力供应平衡，电网公司通常只会从提供可靠且平稳的大型电力企业收购风能电力，中小电力企业则很难得到保证，电力供销商难以进行有效的负荷管理；其次，配额制下的风能发电企业还存在信息不对称风险。由于开发商无法精确测算所产电力是否已经达到配额目标，因此会出现超出电力无法按市价出售的困境。另外，配额制一定程度上为风力发电的发展设置了上限，不利于风电产业的扩展和升级。

五　绿色电价定价机制

绿色电价定价制度区别于其他定价制度，对风能发电的开发由政府政策干预、资金补偿转变为依赖公众的信任认可，呈现真实的发电成本。在此制度下，开发商将发展目标定位于提高企业知名度和社会责任感，通过实现全民环保、绿色节能来降低整个社会的机会成本，增加整体收益。荷兰是成功实施绿色电价制度的典型国家。截至2004年，荷兰的绿色风电消费者已经占到约30%，对环保要求较高的荷兰公民愿意以高出常规能源电力价格购买绿色电力。美国自1993年开始出现第一个绿色电力项目，到2008年，绿色项目已经在47个州的近千家电力企业得到运用，有55万用户参加了绿电项目，全国总电量中有2%的电力属于绿色电力。

当前，影响风能绿色电力定价机制发展的因素中最突出的当属上网电价过高。在运营过程中，通常以煤电价格为基础决定上网电价，而风电价格=风电平均水平+证书的价格，当按照“低价优先上网”执行时，很多外部因素产生的成本在核算煤电产品的最终成本时并未被计入，例如发电过程中产生的环境污染、资源损耗等外部成本。而绿色电力在产生正外部收益的同时也产生了较高的生产成本，完全由消费者承担会对消费者的市场竞争带来负面作用，过高的价格如果不在消费者可承受的范围之内，会严重影响消费者的购买欲望。

第四节　中国风能电价中的问题与优化

2007年，中国发布《可再生能源中长期发展规划》，规划指出要增加能源结构中清洁优质的可再生能源所占比重，争取到2020年实现总能耗的15%来自可再生能源利用，使中国的可再生能源装备力更具自主性和产权性。2020年以前，中国将在福建、内蒙古、广东、江苏、吉林、河北以及山东等可以实现规模化开发的省份建成数个总装机量在2×10^6千瓦以上的风力发电大省，形成连片式集中开发。建设6个百万级千瓦大型风电基地：河北张北、新疆达坂城、吉林白城、内蒙古辉腾锡勒、苏沪沿海以及甘肃玉门。海上风电实现10×10^5千瓦装机量。目前，《规划》中的2010年前计划已悉数完成，为实现下一阶段目标，要在当前可再生能源发展目标基础上，进一步加大绿色电力发展力度，提高风能发电的利用技术，改革风电价格形成机制，努力打造全球领先的可再生能源产业。

现阶段绿色电力要获得良性发展仍离不开政府的政策性扶持，电力价格要完全具备竞争力尚需时日。风电电力价格存在的主要问题有：

一　早期电力价格和补贴较高

2003年之前，中国风电项目实行的是固定的审批定价模式，这一模式包括还本付息电价与经营期平均电价两个阶段。2006 年 1 月，国家发展和改革委员会公布了《可再生能源发电价格和费用分摊管理试行办法》规定风电电价确定的原则是：国务院价格主管部门依据招标价格确立风电项目电价标准，电价属于政府指导电价。在这一模式下，风电平均上网电价远高于同期全国平均上网电价，不利于引导产业的长远发展和实现资源的优化配置。表 13 -3 显示的是中国 2009 年实行风电固定上网电价政策以后各省的风电上网电价。显然，风电的固定上网电价明显高于 0.5 元/千瓦时的煤电上网电价，而且不同地区间的风能电价也存在较大差别。

表 13 -3　　风电固定上网电价

序号	省份（地区）	装机容量（兆瓦）	上网电价（含税）（元/千瓦时）
1	黑龙江	653.85	0.61
2	辽宁	110.5	0.61
3	吉林	99	0.61
4	河北	49.5	0.54
5	山西	49.5	0.61
6	湖北	13.6	0.61
7	内蒙古东部	197	0.54
8	内蒙古西部	248.6	0.51
9	河南	48.75	0.61
10	甘肃	90	0.54
11	山东	302.63	0.61
12	福建	100	0.585

资料来源：曾鸣、孙晓菲、李娜等：《电力市场环境下可再生能源政策制定——借鉴欧盟经验》,《科技和产业》2012 年第 4 期。

此外风能电价补贴较高，发改委和电监会公布数据显示，2006 年，中国每千瓦时征收 1 厘钱的可再生能源电价附加，当年征收的可再生能源电价补贴总和为 2.6 亿元，其中风能发电企业获得的补贴达 2.27 亿元，占总额的 87%。

二　保护性高价与竞争性低价并存

为促进风电产业的规模化发展，将市场竞争机制引入风电定价系统，2003 年，在风电领域开始试行特许权招标定价模式。风力发电项目上网电价出现两种定价方式并存的局面，一是特许权招标定价，二是由政府核准定价。此时大型风电开发项目电价通过招标形式确定，如内蒙古自治区、吉林省、甘肃省、福建省等以中标电价作为定价依据，以此确立本省（自治区）其他类似风力发电项目的电力价格，小型的地方项目风电价格由国家审批通过。从特许权招标定价的效果看，招标产生的上网电价与固定电价相比较低，经过前几次的风电特许权招标制度，中国的风电产业规模不断扩大，每千瓦时的发电成本也实现了降低，招标政策的效果明显。新政策采用招标形式确定风电价格意在通过招标数量的积累使得上网电价水平基本能反映当地风力发电的成本投入和合理的利润要求，最终达到以招标确定整个风电行业定价标准的目的。

由此带来的问题是保护性高价与竞争性低价并存，有时在一些资源相近的项目价格上，特许权招标电价和固定电价两种定价机制存在很大差别。从前者看，反映了市场规律，但实践中有些企业急于抢夺项目报出过低电价，反而形成恶性竞争。对于新能源发电项目上网电价，若定价过低，企业正常运行难以维持。从后者来看，固定电价收购政策的缺点在于没有对供电企业风电生产量提出明确要求，使能源发展目标具有不确定性，在很大程度上发展依赖于政府政策，而不是市场机制，不能保证市场有序竞争和创新。固定电价没有充分利用市场机制，不利于最大限度地降低风电价格，也不利于降低成本。

三　启示和措施

（一）引入绿色证书交易机制

随着中国电力定价机制改革的推进，可再生能源电力市场逐步放开，这为推行绿色证书交易机制创造了契机。欧盟在电力市场上实行自由化策略，从而诞生了绿色证书交易机制，越来越多的欧盟成员国加入这一机制，它借助非物理电力市场的竞争机制来保证绿色电力开发商获得额外收益。推行绿色证书交易机制要结合中国基本国情和风能发展现状，把宏观调控与市场竞争结合起来，为风能发电提供更多的自主融资渠道，实现政策工具的多元化，使风能电价日趋合理。

（二）因地制宜，分区定价

中国地域广阔，风力资源丰富，自然条件的差异、资源禀赋的高低、发电技术的强弱以及基础设施的完备程度使得各地区发电成本迥异，实行上网电价的“一刀切”无疑会损害部分发电企业的利益，影响风电开发商的积极性。2009 年 7 月，发改委发布了《关于完善风力发电上网电价政策的通知》，通知根据各地风能资源丰裕度以及工程建设可行性等条件，将全国划分为四类资源区，并制定相应的风电标杆上网电价（见表 13 -4）。新建陆上风电项目，统一执行所在风能资源区的风电标杆上网电价，取消价格双轨制，当地方风电上网价格超过脱硫燃煤机组标杆上网电价时，差额依据绿色能源电价附加来分摊弥补，海上风电上网电价今后根据建设进程另行制定。随着电价改革的深入，应继续完善区域标杆定价机制，针对具体的定价区域、定价规则、定价水平要更加细化，更能体现地区发电的成本差异，体现风电开发的经济效益、环境效益和社会效益。

表 13 -4　　全国风力发电标杆上网电价

区域划分	区域风电价格	区域范围
一类资源区	0.51 元/千瓦时	内蒙古自治区除赤峰市、通辽市、兴安盟、呼伦贝尔市以外其他地区；新疆维吾尔自治区乌鲁木齐市、伊犁哈萨克族自治州、昌吉回族自治州、克拉玛依市、石河子市
二类资源区	0.54 元/千瓦时	河北省张家口市、承德市；内蒙古自治区赤峰市、通辽市、兴安盟、呼伦贝尔市；甘肃省张掖市、嘉峪关市、酒泉市
三类资源区	0.58 元/千瓦时	吉林省白城市、松原市；黑龙江省鸡西市、双鸭山市、七台河市、绥化市、伊春市，大兴安岭地区；甘肃省除张掖市、嘉峪关市、酒泉市以外其他地区；新疆维吾尔自治区除乌鲁木齐市、伊犁哈萨克族自治州、昌吉回族自治州、克拉玛依市、石河子市以外其他地区；宁夏回族自治区
四类资源区	0.61 元/千瓦时	除一类、二类、三类资源区以外的其他地区

资料来源：裴小妮：《风电价格政策分析及其评价》，长沙理工大学，2010 年。

（三）完善风电立法

当风电在开发中政策调整过于频繁、制度标准界定不清晰、价格制定存在主观臆断和大企业操纵时，风电产业就无法健康运行。近年来中国的可再生能源法律法规数目在增加，但发电企业仍面临制度不健全带来的发展困境。国外风电价格政策，都以法律确定了其强制执行的形式，这为风电企业注入了强心剂，大大稳定了风电企业发展及扩张的决心。因此，中国未来风电产业的规模化、商业化运营离不开法律的强制性限制和强制性保障。

（四）技术研发是关键

风电上网电价过高主要原因是发电技术落后，设备运行成本高，而风电收集利用率低，发电成本居高不下。国家能源局出台《风电装备技术进步与创新之策》要求提升风能设备检测、资源评估、并网测试等部门的服务质量和技术能力，构建好风电工技术的测试、实验和研究平台；在当前风电行业发展基础上，建立起推动发电技术不断提升的研发机制；建立健全相关领域的人才培养体制，完善风力发电产业链技术性社会服务制度；在设备制造领域要着重规划一批核心重大项目，掌握好风电设备整机设计的关键技术，提升设计研发能力。基于当前中国风力发电的特点和需要，未来风力设备制造业将逐步改善设备供应链，提高大型机组的研发能力，在保证设备稳定性和质量前提下解决业内的同体化问题，避免同质化过度竞争。在创新政策指引下，风电设备制造将依靠技术进步带动产业发展，进一步降低成本，提高收益水平。

第十四章　生物质能发电电价的形成机制与管制

中国的生物质能发电开始于20世纪90年代，起步比较晚，无论是本身发电技术还是配套政策措施都比较落后，在一定程度上制约了可再生能源发电产业的整体发展水平。2005年，全国范围的电站总装机容量达到5亿千瓦，其中生物质能装机容量不到200万千瓦，仅占中国发电装机总容量的0.004%。2006年以后，《可再生能源法》等相关法律陆续颁布，生物质发电的进程也逐步加快。到2010年，生物质能发电装机总规模由2006年的140万千瓦增加到2010年的550万千瓦，经核准的发电项目接近200个，超过50个项目实现了并网发电，发电装机容量达到200万千瓦以上。2006年之后的五年，中国的生物质发电投资额增加了400多亿元，呈现逐年增长的趋势。

第一节　生物质能发电的基础与现状

一　生物质能发电的基础

生物质能是除石油、煤炭、天然气以外又一种重要能源。据统计，地球上每年会产生约1500亿吨生物质，其中有2/3来自陆地。尽管全球能耗逐年增长，但生物能的产量却远高于人类对能源的总消耗量，人类的能源总耗费约占生物质能年产量的1/10。清洁高效是新时期对生物质能利用的方向，通过技术转化，将其发展成燃气、电力以及固液体燃料等优质能源。

中国的生物质能极为丰富，生物质能源种类多样，主要类型有农作物秸秆、家禽牲畜粪便、生活污水和垃圾、有机工业废水等。中国每年农村的秸秆量约6.5亿吨，用于燃料使用的部分大约占一半，相当于1.5亿吨标准煤的热量，其余部分则用作牲口饲料以及造纸的原材料。林业残渣和剩余物年产量接近10亿吨，有1/3可用作能源开发，约合2亿吨标准煤。2010年，中国生物质资源总量在7亿吨左右，约等于5亿吨标准煤。随着中国经济的快速发展以及植树造林面积逐步扩大，生物质资源的年能源转换潜力将增加到10亿吨标准煤。

二　生物质能发电现状

生物质能发电与传统小火电间存在很大的不同。生物质能发电是生物质能产业的关键领域之一，其开发利用有利于生态环境的保护和增加能源供给种类，为“三农”建设提供服务。根据测算，一台2.5×10^4千瓦级的生物质直接燃烧发电设备，正常运转时每年可以产生1.5×10^9千瓦时电力，同时能够消耗掉2×10^5吨林业和农业废弃物；可代替同类火电机组5×10^4燃煤，并减少二氧化碳排放1.5×10^5吨。目前，全球生物质能发电装机主要分布在美国和北欧，根据法维翰咨询公司的最新报告显示，10年内世界范围内的生物质能装机量会持续增长，保守计算，到2020年将达到8.2×10^7千瓦。

表14－1　　2009年各省市生物质装机容量及发电量

省份	装机容量/兆瓦	发电量/千兆瓦时	省份	装机容量/兆瓦	发电量/千兆瓦时	省份	装机容量/兆瓦	发电量/千兆瓦时
江苏	613	3370	江西	124	680	黑龙江	289	1590
山东	496	2730	甘肃	26	140	广东	280	1540
河南	328	1800	浙江	306	1680	吉林	234	1290
北京	45	250	福建	134	740	内蒙古	136	750
天津	30	170	河北	123	680	云南	28	150
辽宁	105	580	安徽	278	1530	新疆	48	260
重庆	45	250	湖北	237	1300	山西	24	130
湖南	78	430	四川	58	320	陕西	48	260

资料来源：张铁柱：《中国生物质发电行业现状及前景分析》，《农村电气化》2011年第8期。

按照中国《生物质能源十二五发展规划》，“十二五”结束时，中国生物质能发电装机总量将达到13×10^6千瓦，第十三个五年计划结束时将达到30×10^6千瓦，在2010年年底550万千瓦的基础上分别增长1.36倍和4.45倍。按相关发电标准，“十二五”期间全国将增加超过500个生物质发电厂，其中沼气发电会达到2×10^6千瓦，农业林业生物质能源发电将达8×10^6千瓦，而垃圾焚烧发电将达到3×10^6千瓦。垃圾焚烧发电企业着重布局在地狭人稠和经济条件较好的省级城市、具备旅游风景名胜城市、沿江沿海沿湖城市、四大直辖市等区域。有条件的地区要采用垃圾卫生填埋技术，在一些中大规模垃圾填埋场附近建设发电设备和沼气回收装置。

第二节　生物质能发电原理与分类

一　发电原理

生物质发电属于绿色能源发电的一种，它是将生物质能转化为电能的过程。主要类型有沼气沼渣发电、农业林业废弃物发电、垃圾焚烧和填埋发电等。2010年，中国发布的《国家发展改革委关于生物质发电项目建设管理的通知》建议：应选择秸秆丰富的粮食主产区作为生物质发电建厂区，同个县区以及电厂周围100千米范围内禁止重复设厂。与此同时，要按照可保证的资源供应量设定电厂建设规模，资源量必须和装机容量相适应；在运输范围内一般按两台机组每台不超过3万千瓦为宜。

二　分类

（一）燃烧发电

把过量的空气与生物质混合在锅炉中燃烧，产出的热烟气会与锅炉的热交换部件发生换热，最后形成的高温高压蒸汽进入燃气机发生膨胀做功从而产生电能。为提高燃烧效率，生物质原料在发电过程中会先经过处理再燃烧。直燃发电的核心技术环节包括物质原料预处理技术、蒸汽轮机效率技术、锅炉原料适用技术、反腐技术以及燃烧效率技术等。

（二）气化发电

气化发电的原理是经气化炉转化把生物质变为气体燃料，再将气体燃料净化后装入燃料电池发电，或者直接通入燃气机进行燃烧发电。气化发电过程主要包括生物质气化、气体净化和燃气发电三个方面，这其中净化过程最为核心。通常经过气化的燃气含有焦油、焦炭以及灰分等各种杂质，为了确保电力设备的稳定运转，这些杂质在燃烧前必须得到有效净化。

（三）混合发电

混合发电又称混合燃烧发电技术，是将煤和生物质进行混合燃烧的一种发电方式。一种是直燃式发电，即将煤和生物质直接混合进行燃烧发电，但这种方式对燃烧设备和燃料处理流程有很高的要求，只有少数燃煤电厂采用该技术。一种是气化后混燃发电，首先将生物质气化成可燃气，再将煤与可燃气混合燃烧，最后把生成的蒸汽统一输送到汽轮机发电机组发电。

（四）垃圾发电

垃圾发电主要有气化发电和燃烧发电两种类型。利用垃圾发电既环保又节约，既方便了垃圾处理，又实现了能量回收和资源节约。其工作原理是利用垃圾焚烧的热量把水加热成蒸汽，利用蒸汽推动汽轮机产生动力，进而带动发电机发出电力。传统焚烧技术包括旋转燃烧、流化床燃烧以及层状燃烧等。最新的气化熔融焚烧法包含垃圾在低温下气化和含碳灰渣在高温中熔融燃烧两个过程，这种方法可以实现垃圾的彻底处理，而且整个处理过程清洁高效，部分资源可回收利用。因此，气化熔融焚烧发电技术具有广阔发展前景。

（五）沼气发电

沼气发电是沼气利用的一种新方向，它是随着沼气综合利用程度和利用水平的不断提升产生的。沼气发电原理是将城镇生活和工农业生产中的有机废弃物进行收集处理，经过厌氧发酵形成沼气，从而为发电机机组运行提供动力。沼气发电设备多数为由天然气机组或柴油机组改造而成的内燃机。

第三节　生物质能电价的形成机制与规制

一　影响生物质电价的因素

（一）固定资产投资

固定资产投资主要包括厂房等基础设施和发电设备等投资。在中国利用生物质能源发电仍处在示范阶段，单位建设费用和发电成本都比较高，因此生物质能源发电固定资产投资大大高于常规能源发电。常规火力发电机组的单位投资通常为每千瓦 600—700 元，而生物质发电则要求每千瓦 1 万元，建设一个 25 兆瓦秸秆型发电站的前期投资是常规火电的 4 倍。但是生物质发电的技术进步较快，并存在一定规模经济性，随着生物质发电技术日趋商业化，规模经济的成本效益会越来越明显，固定资产投资成本会逐步降低。

（二）原材料成本

生物质发电以直接燃烧和混合燃烧各种生物质原材料为基础发电，在技术水平发展的初级阶段，生物质的能源转化效率较低，需要大量的生物质原材料投入，这构成了发电过程中的重要成本，原材料的需求量和市场供应价格会影响电力价格走势。在生物质发电中，以养殖场的禽畜粪便、生活垃圾等作为生物质原材料的发电机组，发电过程中原材料的成本较低，有的几乎可以忽略不计。但是以农林废弃物等作为生物质原材料的机组，原材料投入成本较为可观，由于农林废弃物热值偏低，秸秆燃料低位热值一般在 8000kJ/千克，明显低于煤炭的 29MJ/千克，发电过程中需要大量原材料投入；农林废弃物收购难、储存难、运输难成为降低成本的主要障碍，农林废弃物分布分散，需要对这些农林废弃物需要进行收集，秸秆等农林废弃物燃料通常体积较大，密度小、比重低，收集运输成本高，进而导致燃料成本偏高。

（三）年发电量

生物质能源发电机组投入生产以后，单位时间内所发电量也是影响电价机制形成的重要因素。在基础设施、发电规模既定前提下，每台机组的年发电量由发电机组的运转时间决定，发电机组的运转与否与原材料供应、机组稳定性和管理水平直接相关。其他因素不变，生物质能发电的原材料供应越充足、机组稳定性越好、发电过程中的运行管理越科学，整体机组的年发电量越高，单位电力所分担成本越低廉，表现在价格上就是电力价格越低廉；反之则价格较高，无法与常规电力竞争。

二　中国生物质能电价定价机制

国外关于生物质能电厂的上网电价定价机制主要有固定电价、招投标电价、配额制定价和绿色电价，这一点与其他新能源电力定价一致。在可再生能源发电领域，对于光伏发电定价机制和风能电价定价机制的研究比较成熟，主要得益于政府政策导向和产业发展的历史周期较长，对生物质能源发电定价机制研究比较少，由于扶植力度偏弱、发电技术不成熟、补贴难以弥补收益差价等因素，生物质定价机制研究尚处于探索和试验阶段。除了上述五种定价机制以外，依据国内学者刘华军等的研究成果，中国的生物质发电定价机制可以参考以下模式，即联动电价补贴模式、按比例补贴定价模式、浮动电价补贴模式、激励性规制定价模式、平均成本定价模式。

（一）联动电价补贴模式

联动电价补贴是将生物质能发电上网电价与脱硫燃煤机组的上网标杆价格进行联动，脱硫燃煤机组上网标杆价格加上固定补贴就得到生物质能发电电价，由于脱硫燃煤机组上网标杆价格是动态变化的，因此生物质能发电电价也将是动态变化的。采用联动补贴模式，可以降低电力上网的交易费用，实现价格波动下脱硫燃煤机电与生物质发电的替代优化。

（二）按比例补贴定价模式

按比例补贴定价模式区别于联动电价补贴模式，它是在脱硫燃煤机组上网标杆价格一定条件下，按照实际生物质能发电的各种情况制定相应的电价补贴比重，以变动补贴替代固定电价补贴。同样将变动补贴与脱硫燃煤机组上网标杆价格相加，即为生物质能发电的上网电价。按比例补贴定价可以体现脱硫燃煤机组标杆价格在不同地区的区域差异性。

（三）浮动电价补贴模式

浮动电价补贴模式是通过电价补贴影响因素的变动情况相应地对电价补贴进行调整。浮动电价补贴模式能够显示出各区域间的具体差异情况和随时间变动所产生的影响，可以依据各种补贴关系因素的变化对相应的电价补贴及时做出调整，由此制定的电价补贴是一个动态的变量，从而确保政府更为灵活地调整生物质能源电力补贴的各项政策。

（四）激励性规制定价模式

价格上限定价模式是激励性规制模式中较为常见的一种。与成本定价模式不同，在价格上限定价模式下，为了避免因为信息不对称带来的过高定价现象，发电企业的生产成本和上网电价间是相互独立的。而在上网电价上限内，电力公司具备定价权，这对于改善市场竞争，激励相关企业不断提高生产效率，从而降低成本具有积极意义。

（五）平均成本定价模式

平均成本定价模式是指根据平均成本的高低直接决定生物质能上网电价的定价模式。实施这种定价模式可以保证企业既不会出现亏损，也不会获得过高的利润，而只能取得正常利润。平均成本定价模式使定价更合理，这种定价模式综合考虑了企业的正常利润与发电成本，可以更为准确直观地反映电力公司的实际发电成本，一定程度上激发生物质能投资者进入相关发电项目投资的热情。

尽管上述定价模式理论上存在一定的可行性，但在实施过程中仍各自需要一定的运行环境和前提假设。例如，在联动电价补贴中要求各地在生物质发电成本上要基本一致，这在实际中很难满足。由于不同地区生物质资源结构迥异，发电技术和电价上网条件层次差别较大，因此要做到成本的基本相同，存在很大的挑战。再比如，浮动电价补贴模式需要能够准确、及时获取影响电价补贴因素的数据，同时获取成本不宜过高；生物质能发电上网电价与脱硫燃煤机组的上网标杆价格间要存在明确的线性函数关系等。显然，现实中的市场并非完全竞争市场，要素间关系存在多种情况，而且由于信息不对称导致在获得各种所需数据时需要投入大量的搜寻成本，这种情况在产业发展的初级阶段尤甚。

三　生物质能电价定价中的问题

（一）成本和价格偏高

目前，生物质能发电进入了初级产业化阶段，但由于生物质能发电技术属于高新技术，大量技术还处于研发与改进阶段，市场化程度低，再加上资源分散等特点，生物质能发电成本较高、市场竞争力弱。与煤炭、石油等传统能源产品相比，缺乏市场竞争优势，达不到完全自主商业化发展的能力。这个阶段，必然需要政府通过价格机制进行支持，到目前为止，只要是经过国家发展改革委批准的生物质能发电项目，其上网电价都是按“经营期电价”或“还本付息电价”方法确定的，价格水平均高于常规电源。

（二）政策支持不够

2006年颁布的《可再生能源发电价格和费用分摊管理试行办法》第七条规定：生物质发电项目上网电价实行政府定价的，由国务院价格主管部门分地区制定标杆电价，电价标准由各省（自治区、直辖市）2005年脱硫燃煤机组标杆上网电价加补贴电价组成。补贴电价标准为每千瓦时0.25元。发电项目自投产之日起，15年内享受补贴电价；运行满15年后，取消补贴电价。自2010年起，每年新批准和核准建设的发电项目的补贴电价比上一年新批准和核准建设项目的补贴电价递减2%。发电消耗热量中常规能源超过 20% 的混燃发电项目，视同常规能源发电项目，执行当地燃煤电厂的标杆电价，不享受补贴电价。第八条规定：通过招标确定投资人的生物质发电项目，上网电价实行政府指导价，即按中标确定的价格执行，但不得高于所在地区的标杆电价。2007 年《可再生能源电价附加收入调配暂行办法》还规定对不掺烧其他燃料的生物质能发电企业，省级电网企业按其实际上网电量及国务院价格主管部门核准的上网电价与发电企业结算电费；对掺烧其他燃料的生物质能发电企业，省级电网企业按国务院价格主管部门核准的上网电量和上网电价与发电企业结算电费。

可见，中国的生物质能发电上网电价实际执行"基础电价 + 补贴"的定价策略，因此当基础电价保持长时期稳定，政府电价补贴固定时，生物质发电项目的上网电价在一定时期内基本是确定的，由于生物质上网电价不会发生变动，生物质能开发商可以据此权衡项目投资的投入产出比，从而决定是否投产和继续扩大规模。可以看出，中国对生物质能发电提供的价格补贴范围和力度有限，价格激励力度弱，政策激励存在时限，没有形成产业持续发展的长效机制。生物质发电项目由标杆上网电价加每千瓦时 0. 25 元补贴电价组成，而发电消耗热量中常规能源超过 20% 的混燃发电项目不享受补贴电价，这些导致一部分生物质能发电企业利润微薄甚至无利可图，不利于鼓励现有燃煤机组进行掺烧生物质能源改造，也大大影响了企业投资建设的积极性。此外，在《可再生能源发电价格和费用分摊管理试行办法》实际执行过程中还存在其他问题，不同的生物质能发电机组在资源种类、技术路线、环保要求等方面不尽相同，发电成本也存在很大差别，如果完全采用同一标杆电价，生物质能发电过程中的各种实际需要将无法兼顾，会限制生物质能发电产业的发展。

第四节　国际经验与我国的电价对策

欧洲之所以成为绿色能源发电项目的领导者，并非得益于短期内的制度安排，而是有完善的价格体制保障。欧盟自 20 世纪 80 年代就着手制定针对可再生能源发展的扶持政策，其中价格扶持是重要内容之一，如荷兰、丹麦的价格补贴政策，意大利、德国的溢价政策，发展绿色电力的框架性指令等等，都在一定程度上为新时期欧洲可再生能源的进一步发展奠定了基础。中国要对生物质发电项目制定鼓励支持措施，欧美相关领域的发展经验提供了很好的参考。

一　经济手段

经济手段主要通过投资补助金、补贴、税收、研发补助金等途径发挥作用，以此提高生物质发电的价格竞争力，鼓励可再生能源的发展。生物质能发电产业虽已发展数年，但产业链尚未成熟，技术改进和价格改革仍需要补贴、税收政策支持。在这一方面，北欧各国的经验值得学习和借鉴。

北欧各国从生物质能源利用初期就加大投资力度，增加企业投入，出台很多补贴政策以推动生物质能源产业的发展。自 1975 年以来，瑞典政府每年都拿出数千万欧元用以支持生物质能开发利用的技术研究和新技术商业化前期的技术示范项目；英国和意大利政府在本国生物质能利用初期，政府财政可提供 40% 的设备投资，目的在于实现农林废弃物的最大综合利用；丹麦政府自 20 世纪 80 年代开始，每年为生物质能源利用企业提供 400 万欧元的政府补贴，以期防止生物质发电价格居高不下，最大限度地维护生物质发电企业的自身利益；德国在 10 年间对于生物质能发展提供的资金更是高达 3 亿欧元，德国复兴信贷银行自 1990 年开始，为从事生物质能源开发利用的私营企业提供比市场利率低 50% 的低息贷款；类似针对企业和个人的贷款利息减免政策在西班牙也有所体现；芬兰政府对生物质资源投资采伐设立补贴费，生物质能源发电和供暖利用项目最多可得到占总投资额 40% 的政府补贴。

除了补贴机制，政府的低税率、差别化税率、税收减免等措施也是生物质发电价格的重要影响因素。对于常规能源消费，欧洲各国采取多门类、高费率征税措施，包括二氧化硫税、二氧化碳税、能源税以及固体废弃物税等，额外的高费率推高了常规能源价格，而对于生物质能开发则实行税收免征和减征等措施，以帮助新能源形成价格上的竞争力。2005 年，美国颁布《国家能源政策法》，决定在未来十年对生物质能源发电实施税收减免，具体额度为 146 亿美元，其中包括在目前可再生能源生产税基上为生物质能源发电提供 1.8 美分/千瓦时的税收减免，同时对农村地区和地方性建设的生物质能源发电提供 1.5 美分/千瓦时的税收减免，各种补贴政策和税收减免有效地降低了生物质发电的价格，增强了产业竞争力。

二　技术手段

生物质电力价格的降低依赖发电成本的降低，而发电成本的降低又极大依赖于技术进步。欧美各国对生物质能源高度重视，不惜在技术研发的巨大投入，降低发电成本，使生物质能源产业获得较快发展。北欧国家自20世纪开始对生物质能的综合利用和发电进行研究开发，到2007年丹麦已研制出用木屑、秸秆、谷壳等发电的锅炉，全国15家生物质直燃发电企业满足了丹麦至少5%的电力需求，且每年可以消耗掉约1.5×10^6吨的农林废弃物。丹麦各电力组织针对本国的生物质能源产业进行了规划，挑选出一批项目进行研究，同时对大型燃煤锅炉与以秸秆、木屑为燃料的锅炉间并联发电供热的项目进行重点研究。从20世纪80年代末世界上首座秸秆生物燃烧电厂在丹麦建立，到今天丹麦全国已有上百家秸秆发电厂，全国能耗的1/4来源于可再生能源发电，同时丹麦BWE公司研发的秸秆焚烧发电机组已在西班牙、瑞典、法国等国投产并运行数年。英国政府构建了以《非化石燃料义务》为核心的法律框架，支持可再生能源的开发利用，全球最大的以秸秆为原材料的生物质发电厂位于坎贝斯，项目总投资近1亿美元，总装机容量38兆瓦。德国为了更加系统掌握生物质原材料的培育生产，对生物质能源的转化技术、示范应用和产品市场化进行研究，在巴伐利亚州成立了专门研究中心。芬兰政府强调对绿色能源的研发和投入，仅2005年投在可再生能源研究上的经费就超过3000万欧元，2007年芬兰全年发电量的10%来自生物质发电。1991年美国能源部提出利用生物质能源发电的项目，2008年美国已建设有350座生物质发电站，生物质发电的总装机容量已超过1000万千瓦，70%为生物质—煤混合燃烧工艺，单机容量达1万—3万千瓦，占美国可再生能源发电装机的40%以上。依据美国能源部的目标，计划到2020年生物质发电的总装机量达到4.5×10^7千瓦，年发电量达2250亿—3000亿千瓦时。日本城市垃圾焚烧发电技术发展更快，垃圾焚烧处理的比例已接近100%。

三　电价对策

在能源危机和环境危机双重压力下，中国生物质能电力改革迫在眉睫，电力价格机制亟须完善。随着《可再生能源法》、《生物质能源十二五发展规划》、《可再生能源中长期发展规划》等相关法律法规的渐趋完善，生物质能发电获得了一定的政策扶植。但是生物质发电项目发展并不顺利，其中一重要原因是生物质能发电上网电价的定价机制缺乏科学论证，在实践中仍有可改进的空间。

首先，提高生物质发电定价机制的可操作性。目前中国生物质发电实行政府指导的分区标杆电价制度，在依照火电电价的基础上给予一定的政府补贴。但由于发电原材料价格受供求影响存在上下变动，尤其是最近几年原材料的获得成本攀升，劳动力价格上涨，相应的发电成本也同比升高。而火电价格和补贴数额却保持稳定，这使得实际上网电价在执行过程中存在困难，发电企业难以盈利。当务之急是制定更加合理的生物质发电价格制度，提高实际的可操作性，改善发电企业获得补助的渠道，使生物质发电更加有利可图。

其次，突破生物质发电技术"瓶颈"，降低发电成本，提高生物质电力的经济性、可靠性和稳定性。从全球范围来看，生物质能产业发展较快的国家均配有生物质能研发中心和国家实验室。中国也需要建立生物质能发电技术研发中心，增加对生物质能发电技术和设备的研发和投入，以提高生物质发电装备的国产化水平，逐渐摆脱对国外技术和设备的依赖，加快具有自主知识产权的核心技术、关键技术的研发。

最后，落实资源保障，降低原料成本。生物质发电原材料供给的充足是生物质价格稳定的前提，同时也可确保开发商能获得预期收益。由于生物质电站建设的关键因素是原材料，即生物质资源，2010 年《国家发改委关于生物质发电项目建设管理的通知》明确指出要将生物质资源的落实作为电站建设的核心和前提。在生物质电站建设过程中，要对当地资源条件进行分析评估，全面了解和综合掌握各种生物质的种类和分布。要制定科学合理和切实可行的运行体系，保证生物质资源的及时有效供应。

结　论

低碳经济本质上是一种发展理念，在低碳发展理念下，我们的经济增长方式、社会生活方式乃至其他方方面面都受到不同程度的影响。低碳经济理念认为，低碳经济是一个宏观的概念，它是一种具体的经济模式，一方面通过技术研发创新，让单位化石能源创造更多的产值；另一方面提高新能源的开发利用，实现新能源利用的产业化。在这种经济模式下，中国以火电为主的电力生产结构将受到很大冲击。那么，就中国当前的电力价格而言，低碳已然成为一种约束，不仅是成本方面的约束，还有来自新能源发电的横向层面的竞争约束，以及下游电力消费对电力价格的反向制约，如何在这种约束下制定动态的适合中国自身发展的电价，具有重要的理论意义和应用价值。本书对此进行了探讨：

第一，阐述了低碳发展趋势与电力价格之间的关系。首先，在中国现行电力价格体制下，碳成本对电力价格的传导难以在短期内得到化解；其次，低碳约束下电力生产与上游煤炭原料供给之间的关系无法妥善协调；再次，新能源电价体制制约了新能源产业的发展，降低了新能源电的低碳效用等电力价格所面临的问题；最后，从电力具有公共事业性和垄断性出发，指出了中国当前电力价格制定的重要性、特殊性和复杂性。

第二，运用价格传递理论分析了碳排放交易对电力价格的传递过程和机理，包括碳排放配额分配与碳价—电价的传递过程和后果，不同的碳排放配额分配方式对电力价格的影响，碳排放交易后的电力价格变化和发电商利润变化，二氧化碳机会成本转嫁带来的电力价格改变等。通过理论分析表明，碳排放交易通过两种途径进入电力价格，一是碳排放配额本身的存在制造了一种机会成本，追求利润最大化的电力生产商进行决策时会考虑二氧化碳配额，同时将这种成本转嫁至电力价格，即使配额是免费获得的。二是不同的碳排放配额分配方式对碳成本转嫁将产生不同影响。考虑拍卖和自由分配两种方式，通过模型分析发现，在进行拍卖的情况下，碳排放交易并没有改变总的生产者剩余，因为生产商通过制定更高的电力价格将成本转嫁给电力消费者，即碳成本完全转嫁到电力价格上。而在自由分配方式下，碳配额的机会成本仍然会转嫁到电力价格上，因此电力价格并不会降低，但是电力企业的生产者剩余会增加，出现“暴利”。三是实践中，完全的转嫁是不存在的，碳价对电价的转嫁是不对称的，这种不对称程度受到处于不同时期、不同生产技术的影响，碳排放交易所造成的电力价格变化、消费者剩余、生产者利润都将随之不同。

第三，低碳约束下中国电价体制面临双重困境，不仅自身呈现出上网环节无电力市场、销售环节无用户响应和电力价格水平偏低等特征，还存有碳排放交易对其的外部影响，包括总量影响、碳排放分配配额影响和碳价波动影响等。

第四，从产业链的上游视角分析了低碳约束下电力产业链与电力价格之间的关系，即上游煤炭产业与电力生产的关系。从成本角度建立电力价格形成的两阶段博弈模型。结果表明，在纵向价格双轨制下，煤炭、电力之间的冲突不可避免，电力企业一般根据利润最大化目标调整产量，当低碳约束和规制价格使得电力企业无利可图甚至可能亏损时，它不可能有积极性采购更多电煤，那么不仅煤—电两个行业之间冲突不断，而且电力供应量的安全稳定也无法保证，进而影响整体国民经济的发展。

第五，从产业链的下游视角分析了低碳约束下电力产业链与电力价格之间的关系，即下游电力消费与电力生产的关系。用路径分析方法讨论了电力价格与下游电力消费量之间的关系，并讨论了电力价格与高能耗产业布局之间的关系，进一步运用经验检验方法对理论假设进行验证。结果表明，电力价格指数对发电量的直接效应是负向的，电力价格的提高会直接抑制发电量，同时电力价格的提高还会通过装机容量、电力消费弹性系数等负向影响发电量。

第六，分析了新能源电力价格问题，阐述了中国的新能源产业与新能源电价，包括新能源产业的现状和成熟度、发展趋势，以及新能源电价制度与政策，讨论了太阳能光伏电价、风能发电电价和生物质能发电电价的形成机制与管制，并在分析各种新能源电价问题基础上，给出了进一步优化的政策建议。对于新能源电力价格的制定有如下建议：首先是创新新能源发电技术，突破技术“瓶颈”，降低发电成本，保证新能源发电资源的可持续性和健康性；其次是完善电价制定和管理机制，加快新能源电力规范上网步伐，针对不同的新能源电力制定不同的电价机制；政策支持和财政补贴是新能源电力发展的有力保障，也是新能源电力价格制定的主要影响因素之一。

参考文献

[1] Arrhenius, S., "On the influence of carbonic acid in the air upon the temperature of the ground". *Philosophical Magazine Series*, Vol. 41, No. 251, 1896.

[2] Bauer, C., Zink, J. C., "Korrelation zwischen Strompreisen und CO_2 – Zertifikatepreisen". *Energiewirtschaftliche Tagesfragen*, Vol. 55, No. 8, 2005.

[3] Beran, R., "Prepivoting test statistics: A bootstrap view of asymptotic refinements". *Journal of the American Statistical Association*, Vol. 83, No. 12, 1988.

[4] Berg, S. V., Roth, W. E., "Some remarks on residential electricity consumption and social rate restructuring". *The Bell Journal of Economics*, Vol. 7, No. 2, 1976.

[5] Borenstein, S., Bushnell, J. B., Wolak, F. A., "Measuring market inefficiencies in California's restructured wholesale electricity market". *American Economic Review*, Vol. 93, No. 2, 2003.

[6] Borenstein, S., Holland, S. P., National Bureau of Economic Research, 2003.

[7] Brown, S. J., Sibley, D. S., *The Theory of Public Utility Pricing*. Cambridge: Cambridge University Press, 1986.

[8] Caporale, G. M., Katsimi, M., Pittis, N., "Causality links between consumer and producer prices: Some empirical evidence". *Southern Economic Journal*, Vol. 68, No. 3, 2002.

[9] Caporale, G. M., Pittis, N., "Causality and forecasting in incomplete systems". *Journal of Forecasting*, Vol. 16, No. 6, 1997.

[10] Chang, T., Fang, W., Wen, L. F., "Energy consumption, employment, output, and temporal causality: evidence from Taiwan based on

cointegration and error – correction modelling techniques" . *Applied Economics*, Vol. 33, No. 8, 2001.

[11] Chen, Y., Sijm, J., Hobbs, B. F. et al., "Implications of CO_2 emissions trading for short – run electricity market outcomes in northwest Europe". *Journal of Regulatory Economics*, Vol. 34, No. 3, 2008.

[12] Chou, J., "Old and new development models: The Taiwanese experience", *Growth Theories in Light of the East Asian Experience*, NBER – EASE Volume 4. University of Chicago Press, 1995: 105 – 127.

[13] Diakité, D., Semenov, A., Thomas, A., "A proposal for social pricing of water supply in Côd' Ivoire". *Journal of Development Economics*, Vol. 88, No. 2, 2009.

[14] Dimopoulos, D., "Pricing schemes for regulated enterprises and their welfare implications in the case of electricity". *The Bell Journal of Economics*, Vol. 12, No. 1, 1981.

[15] Efron, B., "Bootstrap methods: another look at the jackknife". *The Annals of Statistics*, Vol. 7, No. 1, 1979.

[16] Enders, W., "Applied Econometric Time Series, by Walter". *Technometrics*, Vol. 46, No. 2, 2004.

[17] Granger, C. W. J., "Prediction with a generalized cost of error function" . *Operational Research*, Vol. 20, No. 2, 1969.

[18] Harrison, D., Klevnas, P., Radov, D. et al., *Complexities of allocation choices in a greenhouse gas emissions trading program.* Boston: NERA Economic Consulting, 2007.

[19] Hatemi, J. A., "Export performance and economic growth nexus in Japan: A bootstrap approach". *Japan and the World Economy*, Vol. 14, No. 1, 2002.

[20] Heckscher, E. F., "The effect of foreign trade on the distribution of income". *Ekonomisk Tidskrift*, Vol. 21, No. 1919.

[21] Horowitz, J. L., "Bootstrap methods in econometrics: Theory and numerical performance". *Econometric Society Monographs*, Vol. 28, No. 1997.

[22] Johansen, S., "Statistical analysis of cointegration vectors". *Journal of Economic Dynamics and Control*, Vol. 12, No. 2 – 3, 1988.

[23] Johansen, S. , Juselius, K. , "Maximum likelihood estimation and inference on cointegration—with applications to the demand for money". *Oxford Bulletin of Economics and Statistics*, Vol. 52, No. 2, 1990.

[24] Joskow, P. , Kahn, E. , *A quantitative analysis of pricing behavior in CaliforniaK' s wholesale electricity market during summer* 2000, Proceedings of the Power Engineering Society Summer Meeting, 2001, IEEE, 2001: 392 – 394.

[25] Kim, S. , "Expansion of markets and the geographic distribution of economic activities: The trends in US regional manufacturing structure, 1860 – 1987". *The Quarterly Journal of Economics*, Vol. 110, No. 4, 1995.

[26] Kim, S. , "Regions, Resources, and economic geography: Sources of US regional comparative advantage, 1880 – 1987". *Regional Science and Urban Economics*, Vol. 29, No. 1, 1999.

[27] Knittel, C. R. , Metaxoglou, K. , "Diagnosing unilateral market power in electricity reserves market". *Journal of Energy Markets*, Vol. 1, No. 1, 2009.

[28] Krugman, P. , "Increasing Returns and Economic Geography". *Journal of Political Economy*, Vol. 99, No. 3, 1991.

[29] Krugman, P. , Venables, A. J. , "Globalization and the Inequality of Nations" . *The Quarterly Journal of Economics*, Vol. 110, No. 4, 1995.

[30] Laurikka, H. , Koljonen, T. , "Emissions trading and investment decisions in the power sector—A case study in Finland" . *Energy Policy*, Vol. 34, No. 9, 2006.

[31] Liu, C. , "Low – carbon Economy: Theoretical study and development path choice in China". *Energy Procedia*, Vol. 5, No. 2011.

[32] Lloyd, T. , McCorriston, S. , Morgan, C. et al. , "The impact of food scares on price adjustment in the UK beef market". *Agricultural Economics*, Vol. 25, No. 2 – 3, 2001.

[33] Marshall, A. , *Principles of Economy.* London: Macmillan, 1920.

[34] Masih, A. M. M. , Masih, R. , On the temporal causal relationship between energy consumption, real income, and prices: Some new evidence from Asian – energy dependent NICs based on a multivariate cointegra-

tion/vector error – correction approach. *Journal of Policy Modeling*, Vol. 19, No. 4, 1997.

[35] Meyer, R. A., "Monopoly pricing and capacity choice under uncertainty". *The American Economic Review*, Vol. 65, No. 3, 1975.

[36] Midelfart – Knarvik, K. H., Overman, H. G., Redding, S. J. et al., "The location of European industry". *European Economy*, Vol. 2, No. 2002.

[37] Neuhoff, K., Grubb, M., Keats, K., "Impact of The allowance allocation on prices and efficiency". *Cambridge Working Papers in Economics* 0552, 2006.

[38] Neuhoff, K., Martinez, K. K., Sato, M., "Allocation, incentives and distortions: The impact of EU ETS emissions allowance allocations to the electricity sector". *Climate Policy*, Vol. 6, No. 1, 2006.

[39] Nuo, X., Ngan, H., Fu – shuan, W., "Performance – based regulation and its applications". *Automation of Electric Power System*, Vol. 27, No. 5, 2003.

[40] Ohlin, B. G., *Interregional and International Trade.* Cambridge, MA: Harvard University Press, 1933.

[41] Puller, S. L., "Pricing and firm conduct in California's deregulated electricity market". *The Review of Economics and Statistics*, Vol. 89, No. 1, 2007.

[42] Roberts, K. W., "Welfare considerations of nonlinear pricing". *The Economic Journal*, Vol. 89, No. 5, 1979.

[43] Shiu, A., Lam, P. L., "Electricity consumption and economic growth in China". *Energy Policy*, Vol. 32, No. 1, 2004.

[44] Shleifer, A., "A theory of yardstick competition". *The RAND Journal of Economics*, 1985.

[45] Shukur, G., Mantalos, P., "A simple investigation of the Granger – causality test in integrated – cointegrated VAR systems". *Journal of Applied Statistics*, Vol. 27, No. 8, 2000.

[46] Sijm, J., Hers, S., Lise, W. et al., "The impact of the EU ETS on electricity prices". *Rapport définitif à la DG Environnement de la Commission européenne ECN – E – 08 – 007*, 2008.

[47] Sijm, J., Neuhoff, K., Chen, Y., "CO_2 cost pass – through and windfall profits in the power sector". *Climate Policy*, Vol. 6, No. 1, 2006.

[48] Sims, C. A., Stock, J. H., Watson, M. W., "Inference in linear time series models with some unit roots". *Econometrica: Journal of the Econometric Society*, Vol. 58, No. 1, 1990.

[49] Stern, D. I., "Energy and economic growth in the USA: A multivariate approach". *Energy Economics*, Vol. 15, No. 2, 1993.

[50] Stern, D. I., "A multivariate cointegration analysis of the role of energy in the US macroeconomy". *Energy Economics*, Vol. 22, No. 2, 2000.

[51] Tanger, S. T. P., "Collusion – proof yardstick competition". *Journal of Public Economics*, Vol. 83, No. 2, 2002.

[52] Tirado, D. A., Paluzie, E., Pons, J., "Economic integration and industrial location: The case of Spain before World War I". *Journal of Economic Geography*, Vol. 2, No. 3, 2002.

[53] Unruh, G. C., "Understanding carbon lock – in". *Energy Policy*, Vol. 28, No. 12, 2000.

[54] Van Rooijen, S. N., Van Wees, M. T., "Green electricity policies in the Netherlands: An analysis of policy decisions". *Energy Policy*, Vol. 34, No. 1, 2006.

[55] Venables, A. J., "Equilibrium locations of vertically linked industries". *International Economic Review*, Vol. 37, No. 2, 1996.

[56] Viscusi, W. K., Harrington, J. E., Vernon, J. M., "*Economics of Regulation and Antitrust*". MIT Press Books, Vol. 1, No. 2005.

[57] Wilson, R., *Nonlinear Pricing*. New York: Oxford University Press, 1993.

[58] Wolak, F. A., "Measuring unilateral market power in wholesale electricity markets: The California market, 1998 – 2000". *The American Economic Review*, Vol. 93, No. 2, 2003.

[59] Wright, S., "Correlation and causation". *Journal of Agricultural research*, Vol. 20, No. 7, 1921.

[60] Xin, X., Yuding, W., Jianzhong, W., "The problems and strategies of the low carbon economy development". *Energy Procedia*, 5, 2011.

[61] Yuan, H., Zhou, P., Zhou, D., "What is low – carbon development?

A conceptual analysis". *Energy Procedia*, 5, 2011.

[62] Yuan, J., Zhao, C., Yu, S. et al., "Electricity consumption and economic growth in China: Cointegration and co-feature analysis". *Energy Economics*, Vol. 29, No. 6, 2007.

[63] Zachmann, G., Von Hirschhausen, C., "First evidence of asymmetric cost pass-through of EU emissions allowances: Examining wholesale electricity prices in Germany". *Economics Letters*, Vol. 99, No. 3, 2008.

[64] 安丽、赵国杰:《电力行业二氧化碳排放指标分配模式仿真》,《西安电子科技大学学报》(社会科学版)2008 年第 1 期。

[65] 巴音虎、王鹏程、董学晨:《新能源电价形成机制的研究》,《现代商业》2009 年第 15 期。

[66] 白文斌:《世界风电发展现状及前景展望》,《科技情报开发与经济》2012 年第 22 期。

[67] 鲍健强、苗阳、陈锋:《低碳经济:人类经济发展方式的新变革》,《中国工业经济》2008 年第 4 期。

[68] 边东辉、聂英才:《从管制经济学和可竞争市场理论看电力市场化改革》,《经济师》2004 年第 7 期。

[69] 边光辉:《我国生物质发电企业发展战略研究》,硕士学位论文,北京交通大学,2012 年。

[70] 曾鸣、孙晓菲、李娜等:《电力市场环境下可再生能源政策制定——借鉴欧盟经验》,《科技和产业》2012 年第 4 期。

[71] 常凯、常浩、王维红:《政府碳排放管制政策对电力企业经济行为的影响》,《统计与决策》2012 年第 24 期。

[72] 陈汉利、马超群、秦滔:《电力消费与中国经济增长的关系分析》,《系统工程》2007 年第 8 期。

[73] 陈柳钦:《低碳经济:国外发展的动向及中国的选择》,《甘肃行政学院学报》2009 年第 6 期。

[74] 陈柳钦:《低碳经济演进:国际动向与中国行动》,《科学决策》2010 年第 4 期。

[75] 陈启鑫、康重庆、夏清等:《电力行业低碳化的关键要素分析及其对电源规划的影响》,《电力系统自动化》2009 年第 15 期。

[76] 陈望祥:《按市场化方向加快推进电网企业股份制改革》,《中国经

济时报》2006 年 1 月 27 日。

[77] 陈衍泰、宁钟、宁弦钰：《全球风能产业动态演化——企业能力与公共政策互动视角》,《科学学与科学技术管理》2012 年第 9 期。

[78] 陈迎、潘家华：《对斯特恩新报告的要点评述和解读》,《气候变化研究进展 ISTIC》2008 年第 5 期。

[79] 陈颖晖：《中国最大光伏发电项目招标标杆电价设定仍未明确》,《中国信息报》2010 年 7 月 1 日。

[80] 陈永权、胡庆辉：《电价链与电价形成机制探析》,《华北电力大学学报》（社会科学版）2006 年第 2 期。

[81] 从荣刚：《中国电力价格改革的回顾与反思》,《当代经济管理》2012 年第 9 期。

[82] 戴平生：《我国电力市场价格形成机制研究》，博士学位论文，厦门大学，2004 年。

[83] 戴双兴：《完善我国电价管制制度的策略思考》,《电力技术经济》2004 年第 4 期。

[84] 丁晓雯、李薇、唐阵武：《生物质能发电技术应用现状及发展前景》,《现代化工》2008 年第 2 期。

[85] 董冬：《日本低碳经济发展分析》，硕士学位论文，吉林大学，2010 年。

[86] 董军：《输配电业务模式的国际比较》,《中国电力企业管理》2009 年第 1 期。

[87] 董岩：《美国碳交易价格规制的进展及其启示》,《价格月刊》2011 年第 7 期。

[88] 樊京春、王永刚、秦世平：《生物质能发电电价的敏感因素分析》,《可再生能源》2006 年第 2 期。

[89] 付蓉：《国外绿色电价项目及对我国的启示》,《中国能源》2011 年第 10 期。

[90] 付跃东：《风能的利用》,《管理学家》2012 年第 13 期。

[91] 傅鸣：《煤电联动的市场化导向及其他》,《社会科学论坛》2006 年第 3 期。

[92] 龚建文：《低碳经济：中国的现实选择》,《江西社会科学》2009 年第 7 期。

[93] 谷志红：《促进节能和可再生能源电力发展的绿色电价研究》，博士学位论文，华北电力大学，2009 年。

[94] 郭印、王敏洁：《国际低碳经济发展经验及对中国的启示》，《改革与战略》2009 年第 10 期。

[95] 何海婷：《美国分布式发电现状、政策和前景》，2012 年 2 月，中国能源网（http://www.micropowers.com/newsinfo.asp?id=672）。

[96] 何建坤、周剑、刘滨等：《全球低碳经济潮流与中国的响应对策》，《世界经济与政治》2010 年第 4 期。

[97] 何俊锋：《从减排角度探讨新能源电厂上网电价政策》，《节能与环保》2010 年第 8 期。

[98] 何寅昊、赵媛：《国外风电定价方式比较及其对我国的建议》，《能源研究与利用》2008 年第 5 期。

[99] 何勇健：《打破电力体制改革僵局的几点思考——兼论消除电网垄断权力的路径选择》，《价格理论与实践》2012 年第 5 期。

[100] 贺力平、樊纲、胡嘉妮：《消费者价格指数与生产者价格指数：对徐伟康商榷文章的回复意见》，《经济研究》2010 年第 5 期。

[101] 胡聃、许开鹏、杨建新等：《经济发展对环境质量的影响——环境库兹涅茨曲线国内外研究进展》，《生态学报》2004 年第 6 期。

[102] 胡恩同：《上网电价形成机制与中国上网电价改革》，博士学位论文，复旦大学，2006 年。

[103] 黄辉：《对我国输配电价管制政策的思考》，《中国物价》2008 年第 1 期。

[104] 黄珺仪：《可再生能源价格管制的政策比较》，《太原理工大学学报》2011 年第 2 期。

[105] 黄珺仪：《可再生能源绿色证书政策的理论研究》，《浙江工商职业技术学院学报》2011 年第 1 期。

[106] 黄珺仪：《中国可再生能源电价管制政策绩效分析》，《价格月刊》2011 年第 8 期。

[107] 黄珺仪：《中国可再生能源电价规制政策研究》，博士学位论文，东北财经大学，2011 年。

[108] 黄玲：《我国风电定价机制研究》，硕士学位论文，中国地质大学（北京），2011 年。

[109] 黄英超、李文哲、张波:《生物质能发电技术现状与展望》,《东北农业大学学报》2007 年第 2 期。

[110] 霍丽文:《专家建议风电上网电量为强制市场份额》,《中国电力报》2011 年 1 月 22 日。

[111] 霍沫霖:《中国光伏发电成本下降潜力分析》,《能源技术经济》2012 年第 5 期。

[112] 江西省发展和改革委员会江西省价格理论研究所课题组:《美日韩居民用电阶梯电价及其对我国的启示》,《价格月刊》2012 年第 11 期。

[113] 金乐琴、刘瑞:《低碳经济与中国经济发展模式转型》,《经济问题探索》2009 年第 5 期。

[114] 康重庆、周天睿、陈启鑫:《电力企业在低碳经济中面临的挑战与应对策略》,《能源技术经济》2010 年第 6 期。

[115] 雷霞、杨可、刘俊勇:《国外输电公司的监管模式浅析及对我国输电网改革的启示》,《中国电力》2004 年第 11 期。

[116] 雷雨、郑宇、许懿:《浅谈两部制上网电价》,《重庆电力高等专科学校学报》2009 年第 4 期。

[117] 李碧君、方勇杰、杨卫东等:《光伏发电并网大电网面临的问题与对策》,《电网与清洁能源》2010 年第 4 期。

[118] 李冲:《我国电价形成机制改革研究》,硕士学位论文,浙江大学,2009 年。

[119] 李帆:《英国电力市场模式改革回顾与展望》,《国际电力》1999 年第 1 期。

[120] 李钢:《我国光伏发电并网定价的对策研究》,《价格理论与实践》2009 年第 7 期。

[121] 李桂林:《美国电力体制改革评析》,《特区经济》2007 年第 12 期。

[122] 李虹:《电力市场设计:理论与中国的改革》,《经济研究》2004 年第 11 期。

[123] 李建坤、贾京生:《关于峰谷电价有关问题的探讨》,《华北电业》1999 年第 6 期。

[124] 李军军、吴政球、谭勋琼等:《风力发电及其技术发展综述》,《电力建设》2011 年第 8 期。

[125] 李晴、石龙宇、唐立娜等：《日本发展低碳经济的政策体系综述》，《中国人口·资源与环境》2011 年第 S1 期。

[126] 李世新、彭昱：《中国电力消费量影响因素通径关系的实证研究》，《东北财经大学学报》2009 年第 5 期。

[127] 李伟：《我国新能源产业发展的价格对策研究》，《价格月刊》2012 年第 1 期。

[128] 李雪：《2009 年全球风能发电增长 31%》，《水力发电》2010 年第 3 期。

[129] 李艳芳：《我国〈可再生能源法〉的制度构建与选择》，《中国人民大学学报》2005 年第 1 期。

[130] 李友华、王虹：《中国低碳经济发展对策研究》，《哈尔滨商业大学学报》（社会科学版）2009 年第 6 期。

[131] 李园：《我国风力发电成本因素分析及相关产业政策研究》，硕士学位论文，华北电力大学（北京），2011 年。

[132] 李越：《中国风电特许权项目综合分析及改进建议研究》，硕士学位论文，华北电力大学（北京），2007 年。

[133] 林伯强：《结构变化、效率改进与能源需求预测——以中国电力行业为例》，《经济研究》2003 年第 5 期。

[134] 林海峰、周浩：《基于绩效的电力企业价格管制》，《电网技术》2004 年第 10 期。

[135] 刘丙泉、宋杰鲲、李雷鸣：《我国光伏并网电价影响因素及定价思路——基于产业链视角的分析》，《价格理论与实践》2011 年第 2 期。

[136] 刘凤良、鲁旭：《CPI 与 PPI 的“虚假传导”及其修正——一个相对稳健的实证框架》，《数量经济技术经济研究》2011 年第 8 期。

[137] 刘华军、闫庆悦、秦阳：《中国生物质能发电定价机制与模式研究》，《中国科技论坛》2011 年第 9 期。

[138] 刘群英：《输配电价改革之探讨》，《广东电力》2006 年第 9 期。

[139] 刘树杰：《促进节能与可再生能源发展的电价政策研究（上）》，《中国物价》2005 年第 8 期。

[140] 刘伟：《输配电价改革，如何有的放矢》，《高科技与产业化》2009 年第 7 期。

[141] 罗斌、柴高峰、桂衡:《中国上网电价改革研究》,《数量经济技术经济研究》2004 年第 2 期。

[142] 骆华、费方域:《英国和美国发展低碳经济的策略及其启示》,《软科学》2011 年第 11 期。

[143] 马光文、王黎:《确定两部制上网电价的长期边际成本方法》,《电网技术》2002 年第 9 期。

[144] 马国庆:《绿色能源发电侧定价机制研究》,博士学位论文,河北工业大学,2010 年。

[145] 米国芳、赵涛:《中国经济增长、电力消费与碳排放量关系研究》,《科学管理研究》2012 年第 1 期。

[146] 莫神星:《全球气候变化下的欧盟低碳能源法律政策》,《生态文明与环境资源法——2009 年全国环境资源法学研讨会(年会)论文集》,2009 年。

[147] 能源网:《火力发电厂成本利润核算分析报告》,http://www.nengyuan.com/news/d_201310061111273714.html,2012 年。

[148] 牛璥璥:《中国电价形成机制的研究》,硕士学位论文,北京交通大学,2007 年。

[149] 潘国桃:《对现行销售电价改革的几点建议》,《农村电工》2008 年第 12 期。

[150] 潘家华、庄贵阳、郑艳等:《低碳经济的概念辨识及核心要素分析》,《国际经济评论》2010 年第 4 期。

[151] 潘文青:《国外电价制度及对我国电价改革的启示》,《第二十届华东六省一市电机工程(电力)学会输配电技术讨论会论文集》,2012 年。

[152] 裴小妮:《风电价格政策分析及其评价》,硕士学位论文,长沙理工大学,2010 年。

[153] 彭涛:《深化电力价格体制改革的思路》,2012 年 5 月,国家发展和改革委员会经济体制与管理研究所,http://www.china-reform.org/?content_355.html。

[154] 钱伯章:《太阳能光伏发电成本及展望》,《中国环保产业》2009 年第 4 期。

[155] 任安:《荷兰绿色电力政策》,《环境经济》2004 年第 6 期。

[156] 任东明：《中国新能源产业的发展和制度创新》，《中外能源》2011 年第 1 期。

[157] 任力：《低碳经济与中国经济可持续发展》，《社会科学家》2009 年第 2 期。

[158] 尚雅琴、田广东：《国外电力市场实践及现状》，《工业技术经济》2002 年第 1 期。

[159] 施泉生、吴基灵：《发电企业竞价上网的经济分析及风险控制》，《改革与战略》2008 年第 5 期。

[160] 石晶：《我国可再生能源电力配额制及证书交易研究》，硕士学位论文，华东理工大学，2012 年。

[161] 石敏俊、李娜、袁永娜等：《低碳发展的政策选择与区域响应》，科学出版社 2012 年版。

[162] 史连军、韩放：《中国电力市场的现状与展望》，《电力系统自动化》2000 年第 3 期。

[163] 苏伟、吕学都、孙国顺：《未来联合国气候变化谈判的核心内容及前景展望——“巴厘路线图”解读》，《气候变化研究进展》2008 年第 1 期。

[164] 苏晓：《行业理性回归凸显风电融资困难》，《风能》2012 年第 12 期。

[165] 孙凤莲、王雅鹏：《中国与欧盟发展生物质能的政策比较研究》，《世界农业》2007 年第 10 期。

[166] 孙增芹、刘芳：《完善我国可再生能源法律制度的几点建议》，《干旱区资源与环境》2013 年第 2 期。

[167] 孙长平：《上网电价确定的原则和方法》，《中国三峡建设》1999 年第 9 期。

[168] 谭致远：《电价改革促成智能电网建设　减少能源损耗推动经济发展》《中国高新技术企业》2011 年第 22 期。

[169] 万礼锋、尹贻林：《我国新能源上网电价形成机制研究》，《价格理论与实践》2009 年第 12 期。

[170] 汪铁民：《居民生活用电阶梯电价合理分档研究——基于辽宁省居民生活用电数据的改革构想》，《价格理论与实践》2011 年第 11 期。

[171] 王斌、江健健、康重庆等:《美国标准电力市场的主要设计思想及其对我国电力市场设计的启迪》,《电网技术》2004 年第 16 期。

[172] 王冬年:《我国试行阶梯电价存在问题与破解思路》,《价格理论与实践》2010 年第 4 期。

[173] 王峰峰:《日本太阳能发电固定价格收购制度》,《华东电力》2010 年第 10 期。

[174] 王杜荣、利莉:《实施居民阶梯电价的经济学思考》,《价格理论与实践》2011 年第 5 期。

[175] 王建林:《中国煤电纵向价格双轨制问题研究》,博士学位论文,东北财经大学,2009 年。

[176] 王俊豪:《管制经济学在中国的发展前景》,《光明日报》2007 年 7 月 31 日。

[177] 王俊豪:《政府管制经济学导论:基本理论及其在政府管制实践中的应用》,商务印书馆 2001 年版。

[178] 王黎、光文:《两部制上网电价定价方法初探》,《四川大学学报》(工程科学版)2000 年第 1 期。

[179] 王乾坤、蒋莉萍、李琼慧:《欧盟可再生能源发电上网电价机制及对我国的启示》,《可再生能源》2012 年第 12 期。

[180] 王汝英:《英国电力市场改革探讨》,《天津电力技术》2006 年第 1 期。

[181] 王伟、殷航:《中国输配电体制改革的演进,问题与对策》,《新视野》2012 年第 3 期。

[182] 王先甲、韩东、王广民:《基于可竞争市场理论的输电市场管制机制设计》,《系统工程理论与实践》2007 年第 6 期。

[183] 王玉红:《阶梯电价实施的影响及其改进趋势探讨》,《现代经济信息》2012 年第 22 期。

[184] 王正明、路正南:《我国风电上网价格形成机制研究》,《价格理论与实践》2008 年第 9 期。

[185] 魏政、于冰清:《我国光伏产业发展现状与对策探讨》,《中外能源》2013 年第 6 期。

[186] 武春霞、张粒子:《输配电价改革,不能做独行者》,《高科技与产业化》2009 年第 7 期。

[187] 夏大慰、范斌：《电力定价：理论、经验与改革模式》，《产业经济评论》2002 年第 1 期。

[188] 肖歆：《探寻中国低碳经济的发展路径》，《经济师》2009 年第 7 期。

[189] 萧晓：《发展新能源产业的价格对策研究》，《市场经济与价格》2010 年第 11 期。

[190] 谢传胜、董达鹏、贾晓希等：《中国电力行业碳排放配额分配——基于排放绩效》，《技术经济》2012 年第 11 期。

[191] 谢军安、郝东恒、谢雯：《我国发展低碳经济的思路与对策》，《当代经济管理》2008 年第 12 期。

[192] 谢来辉：《碳锁定、“解锁”与低碳经济之路》，《开放导报》2009 年第 11 期。

[193] 谢旭轩、王田、任东明：《美国可再生能源配额制最新进展及对我国的启示》，《中国能源》2012 年第 3 期。

[194] 邢相军：《风电项目融资分析》，《中国三峡》（科技版）2011 年第 3 期。

[195] 徐金发、朱晓燕：《中国电力管制价格形成机制研究》，《中国软科学》2002 年第 6 期。

[196] 徐玖平：《低碳经济引论》，科学出版社 2011 年版。

[197] 徐仁武：《英国电力市场竞争与监管》，《电力需求侧管理》2003 年第 1 期。

[198] 鄢晓发：《可再生能源发电的定价机理研究》，《价格理论与实践》2008 年第 5 期。

[199] 闫强、陈毓川、王安建等：《我国新能源发展障碍与应对：全球现状评述》，《地球学报》2010 年第 5 期。

[200] 杨娟：《输配电价形成机制研究》，《中国物价》2011 年第 11 期。

[201] 杨娟、刘树杰：《阶梯电价的国际实践》，《中国经贸导刊》2010 年第 10 期。

[202] 杨永忠：《电价管制的制度分析及启示》，《价格理论与实践》2003 年第 6 期。

[203] 殷展：《中国输配电产业体制改革的模式和路径研究》，硕士学位论文，上海社会科学院，2009 年。

[204] 于汉启：《我国风电发展的成本与风机选型研究》，硕士学位论文，华北电力大学（北京），2009 年。

[205] 于立、刘劲松：《中国煤、电关系的产业组织学分析》，《中国工业经济》2004 年第 9 期。

[206] 于立、王建林：《纵向价格双轨制："电荒"的经济分析与出路》，《中国工业经济》2008 年第 10 期。

[207] 于立宏、郁义鸿：《基于产业链效率的煤电纵向规制模式研究》，《中国工业经济》2006 年第 6 期。

[208] 于良春、张卉：《电价管制及其改革的比较研究》，《经济评论》2003 年第 6 期。

[209] 于良春、张伟：《强自然垄断定价理论与中国电价规制制度分析》，《经济研究》2003 年第 9 期。

[210] 于喜海：《发电企业上网电价设计中的问题研究》，硕士学位论文，华北电力大学（北京），2006 年。

[211] 于杨曜、潘高翔：《中国开展碳交易亟须解决的基本问题》，《东方法学》2009 年第 6 期。

[212] 张爱培：《新形势下煤电优势互补的合作模式》，《中国煤炭》2006 年第 6 期。

[213] 张利香、葛学韬：《对我国碳排放权核算方式的思考》，《当代经济》2012 年第 20 期。

[214] 张粒子：《我国居民阶梯式递增电价制度的探讨》，《价格理论与实践》2010 年第 2 期。

[215] 张琪、常建民、司慧等：《国内外生物质能源政策对比研究》，《现代化工》2011 年第 2 期。

[216] 张钦：《有关我国电价改革的几点探讨》，《能源技术经济》2011 年第 2 期。

[217] 张秋菊、马光文、陈尧等：《绿色上网电价机制探讨》，《水力发电》2009 年第 7 期。

[218] 张铁柱：《我国生物质发电行业现状及前景分析》，《农村电气化》2011 年第 8 期。

[219] 张文泉、李泓泽：《电价形成机制，电价改革思路与确定方法》，《电力技术经济》2004 年第 4 期。

[220] 张晓萱、马莉、蔡涛：《电力行业开展碳交易的几个关键问题》，《国家电网报》2012 年 10 月 23 日。

[221] 张昕竹、冯永晟、阙光辉：《输配电网分离的定量研究》，《中国工业经济》2010 年第 2 期。

[222] 张月：《完善我国电价管制的对策研究》，硕士学位论文，东北大学，2008 年。

[223] 赵会茹、刘祎、李春杰：《输配电价格管制中投资回报率水平的确定》，《电网技术》2005 年第 21 期。

[224] 赵娟：《我国销售电价设计中的问题分析及解决策略研究》，硕士学位论文，华北电力大学（北京），2005 年。

[225] 赵志凌、黄贤金、赵荣钦等：《低碳经济发展战略研究进展》，《生态学报》2010 年第 16 期。

[226] 郑玲惠、张硕新、王莹：《国外发展生物质能政策措施对中国的启示》，《商场现代化》2009 年第 6 期。

[227] 钟晶晶：《光伏发电项目可免费入网或将打破电网垄断》，《新京报》2012 年 10 月 27 日。

[228] 钟哲：《由煤电价格联动机制看中国煤电之争》，《中国煤炭》2005 年第 4 期。

[229] 周立群、宁俊飞、李京晓：《上网电价法与新能源配额制优劣评述》，《天津商业大学学报》2013 年第 3 期。

[230] 周鹏飞：《我国实施可再生能源配额制政策的必要性》，《农村能源》2001 年第 4 期。

[231] 周其仁：《治理矿难的经济分析》，《经济观察报》2005 年 11 月 21 日。

[232] 朱成章：《关于我国实行阶梯电价的建议和设想》，《中外能源》2010 年第 5 期。

后　记

本书是本人承担的浙江省哲学社会科学重点研究基地重点项目（省规划）“碳排放约束下的电力价格形成机制研究”（12JDGZ01Z）的结题成果。

对这一课题的最初研究来自我的博士学位论文，在课题研究过程中，我深感在全球化的低碳经济发展模式下，电力行业必然面对节能减排的压力和挑战，大量调研和专家访谈引发我不断思考为什么中国的电价改革难以深化，制约和影响中国电价改革的深层次原因到底是什么？低碳约束下的中国电力价格改革改革既是一个改革政策的设计问题，更是一个政治行政体制重构的过程，需要从更宏观的制度背景来分析。

在课题研究过程中，浙江财经大学王俊豪教授和唐要家教授给予了诸多思想和理论上的指导，侯艳华、任国英、刘建超参与了本书部分章节的数据整理和分析工作，为本书的实证分析做了大量的基础性工作，杨宏伟老师对本书的完成提供了的帮忙。

本书的出版得到浙江财经大学中国政府管制研究院和浙江省政府管制与公共政策研究中心的资助，研究中心丰富的图书与数据资料、良好的学术氛围以及各种学术活动为本书的写作提供了重要支撑。

王建林

2015 年 3 月

浙江财经大学教师已出版的政府管制著作（按出版时间排列）

1. 王俊豪：《英国政府管制体制改革研究》，上海三联书店 1998 年版

2. 王俊豪主笔：《中国政府管制体制改革研究》，经济科学出版社 1999 年版

3. 王俊豪：《自然垄断产业的政府管制理论》，浙江大学出版社 2000 年版

4. 王俊豪：《政府管制经济学导论——基本理论及其在政府管制实践中的应用》，商务印书馆 2001 年版

5. 王俊豪等：《中国自然垄断经营产品管理价格形成机制研究》，中国经济出版社 2002 年版

6. 王俊豪等：《美国联邦通信委员会及其运行机制》，经济管理出版社 2003 年版

7. 王俊豪、周小梅：《中国自然垄断产业民营化改革与政府管制政策》，经济管理出版社 2004 年版

8. 王俊豪等：《中国垄断性产业的结构重组、分类管制与协调政策》，商务印书馆 2005 年版

9. 茅铭晨：《政府管制法学原论》，上海财经大学出版社 2005 年版

10. 仇保兴、王俊豪等：《中国市政公用事业监管体制研究》，中国社会科学出版社 2006 年版

11. 王俊豪主编：《管制经济学原理》，高等教育出版社 2007 年版

12. 唐要家：《市场势力可维持性与反垄断》，经济管理出版社 2007 年版

13. 王建明：《城市固体废弃物管制政策的理论与实证研究——组织反应、管制效应与政策营销》，经济管理出版社 2007 年版

14. 臧慧萍：《美国金融监管制度的历史演进》，经济管理出版社

2007 年版

15. 朱晓艳：《我国电力产业管制治理结构的理论与实证研究》，经济管理出版社 2007 年版

16. 陈荣达：《外汇期权组合市场风险度量和监管》，经济管理出版社 2007 年版

17. 王俊豪、肖兴志、唐要家：《中国垄断性产业管制机构的设立与运行机制》，商务印书馆 2008 年版

18. 唐要家：《反垄断经济学：理论与政策》，中国社会科学出版社 2008 年版

19. 金通：《垃圾焚烧产业：市场结构与价格机制》，经济管理出版社 2008 年版

20. 鲍海君：《政策供给与制度安排：征地管制变迁的田野调查——以浙江为例》，经济管理出版社 2008 年版

21. 刘初旺：《税收征管执法风险与监管研究》，经济管理出版社 2008 年版

22. 胡旭阳：《我国首次公开发行市场监管制度研究——变迁·效率·创新》，经济管理出版社 2008 年版

23. 李志学：《公司并购与政府监管政策研究》，经济管理出版社 2008 年版

24. 茅铭晨：《政府管制法基本问题研究：兼对纺织业政府管制制度的法学考察》，上海财经大学出版社 2008 年版

25. 仇保兴、王俊豪等：《市政公用事业监管体制与激励性监管政策》，中国社会科学出版社 2009 年版

26. 朱晓艳：《大部制下中国电力管制机构改革研究》，经济管理出版社 2009 年版

27. 吴俊英：《会计信息产权与政府管制研究》，经济管理出版社 2009 年版

28. 王俊豪等：《深化中国垄断行业改革研究》，中国社会科学出版社 2010 年版

29. 王建明：《消费者资源节约与环境保护行为及其影响机理——理论模型、实证检验和管制政策》，中国社会科学出版社 2010 年版

30. 费忠新：《民营企业理财政策引导与监管机制研究》，经济管理出

版社 2011 年版

31. 陈荣达：《期权组合市场风险度量和监管研究》，经济管理出版社 2011 年版

32. 梁飞媛：《中国上市公司自愿性信息披露与监管》，经济管理出版社 2011 年版

33. 朴哲范：《上市公司金融效率与监管机制研究》，经济管理出版社 2011 年版

34. 尤利群：《中国粮食国际贸易政府管制研究》，经济管理出版社 2011 年版

35. 唐要家：《价格合谋的反垄断政策研究》，中国社会科学出版社 2011 年版

36. 王建明：《公众低碳消费行为的影响机制和干预路径整合模型》，中国社会科学出版社 2012 年版

37. 邵毅平：《上市公司利润操纵、盈余管理的界分与监管》，中国社会科学出版社 2012 年版

38. 邱学文：《基于我国资本市场的政府审计监管机制研究》，中国社会科学出版社 2012 年版

39. 司言武：《基于税收政策宏观调控的环境保护机制研究》，中国财政经济出版社 2012 年版

40. 王建明：《公众资源节约与循环回收行为的内在机理研究：模型建构、实证检验和管制政策》，中国环境科学出版社 2013 年版

41. 王俊豪：《中国城市公用事业民营化绩效评价与管制政策研究》，中国社会科学出版社 2013 年版

42. 徐立平：《人民币跨境业务监管研究》，中国社会科学出版社 2013 年版

43. 唐要家：《转售价格维持的经济效应与反垄断政策》，中国人民大学出版社 2013 年版

44. 柴志贤：《环境管制、产业转移与中国全要素生产率的增长》，经济科学出版社 2014 年版

45. 仇保兴、王俊豪等：《中国城市公用事业特许经营与政府监管研究》，中国建筑工业出版社 2014 年版

46. 唐要家：《电力体制改革与节能减排》，中国社会科学出版社

2014 年版

47. 熊艳：《中国工业环境管制的效果评价及其经济增长效应》，中国社会科学出版社 2014 年版

48. 张安军：《中国金融安全监测预警研究》，中国社会科学出版社 2015 年版

49. 曾菊英：《公立医院公益性效率监管研究》，中国社会科学出版社 2015 年版

50. 郭剑鸣、康莉莹等：《中国城市公用事业政府监管监督体系研究》，中国社会科学出版 2015 年版

51. 王建林：《低碳约束下的中国电力价格改革研究》，中国社会出版社 2015 年版